Bernard Hinault
L'épopée du Blaireau

Christian Laborde Bernard Hinault

BERNARD HINAULT

L'épopée du Blaireau

Mareuil
Éditions

Déjà parus chez Mareuil éditions :

Poulidor par Raymond Poulidor, 2014
Kopa, par Raymond Kopa, 2014
Poulidor Intime, 2014
Tour de France, Les prodigieuses histoires, Jean-Paul Vespini, 2015

ISBN 9782372540100

Pour vous tenir informé des prochaines publications de Mareuil Éditions, contactez : louis.demareuil@yahoo.fr

Prologue

Ce livre est une première. C'est la première fois en effet que je collabore avec un écrivain pour raconter ma carrière. Christian n'est pas un journaliste de sport comme ceux qui m'ont suivi durant tout mon parcours, c'est un homme de lettres qui adore le vélo mais qui a, avant tout, une démarche de romancier.

Dès le premier entretien que nous avons mené pour ce livre, j'ai compris que l'ouvrage que nous allions faire ensemble allait être différent de ceux que j'ai pu signer dans le passé.

Christian m'a longuement interrogé sur mes courses, mes temps, mes relations avec les uns et les autres car il avait le souci de la précision. Je sais aussi que ce qui l'intéressait, était le roman que pouvait représenter mon histoire. Qu'on ne se méprenne pas pour autant, tout ici est vrai même raconté à la troisième personne.

L'ouvrage que vous avez entre les mains est le fruit de notre collaboration et, je dirais même, de notre complicité.

Cela a été pour moi un vrai plaisir, non que j'ai découvert Christian Laborde puisque je l'avais rencontré dans les Pyrénées, il y a près de 30 ans, à l'occasion d'une émission de Jacques Chancel, mais j'ai apprécié de collaborer avec lui. Surtout, il est venu me voir dans mon terrier : en Bretagne !

Alors, bonne lecture.

Bernard Hinault.

1

Bernard Hinault voit le jour le dimanche 14 novembre 1954, au fond de la baie de Saint-Brieuc, à Yffiniac, pays des oignons et des chocards. N'allez pas dire aux gens d'Yffiniac qu'un chocard est un chausson aux pommes : il vous en cuirait. Le chocard, c'est à part. Sous la pâte feuilletée toujours chaude, l'on trouve, non cette compote sans chair ni suc qui traîne dans toutes les pâtisseries, mais un lit de morceaux de pommes – des reines des reinettes ! – parfumés à la cannelle et au citron, comme le rappelle volontiers Martine, l'épouse du champion. À Yffiniac, les chocards et Bernard Hinault. Il convient de goûter les premiers et de connaître le palmarès du second.

Quand la sage-femme coupe le cordon ombilical, le département se nomme encore les Côtes-du-Nord. Il ne deviendra les Côtes-d'Armor qu'en 1962.

Il y a, dans ce pays de granit, de vent, de sable, de terres « mouldrenneuses », d'océan belliqueux et de vaches paisibles, des communes dont les noms – Yffiniac, Loudéac, Callac ! – sonnent comme ceux des villes du Sud de la France – Cognac, Figeac, Séméac ! – que Bernard traverse à fond les ballons durant le Tour de France. Le "ac" d'Yffiniac, c'est aussi celui de Jeoffrey de Peyrac, l'amant de Michèle Mercier dans *Angélique et le Sultan* que Bernard regarde à la télévision, avec ses frères, sa sœur et ses cousins. L'image est en noir et blanc, le film de Bernard Borderie, la musique de Michel Magne, et le corps de Michèle Mercier superbe.

Pendant que Lucie Hinault met au monde Bernard, Luis Mariano chante *C'est magnifique*, Jean Constantin *Mets deux tunes dans l'bastringue*, et Mouloudji *Un jour, tu verras.*

Pendant que Lucie Hinault met au monde Bernard, Henri Matisse meurt, le sang coule en Algérie et, après douze jours de débats, Gaston Dominici est condamné à mort.

Pendant que Lucie Hinault met au monde Bernard, le Conseil des ministres décide une augmentation de 20% de la taxe sur les alcools, Simone de Beauvoir reçoit le Prix Goncourt pour *Les Mandarins*, Danielle Darrieux et Gérard Philippe sont à l'affiche dans *Le Rouge et le Noir* de Claude Autant-Lara, et le porte-avion américain Forrestal, le plus grand navire de guerre jamais construit dans le monde, est lancé de Newport News en Virginie.

Pendant que Lucie Hinault met au monde Bernard , l'étoile anglaise Margot Fonteyn danse *La Belle au bois dormant* au Palais Garnier, et le boxeur français Robert Cohen devient champion du monde des poids coq à Bangkok.

Pendant que Lucie Hinault met au monde Bernard, Juliette Greco débute à Bobino, l'ile de Formose se place sous la protection des États-Unis, la guerre d'Indochine est enfin terminée, et Elvis Presley enregistre *That's All Right Mama.*

Pendant que Lucie met au monde Bernard, tous les Bretons boivent des canons à la santé de Louison. Louison, c'est Bobet. Il vient de gagner son deuxième Tour de France. Pendant que Lucie Hinault met au monde Bernard, Manuel Fangio devient champion du monde, et le jeune Stéphanois Jacques Foix, entré sur la pelouse d'Hanovre en remplacement de Larbi Ben Barek sorti sur blessure, envoie le ballon au fond des filets : l'équipe de France bat l'équipe d'Allemagne, championne du monde, par trois buts à un.

Lucie donne naissance à Bernard dans la chambre des grands-parents : il braille grave et pèse quatre kilos. Il gigote, remue, se rue sur le sein de Lucie. Il est plein de vie et mort de faim : il ne changera jamais.

Yffiniac, donc. Bernard est né au lieu-dit Le Fraîche, à 2,5 km du bourg, de la mairie, de l'église et de l'école des Sœurs Blanches du Saint-Esprit, à La Tenue très précisément. La Tenue, c'est le nom de la maison, de la longe divisée en trois parties : dans la première l'oncle Jean-Marie et la tante Marie qui s'occupent de la ferme ; dans la seconde les grands-parents, Jean et Jeanne ; dans la troisième, Bernard *and Co*. Bernard *and Co*, c'est son père, Joseph, sa mère, Lucie, et son frère Gilbert, né le 10 janvier 1953. Viendront s'ajouter une sœur, Josiane, et un autre frère, Pierre. Donc, très vite ils sont six, et très vite ils sont à l'étroit à La Tenue. Il faut déménager. Pour déménager, il leur suffit – hop ! – de sauter la haie, de s'installer à La Clôture, le champ contigu à La Tenue sur lequel Joseph père fait construire une maison.

C'est fabuleux, Le Fraîche : tous les chemins menaient à eux. Aux grands-parents. Aux parents. Aux oncles. Aux cousins. Aux voisins aussi, des ouvriers, des paysans, un menuisier. Dix familles en tout.

Ces chemins tordus, souvent de terre, tantôt mitraillés par la pluie, tantôt repeints par le soleil, ont pour nom celui des maisons auxquelles ils mènent. Les grands-parents, c'est donc La Tenue, et Bernard La Clôture. Et les cousins ? Les cousins, ça fait un paquet de maisons, un paquet de noms, un paquet de prénoms. Soyons précis, dressons la liste :

– Y'a les cousins du côté de la mère de Bernard , les

Guernion. Leur ferme, c'est La Rivière. Il y a les vaches, il y a Jean, l'oncle, Marie, sa femme, et leurs dix enfants avec lesquels Bernard joue. Les dix, les voici : Daniel, Thérèse, Élie, Julien, Annie, Jean-Pierre, Michel, Marie-Paule, Ange, Pascal.

— Y'a les cousins du côté du père de Bernard, des Hinault, donc. Leur ferme, c'est Le Vauriau. Il y a François, l'oncle, Thérèse, son épouse, et leurs quatre enfants, Françoise, René, Jean, Michel.

— Et puis à Villes Hervé, au-dessus de la colline, à une borne de La Clôture, y'a l'oncle Jules Hinault, sa femme Cécile et leurs trois enfants : Annick, Hubert qui a l'âge de Bernard, et Chantal.

Donc, quatre mioches à La Tenue, quatre au Vauriau, trois à Villes Hervé et dix à La Rivière : *ladies and gentlemen*, visez la ribambelle, matez la meute !

Et tout ça court, et tout ça joue, et tout ça fait du vélo et les quatre cents coups. On monte sur le cheval, on tombe du cheval, et l'on organise le rodéo du Fraîche. Il s'agit de chevaucher, non des pur-sang, non des taureaux texans, mais les cochons des fermes voisines. On leur monte dessus et l'on atterrit dans la mangeoire. Et on prend le jus en franchissant les clôtures électriques. Et des trempes quand on franchit les bornes.

Le franchissement des bornes est l'occupation favorite de Bernard Hinault. Les lapins enfermés dans les clapiers, il les lâche. Et pareil avec les poulets. Et le mec qui habite près de l'école des Sœurs Blanches du Saint-Esprit, qui ne veut pas lui rendre le ballon, il lui saccage le jardin, arrachant un à un tous les légumes, piétinant tous les semis, shootant dans tous les piquets. Le soir, son père, s'occupe de son cas.

Il s'en occupe particulièrement le jour où Bernard invente le lancer breton de poulet, un truc destroy-rural :

il prend un poulet, le pose contre le sabot de la jambe arrière de la jument, pique la croupe de la jument qui aussitôt répond par une ruade, expédiant le poulet hors de l'écurie. Le vol plané des poulets au-dessus de la cour n'amuse pas son père : tartes, gnons, roustes, branlées, avoinées, mâchées. Bernard se calme. Puis recommence. Sa mère dit : « Ce petit, quel enragé, quelle tête de mule... »

La tête de mule, le mec plein de rage, des fois, il rentre pas. Il passe la nuit à La Rivière, dort dans le foin. Il se calme. Les autres aussi se calment.

Les parents, ils font quoi pendant que Bernard fait le pitre ? Ils travaillent. Son père bosse à la SNCF et sa mère à la maison. La SNCF, c'est la gare d'Yffiniac. Important le train à Yffiniac : toutes les productions maraîchères de la baie de Saint-Brieuc sont acheminées vers Paris par le train. Joseph Hinault, il est dans ce trafic-là, dans ce nœud de rails et d'horaires. Il pose des rails. Avant la gare d'Yffiniac, pour Joseph, y avait eu la région parisienne, sa première affectation dans les chemins de fer. Avant la région parisienne, avant les trains, y'avait eu l'Oise, les plaines céréalières. Il était ouvrier agricole. Joseph, il a toujours été dans le dur : les rails, le ballast, les traverses, la terre. Lucie aussi, elle a toujours été dans le dur : les mioches et la ferme. Quatre bouches à nourrir et, pour ce faire, outre les travaux de la ferme avec l'oncle et la tante de Bernard, les volailles et les 3 hectares de jardin, patates, flageolets, haricots. Elle vend sa production à la coopérative. Sa production, c'était par exemple 150 à 200 kilos d'oignons.

L'oignon, à Yffiniac, y'en a partout, on ne voit que lui dans la cuisine[1], la star des légumes. Quand Bernard

1. Recette d'Yffiniac : Gras-double aux oignons.

passe un moment avec son grand-père, celui-ci lui parle des maraîchers, des surchamptiers qui allaient, avec une charrette tirée par un cheval, vendre les oignons et les autres légumes en Normandie, vers la Beauce et l'Anjou. Ils sillonnaient toutes les routes et ils ne tombaient jamais malades. La grippe, connaît pas. De la fièvre, jamais. Toujours gaillards, toujours au pas du cheval. Le grand-père de Bernard dit : « Ils se soignaient eux-mêmes, tu comprends. Avec des plantes. Ils les cueillaient dans les champs, à l'orée des bois... Les plantes, tu sais, c'est important. Avant on allait les acheter à Pissoison, chez Madame Tate, une Anglaise qui vivait sur la grève, dans une demeure remplie de perroquets[2]... »

Cette vie, c'est la vie de tous, de toutes les familles installées au Fraîche, une dizaine de fermes de 4 à 5 hectares, les bêtes, les légumes, très peu de voitures, quelques tracteurs. Pour certains travaux, on préfère les chevaux de labour : un cheval, ça tasse moins la terre. C'est une vie en autarcie, l'on mange ce que l'on produit, et l'on tue un cochon, une vache. Le cochon, c'est simple, quatre hommes le tiennent, un cinquième lui plante le couteau dans la gorge. La vache, on l'assomme d'un coup de masse, et on la saigne, et c'est la vie.

Pour quatre personnes :
- 500 g de gras-double
- 5 gros oignons
- sel, poivre
- vinaigre
- un peu de saindoux

Temps de cuisson : 20 mn

Couper en petits morceaux 500 g de gras-double, faire fondre le saindoux dans une poêle à frire et faire jaunir les oignons émincés. Ajouter ensuite le gras-double, le sel, le poivre. Laisser cuire 20 mn et arroser d'un filet de vinaigre. Peut se manger avec des pommes de terre à l'eau.

Conseil d'une grand-mère d'Yffiniac : « Manger ce plat très chaud sinon il vous colle au ventre. »

2. Francis Geffrain, *Yffiniac autrefois, aujourd'hui, demain*, Imprimerie H. Leperche, rue Général de Gaulle, Lamballe, 1983.

Un jour, Joseph Hinault dit : « Je n'aurai jamais de voiture, je vais donc acheter une télévision. » C'est un Téléavia. C'est avec lui qu'il la regarde, jamais quand il n'est pas là. C'est sa télé. Et les cousins, les oncles et les tantes déboulent pour *La piste aux étoiles*, émission créée par Hélène et Gilles Margaritis, enregistrée au Cirque d'Hiver à Paris, présentée chaque mercredi par Roger Lanzac. Trapézistes, clowns, éléphants, dompteurs, tigres, cavaliers : les mioches écarquillent les yeux et les grands boivent des bolées de cidre.

Ils regardent les informations : Ernest Hemingway se suicide à Ketchum dans l'Idaho, Georges Pompidou est nommé à Matignon, Jacques Anquetil règne sur le peloton, Jacques Brel triomphe à l'Olympia et Jim Clark sur le circuit de Monza, cent-dix-neuf sacs plombés contenant trente millions et demi de francs sont dérobés dans le train postal reliant Glasgow à Londres, deux bonzes bouddhistes s'immolent par le feu à Saïgon, Édith Piaf s'éteint à Plascassier, près de Grasse, John Fitzgerald Kennedy est assassiné à Dallas, Cassius Clay devient champion du monde des poids lourds à 22 ans à Miami Beach en battant Sonny Liston, Éric Tabarly remporte la Transat sur son voilier Pen Duick II, Jean Moulin entre au Panthéon, le général de Gaulle assiste aux obsèques de Sir Winston Churchill, Johnny Hallyday épouse Sylvie Vartan, et quand Fernand Raynaud répète en se tordant la bouche et en tirant la langue « Ça eut payé... mais ça ne paye plus », tout le monde rigole.

Tous les dimanches, ils regardent *Monsieur Cinéma*, l'émission de Pierre Tchernia. Sur le plateau, c'est Jean Gabin. Tchernia s'étonne que Gabin, si solide à l'écran, soit si timide à la télévision :

— Vous n'aimez pas la télévision ?

— Je préfère le cinéma.

— Pourquoi ?

— C'est simple : au cinéma, le dialogue c'est celui des autres. À la télévision, c'est mon dialogue, alors je me méfie.

Sur le plateau, c'est Michel Simon. Tchernia lui parle du metteur en scène, de la direction d'acteur. Simon répond :

— Je n'ai jamais été dirigé, même quand j'étais soldat de deuxième classe.

Ils regardent le film du dimanche soir, Michèle Morgan, Gérard Philippe, *Fanfan la tulipe*, Fernandel dans le rôle de Don Camillo et Gino Cervi dans celui de Peppone. Peppone et Don Camillo.

Ils regardent *Au théâtre ce soir, Trois garçons et une fille* de Roger Ferdinand, avec Jean Marchat, Gisèle Casadesus, Robert Kimmich, Michel Creton, ou *Treize à table* de Marc-Gilbert Sauvajon, avec Rober Manuel, et toujours des costumes de Donald Cardwell et des décors de Roger Harth.

En juillet, ils attendent que le paternel, de retour du boulot, allume la télé pour voir le résumé filmé de l'étape du Tour. Et Bernard voit Felice Gimondi, son élégance, son beau maillot Salvarani. Et il voit Raymond Poulidor s'envoler dans le Ventoux. Et il voit Gimondi remporter l'ascension chronométrée du mont Revard. Et il voit Jan Janssen.

Yffiniac. Les 2,5 km qui le séparent du bourg, il les avale quatre fois par jour, à pied ou à vélo pour se rendre à l'école Saint-Aubin, tenue par les Sœurs Blanches du Saint-Esprit. Quatre fois par jour car, à midi, il rentre déjeuner à la maison. Maman est aux fourneaux, une galette-saucisse, une pomme, et il repart : go, Bernard, go !

Il court, il pédale, il fait le métier : 10 bornes par

jours, qu'il pleuve, qu'il neige. Il n'a pas attendu Liège-Bastogne-Liège pour rouler dans le froid glacial, lui. Il n'a pas attendu Paris-Roubaix pour bouffer de la poussière et des pavés. Car des pavés, y'en a eu, à Yffiniac. Les pavés, à Yffiniac, c'est les Romains qui s'y sont collés, la voie romaine d'Yffiniac à Morlaix. Elle coupait l'Armorique entière vers le Nord, établissait la communication directe entre Alet, Corseul et Brest. Les pavés, la poussière, c'est pour les légionnaires romains, les pèlerins des Sept-Saints, et pour Bernard Hinault. Depuis qu'il est môme, depuis le vélo rouge de son frère Gilbert, il sent vibrer, sous le goudron irrégulier, rapiécé des chemins tarabiscotés, des routes cachotières, les pavés romains, les pavés des pèlerins qui faisaient de cathédrale en cathédrale le tour de Bretagne, en priant les sept saints : Samson, Malo, Brieuc, Tugdual, Paul, Corentin, Patern.

Bernard, il a tout ça dans les cannes, dans la viande greffée aux os de ses guiboles. Il a toujours eu dans la moelle, en sus du jus tribal, familial, le vieux jus breton d'avant les préfectures et les pardons, sans oublier le jus de la clôture électrique des cochons, les châtaignes qu'il prenait quand il heurtait le fil. Sur le vélo, les châtaignes, c'est lui, le jus, c'est lui. Il est un sac de volts.

À Yffiniac, y'a donc deux écoles : l'école Saint-Aubin, et l'école laïque. Les Hinault, les Guernion ont tous atterri à l'école Saint-Aubin, chez les Sœurs Blanches du Saint-Esprit. Tous les dimanches, c'est la messe. Et pour tous les mioches, le parcours est le même : baptême, confirmation, communion privée, communion solennelle.

Deux écoles. Entre les deux écoles, la baston. Et c'est tous les soirs, derrière l'église, à l'abri du mur qui longe le chemin qu'ils empruntent. Bernard est le premier à leur sauter dessus : boxe, boxe, boxe. Tous les pifs, il les écrase. Dans tous les ventres il loge son casque. Il y laisse parfois la manche d'un chandail, les boutons d'une chemise, mais sort toujours vainqueur. Ses adversaires sont de plus en plus lourds, mais ils ont moins de jus, de vivacité, de hargne. Il pilonne les tronches comme il avale les bornes qui le séparent de l'école ou de La Clôture, sans s'économiser, sans jamais ralentir. Il ne saura jamais lever le pied. Il n'est lui-même que dans l'excès.

En fait, il y a deux sortes de castagnes à Yffiniac : celle à laquelle Bernard participe – et sa vaillance est inouïe –, et celle à laquelle il assiste, lors de la fête des chocards, fête qui se déroule durant les trois derniers week-ends de novembre : forains, manèges, galettes-saucisses, bal et, à toute heure, dégustation des fameux chocards. Cette castagne-là, c'est celle des grands, les lames peuvent briller, et les arcades sourcilières s'ouvrir. C'est du sévère, la baston des chocards. Les grands, ils règlent leurs comptes aux abords des auto-tamponneuses. Bernard se bat, une fois, lui-aussi, près des auto-tamponneuses, mais en sortant de l'école quand les manèges, recouverts de bâches, sommeillent, quand des forains, les yeux protégés par des lunettes, effectuent des soudures. Le gars, il est plus costaud que lui. Bernard lui rentre dans le lard, l'envoie au tapis, le roue de coups, et commence à l'étrangler. Plus Bernard serre, plus le mec vire au bleu. Ses lunettes de soudeur sur le front, un forain empoigne Bernard qui desserre son étreinte : son adversaire est sauvé.

L'école c'est le seul endroit où Bernard reste dans le peloton : ni échappé, ni distancé. Le poêle, il est au milieu de la classe, et si Bernard est assis juste à côté, ce n'est pas pour bénéficier d'un rab de chaleur, c'est juste pour être au sein du groupe, dans le paquet. L'élève Hinault n'accélère que lorsque le maître, le père Jean Leroux, commence à grogner. Il grogne et peut cogner, le père Leroux. Avec une règle, une règle en bois, à section carrée, plus dure que la tête des élèves les plus cabochards. Il l'écrase tantôt sur les crânes, tantôt sur les doigts, quand les dictées sont truffées de fautes, quand les devoirs ne sont pas faits. Les devoirs, Bernard, il les bâcle ou ne les fait pas. Par manque de temps. Car, au Fraîche, il n'a pas une minute à lui. Il roule deux bornes et demie pour rentrer à La Clôture, il avale son goûter, il donne un coup de main à son oncle à la ferme, et file à La Rivière voir Marie traire les vaches. Elle trait à la main, Marie, le jet de lait s'écrase en sifflant contre la paroi du seau. La chaleur des vaches, leur souffle, leur queue qui se soulève tout à coup avant de s'abattre comme un martinet géant sur leur croupe : tout ça, ça compte. Tout ça, c'est dehors. Et tout ça, c'est en lui. Ça le calme.

Le matin, Bernard arrive à l'école : les devoirs ne sont pas faits. Les coups de règle, il sait que ce sera pour sa pomme. Alors il quitte la cour où ses camarades jouent, surveillés par Leroux – un Leroux qui ne va pas tarder à leur demander de se mettre en rang – et se glisse dans la salle de classe. La règle, la maudite règle, elle est sur le bureau. Il la prend et la bazarde dans le poêle. Y'aura pas rouste ce matin.

Le père Leroux, il est formel : Bernard n'aura pas le certificat d'études. Il ne travaille pas assez. Lucie Hinault, elle, n'est pas de cet avis. Elle constate que Bernard accélère quand il faut accélérer, généralement au troisième trimestre. Le premier trimestre, c'est la reprise, le début de saison. Ça n'a jamais été sa période, la reprise, trop de kilos à perdre. C'est ensuite qu'il monte en puissance, c'est à la fin qu'il met le paquet, qu'il les éparpille tous façon puzzle.

Pour passer le certificat d'études, il faut se rendre à Saint-Brieuc, et l'on y va en bus. Le père Leroux conduit et, pendant le trajet, Bernard chahute, pas la moindre « pression »[3]. Bernard Hinault est toujours décontracté dans les bus.

Donc, à Saint-Brieuc, il descend du bus, passe le certif et l'a. Paris-Roubaix, ce sera pareil : il descendra du bus, prendra le départ et gagnera.

Ce qu'il veut maintenant, Bernard, c'est se servir de ses mains. Comme le menuisier du Fraîche. Il veut du bois entre les doigts. Le bois, c'est beau, et le menuisier, il est libre dans son atelier. Il veut donc devenir menuisier. On prévient ses parents : dans le bois, y a pas de boulot, dans le fer, oui. Tu prépareras le CAP d'ajusteur. Bernard entre au Collège d'enseignement technique du Sacré-Cœur à Saint-Brieuc.

Le Fraîche-Saint-Brieuc, c'est combien ? 10 bornes.

— Je fais comment ?

— Eh bien, tu vas à Yffiniac à vélo. À Yffiniac tu prends le bus pour Saint-Brieuc. Le bus, il te laisse à la gare routière de Saint-Brieuc. De la gare au Collège, y a deux bornes, et les deux bornes tu les fais à pied. C'est pas compliqué.

C'est pas compliqué sauf que, l'hiver, le vent et le froid, à la gare routière, ils lui déglinguent la gorge, lui collent la crève. Un temps à ne pas mettre un surchamptier dehors. Angines à répétition.

— Pour pas cailler et combattre l'angine, y'a que le vélo. Laissez-moi aller au collège à vélo !

— D'accord.

---

3. N'avez-vous pas trop la pression ? À cette question posée par un journaliste dans les heures précédant un grand prix, Nelson Piquet répond : « La pression, je la mets dans les pneus. »

Le vélo sur lequel il roule, lui a été offert pour le certificat. Est-ce son premier vélo ? Non. Le premier, c'était le vélo rouge de Gilbert, son frère aîné. Un vélo trop grand pour lui. Comment a-t-il appris à faire du vélo : avec des stabilisateurs ? Non, en se cassant la figure. Et ses chutes font rigoler tout le monde. Il atterrit dans les haies, les orties, tous les cailloux sont pour ses genoux. Puis il cesse de chuter. Il roule à fond. Dans sa roue, personne.

Il est devenu champion cycliste en roulant dix bornes par jour pour se rendre à l'école d'Yffiniac, puis 20 bornes par jour pour rejoindre le collège du Sacré-Cœur de Saint-Brieuc. En selle sans cesse, les pieds sur les pédales quel que soit le temps : go, Bernard, go !

A-t-il des adversaires de son niveau sur la route de Saint-Brieuc, quand il se rend au collège ? Oui, les camions ! Il les attend au pied de la côte d'Yffiniac, trois bornes de pente sèche. Le camion, il arrive lancé et, au moment où il passe à sa hauteur, Bernard saute dans ses roues énormes, colle à sa benne. Quand le camion passe à fond et à vide, les ridelles font un boucan de tous les diables. L'objectif, c'est de tenir, de rester dans son sillage jusqu'au sommet. Et il tient, bouffant les gaz d'échappement du gros cul et un peu de la poussière qu'il soulève. Trois bornes à bloc sans céder le moindre mètre.

Dans la montée, les camions et, dans la descente, les voitures. Descendre à bloc, pour rester collé à leurs feux de stop. Cette course de côte d'Yffiniac, il la dispute pendant quatre ans, les quatre ans qu'il passe au Collège du Sacré-Cœur. Donc 20 bornes à bouffer du vent pendant quatre ans, ce qui, à la louche, doit faire pas loin de 20 000 km.

Il fait la course avec les camions et les voitures sur la route d'Yffiniac. Quoi de plus normal : il y a toujours eu des courses de voitures sur la route d'Yffiniac, des duels de caisses dans la côte. Ouvrons le N° 49 de *La Bretagne Touristique*, revue illustrée des intérêts bretons, datée 15 avril 1926 :

« Le Meeting que l'Automobile-Club des Côtes-du-Nord organise les 23 et 24 mai 1926 (dimanche et lundi de Pentecôte), s'annonce déjà comme un très gros succès et on peut assurer, si le beau temps se met de la partie, que les amateurs seront nombreux pour assister aux belles manifestations sportives de ces deux journées.

Le dimanche aura lieu la course de côte, qui se fera sur la belle route d'Yffiniac, route nationale N° 12, entre les points kilomètriques 446 et 460.

Le départ qui aura lieu à 14 h 30, sera donc arrêté, c'est-à-dire le véhicule étant immobile, en arrière de la ligne de départ. Ce seront les plus petites cylindrées qui partiront les premières. L'arrivée sera jugée lancée et le classement à l'arrivée se fera par catégorie. Le concurrent faisant le temps le plus court sera classé le premier.

La course de côte d'Yffiniac est organisée, conformément aux règlements sportifs de l'Automobile-Club de France et de l'Union motocycliste de France. Elle est donc ouverte aux trois catégories de voitures automobiles ci-dessous indiquées : a) voitures de tourisme ; b) voitures type sport ; c) voitures de course, ainsi qu'aux véhicules régis par l'U.M.F. : a) bicyclettes à moteur ; b) motocyclettes ; c) side-cars.

Les concurrents qui désirent prendre part à ces épreuves, sont priés d'en réclamer le règlement à l'Automobile-Club des Côtes-du-Nord, 6, place Duguesclin.

Les engagements seront ouverts le 1er mai et clos le 20, à 6 heures du soir.

Nos lecteurs seront heureux d'apprendre que les demandes de renseignements et les promesses d'engagement déjà reçues par l'A. C. des C.-d.-N. permettent d'envisager un grand nombre de concurrents. »

Y'a pas que Bernard, y'a pas que les voitures de course de l'Automobile club des Côtes-du-Nord dans cette côte d'Yffiniac : y'a eu aussi un président de la République, un certain Alexandre Millerand. Le président, il était assis dans sa calèche. Un des chevaux avait pris peur, le cocher n'avait pu contrôler l'attelage, et le président, il s'était retrouvé au fond du fossé, la redingote déchirée. Bernard, lui, il évite les fossés. Sauf en 1977, dans la descente du col de Porte, lors du critérium du Dauphiné Libéré. Qu'il remporte.

Dans la côte d'Yffiniac, sur son lourd vélo, Bernard ne craint ni les caisses ni les side-cars ni les gros culs. Et quand il ne pédale pas, redoutant de s'ennuyer, il court. Oui, il court. Sous la houlette de Daniel Carfantan, son professeur d'éducation physique au Collège du Sacré-Cœur. Au printemps et en été, du demi-fond. En hiver, du cross. Et sur les stades, comme dans la côte d'Yffiniac, il est tout sauf mauvais : licencié au Club Olympique Briochin, il termine dixième du Championnat de France ASSU[4].

Un CAP d'ajusteur, c'est trois ans. Il en faut quatre à Bernard pour le décrocher. Pourquoi cette année supplémentaire ? Parce qu'il est overbooké. S'il n'a pas une seconde, c'est qu'il dispute déjà des courses cyclistes.

Le collège plus les courses : à 17 ans, il est au four et au moulin. Sans oublier la station d'essence où il bosse.

4. Il n'est pas le seul champion cycliste à avoir commencé... par la course à pied : Miguel Indurain aussi. Quant à Abraham Olano, il s'entraînait, môme, dans les côtes du voisinage, non derrière des camions mais derrière des bus...

Le collège, plus les courses, plus la station d'essence : il est sur tous les fronts. Daniel Carfantan lui dit : concentre-toi sur l'athlétisme ! Il lui répond : Je vais me concentrer, oui, mais sur le vélo.

2

Ça a commencé comment, le vélo ? Avec René. Son cousin René. René Hinault. Un Hinault du Vauriau, à une borne du Fraîche. René, c'est du cousin de chez cousin. Son père, François, est un cousin du père de Bernard, et sa mère, Thérèse, est la sœur de la mère de Bernard. Vraiment, un cousin de chez cousin.

René, il fait des courses, il a 6 ans de plus que Bernard, il est licencié à l'Union Cycliste Briochine.

René roule depuis l'âge de 17 ans, et souvent il parle de Guillaume Collet, coureur d'Yffiniac, qui avait couru avec Bobet. Quand on dit Collet, à Yffiniac, on pense à ses victoires cyclistes et à ses nombreuses conquêtes féminines. « Collet, un coureur de jupons », lâche, réprobatrice, Jeanne, la marraine de René. Et Jeanne d'ajouter : « René, si tu veux faire du sport, ne fais pas du vélo comme ce Collet : fais de la boxe ! » Mais, contre l'avis de son père et de sa marraine, Jeanne, René choisit le vélo. Et son vélo – un Gitane ! –, il l'achète chez Albert Redon, à Yffiniac. Et Albert Redon, dans sa boutique, du matin au soir, il parle de Guillaume Collet comme s'il s'agissait d'Hugo Koblet. Guillaume Collet, pour Albert Redon, c'est le pédaleur de charme d'Yffiniac.

René, il mesure 1,82 m et pèse 83 kg. Dans sa roue, on ne prend pas une goutte de vent : un abribus. C'est un rouleur, un sprinteur et un admirateur de Louison Bobet et de Jacques Anquetil.

René, il possède une Fiat 128 de couleur verte. Au

volant de sa caisse il va disputer courses et grands prix – L'Essor Breton, le Tour de la côte d'Émeraude –, et Bernard l'accompagne. Et il le voit courir. Et il le voit sprinter. Et il le voit gagner. Il le voit gagner à Plédran. Ils sont sept dans l'échappée, ils ne sont plus que quatre dans le dernier tour, et c'est le sprint, et c'est René. Alors il lui dit : je veux courir, je veux sprinter, je veux gagner.

— Pour courir, il te faut une licence. T'as pas de licence, j'imagine ?

— Non... Enfin si...

— T'as une licence ou t'as pas de licence ?

— J'ai une licence ... d'athlétisme.

— Où ça ?

— Au Club Olympique Briochin

— C'est parfait ça...

— Mais toi, t'es licencié à l'Union Cycliste Briochine ?

— Oui mais y'a pas de cadets à l'UCB. Les cadets, c'est le COB. Il te faut prendre une licence de cyclisme au COB... Et comme t'as déjà une licence chez eux, t'as pas besoin de l'autorisation des parents.

Bernard prend une licence au COB, et rencontre l'entraîneur Robert Leroux. Au père Leroux et sa règle en bois de l'école d'Yffiniac va donc succéder Robert Leroux et sa rigueur.

Bernard a une licence mais pas de vélo. Son frère Gilbert qui, lui aussi, a envie de courir, a acheté un vélo Gitane, un demi-course, avec son fric d'apprenti électricien. Prix du vélo : 570 francs. Gilbert se présente au départ d'une course et, tout de suite, il est écœuré : le vélo c'est trop dur, faut être maso. Alors, Bernard :

— Ton vélo, Gilbert, je te l'achète.

— Ok, mais tu paies comment ?

— Je vais payer. Je vais te filer ce que je gagne à la station-service, et j'ai mon idée.

— Puisque t'as ton idée : OK !

La station-service, elle se trouve à Saint-René d'Hillion, sur le bord de la nationale 12. C'est une grosse station-service, avec des pompes des deux côtés de la nationale. Y'a du trafic, y'a du boulot. Bernard bosse le vendredi et le samedi, payé au pourboire. Il fait le plein, le pare-brise, les niveaux. Et il vient à vélo. Yffiniac-Saint-René d'Hillion, c'est 4 bornes. 4 bornes à vélo, à fond, contre le vent, contre les voitures, contre les camions, contre la terre entière. Départ du Fraîche à sept heures du matin. Retour au Fraîche pas avant 22 h.

Bernard veut gagner. Gagner pour rembourser Gilbert. Une victoire, chez les cadets, c'est 50 francs, et il doit 570 francs à Gilbert. Faut qu'il en gagne dix. Faut aussi qu'il rafle les primes. Les primes, c'est bien car dans la poche juste après la course. Les 50 francs de la victoire, c'est à la fin de la saison. On dit de Bernard qu'il court comme un furieux, sans s'économiser, faisant toutes les primes, se plaçant dans toutes les échappées. Mais il n'a pas le choix : il doit rembourser Gilbert.

Il a la licence et le vélo. Le COB lui fournit le cuissard et le maillot. Un maillot rayé jaune et bleu. Bernard s'est payé les chaussures, les chaussettes et les gants. Maintenant, il veut une course.

— Tu cours bientôt, René ?

— Bientôt.

— Où ?

— À Planguenoual !

— Tu m'amènes, et je cours avec les cadets ?

— D'accord. Tu sais, c'est à Planguenoual que j'ai disputé ma première course... C'était en 1965.

— T'avais gagné ?

— Non, c'est Robert Boulou, figure-toi.

— L'équipier de Bernard Thévenet ?

— Oui. Et de Merckx dans l'équipe Fiat... Bon Planguenoual, c'est dans 10 jours : entraîne-toi... On fera une sortie ensemble.

— Super ! Je vais m'entraîner. Et je vais gagner à Planguenoual.

— Surtout, roule...

Il roule, roule, roule et, sur les routes, il retrouve René et son copain Joël Marteil. Joël est boulanger, coureur, masseur et entraîneur. Il s'occupe de l'école de cyclisme briochine, des mecs qui tournent sur la piste du vélodrome Beaufeuillage. Dès que Bernard a eu le maillot du COB, il a été tourner à Beaufeuillage avec son vélo de route. Et il a étonné Joël.

C'est René qui parle :

— Quand il a débarqué, avec ses cheveux longs, trapu, musclé, il a cru que c'était un footballeur. Et puis, il a commencé à tourner. Et là, il a vu qu'il était chez lui, la piste c'est comme si elle lui appartenait.

Enthousiasmé par le coup de pédale de Bernard, Joël Marteil va voir René Leroux :

— Le petit Bernard, c'est du bon, du très bon.

— Écoute, Joël, des jeunes comme ça, on m'en présente 20 par saison.

Une chose est sûre : des boulangers qui massent, y'en a pas des masses : Joël Marteil sera le kiné de Bernard de 1980 à 1986.

René dit à Bernard : demain on roule. Il faut que tu roules. Demain, on fait 90 bornes. On roule à l'épaule. Bernard demande : on va où ? À Lanvollon, répond René. Lanvollon et on revient[5]. L'important, c'est de

5. Lanvollon est la ville natale du poète Jacques Josse, lecteur de Ginsberg, de Raymond Carver, d'Antonio Lobo Antones. Jacques Josse a dirigé la revue *Foldaan*, et publié de nombreux textes poétiques, parmi lesquels *Le Veilleur de brumes* aux Éditions du Castor Astral.

tourner les jambes, rouler longtemps, en dedans, mais longtemps, tu comprends...

Ils roulent longtemps, à l'épaule, en parlant. Il faut dire qu'on ne croise pas des tonnes de caisses sur la route, on peut rouler guidon contre guidon sans se faire klaxonner, sans se faire frôler par des automobilistes furieux. Bernard a du jus. Il sent qu'il a du jus. Surtout, il est heureux. Quand René se met devant, avec sa carcasse, il est totalement protégé du vent. Mais le vent, quand Bernard roule en tête, il se rend compte qu'il est content de le retrouver, de l'affronter, de sentir ses poings sur son front, ses joues. Il le cherche, le vent ? Il veut la bagarre, le vent ? Il croit quoi, le vent : que Bernard craint ses rafales ? Mais il est Bernard Hinault, et au vent, il va lui montrer de quel bois il se chauffe. Il va lui mettre une rouste. Le vent, il pourra ensuite filer à Planguenoual et leur dire à tous que dimanche, dimanche 2 mai 1971, Bernard débarque pour les ratatiner.

L'entraînement terminé, Bernard rentre au Fraîche, et René retrouve Joël Marteil :

— Écoute, on a fait 90 bornes avec Bernard, Yffiniac-Lanvollon, aller-retour. Écoute, j'ai des jambes, ces temps-ci, je gagne, tu le sais. Il faut que je te dise que sur le chemin du retour, entre Lanvollon et Yffiniac, j'ai dû serrer les dents, mettre du braquet pour ne pas me laisser distancer par Bernard. Joël, il a un sacré moteur, le petit cousin. Bernard, c'est du bon, vraiment du bon. Il va voir ce qu'il va voir, Robert Leroux.

Bernard aide René à fixer son vélo sur la galerie de la Fiat 128. René regarde les chaussettes de Bernard. C'est les plus fines, les plus courtes que Bernard ait trouvées. Il dit qu'elles font coureur. René sourit. Planguenoual, c'est à 11 kilomètres du Fraîche. Bernard court à 13 h 30 et René à 15 h 30. Avant de s'asseoir dans la Fiat,

Bernard se dirige vers sa mère. Elle se tient sur le seuil de la maison, les mains aux hanches :

— Ce soir, maman, je te ramène le bouquet.

— Innocent, répond-elle dans un sourire où se mêlent tendresse et ironie.

René descend le vélo de Bernard, l'appuie contre le muret. Il ouvre le coffre de la Fiat et, dans le coffre, son sac de sport. Il en extrait un bidon : « C'est pour toi... Pendant la course, essaie de boire régulièrement, des petites gorgées, sans attendre d'avoir soif. » Bernard dit d'accord, et va s'échauffer un peu, faire tourner les jambes. Son vélo, visiblement, c'est pas le top. Les machines qu'il croise – selles fines, fourches chromées, manettes de dérailleurs courtes, coiffées d'un bonnet en caoutchouc, manettes de freins percées de petits trous –, sont prêtes à bondir, à ruer. Les manettes de son dérailleur, elles sont longues comme des cuillères à confiture. La tête du boulon chapeautant la potence en acier, celle des clavettes de fixation des pédales, lui paraissent tout à coup énormes. Son vélo, c'est partout de l'acier. Les potences, les tubes, les pièces des vélos hennissant entre lesquels il se faufile sont en aluminium. C'est décidé : cette course il va la gagner, il va rembourser son frère, et s'acheter une machine légère, nerveuse à mort, un frisson d'alu.

Sur la ligne de départ les coureurs le regardent : qu'est-ce que c'est, qu'est-ce qu'il a, qui c'est celui-là ? Il n'aurait pas pu le prendre plus grand son maillot, plus lourd son vélo ? Et ses chaussures, ses chaussettes, les footballeurs ont les mêmes ! Comme ses cheveux d'ailleurs. Il va sûrement les coiffer en chignon, mettre une barrette pour dégager son front ! Qu'est-ce que c'est, qu'est-ce qu'il a, qui c'est celui-là ?

Le mec qui vient se placer sur la ligne, non loin de

Bernard, a fière allure. Et son arrivée a été saluée par quelques applaudissements : c'est Jean-Yves Ollivier du VC Plurien. Un sacré sprinteur, la terreur du dimanche, il rafle tout. Il enchaîne les victoires depuis le début de la saison – Andèle, Plédéliac, Saint-Denoual, Quentin… –, et il a du feu dans les reins. Ollivier court à la maison. Il est né à Planguenoual, le 25 mai 1954, dans la ferme de ses parents, comme ses deux frères Daniel et Claude, lesquels aussi font tout vélo. Chez les Ollivier, c'est tout pour le braquet. Il court chez lui, il va gagner, la commune va gagner. Il est Jean-Yves Ollivier, cadet dont le nom a souvent l'honneur des colonnes de *Ouest-France*. Le vélo a dans la presse bretonne la place qu'il mérite : une course de cadets c'est un bon quart de page.

Donc, Jean-Yves court dans son jardin. Dès que la date de la course a été publiée dans *La Bretagne cycliste*, il a foncé chez le cordonnier, Monsieur Veillon, un des responsables du VC Plurien pour s'inscrire.

Ceux qui lui serrent la main au moment du départ savent qu'il les réglera au sprint, comme chaque dimanche. Ils savent qu'ils seront dévorés par le « Belge breton ». Ils le nomment ainsi parce que c'est un bouffeur de ruban, un sacré gicleur, et parce qu'il admire Éric De Vlaeminck. Il a, lui , un vrai vélo, une bête, une bombe, un truc de pro, un cadre sur mesure – un Bernard Carré – qu'il a fait monter chez Gilbert Le Metayer à Saint-Brieuc. Un cadre bleu avec une fourche chromée. Pourquoi bleu avec une fourche chromée ? Parce que sur la photo qu'il a épinglée au mur de sa chambre, photo représentant Éric de Vlaeminck sur le pont de Brooklin, le champion flandrien chevauche un vélo bleu avec une fourche chromée.

Jean-Yves Ollivier s'est préparé sérieusement : une sortie de 60 bornes en semaine, et un décrassage souple le samedi. Et puis il fait attention à son alimentation : il a mangé des pâtes, beaucoup de viande. Son bidon est rempli de jus d'orange. Les oranges, il les a pressées lui-même. Il connaît parfaitement le circuit, long de 5 kilomètres : 10 tours, l'arrivée se jugeant au terme d'un long faux-plat en deux paliers, à la sortie du bourg, au lieu-dit Bel Air. Il faudra être puissant et rapide, et faire gaffe au virage fermé dans la traversée du bourg.

On va donner le départ. Il y a du monde appuyé aux barrières. Bernard regarde les vélos, la quantité incroyable de vélos qui l'entoure, l'encercle. La rue de Planguenoual lui semble tout à coup bien étroite : y'a pas de place pour tout le monde, va y'avoir des chutes.

On est parti, et Bernard se dit qu'il va tomber. N'ayant jamais roulé en peloton, il freine chaque fois qu'un coureur le frôle et, très vite, se retrouve en dernière position.

Le premier tour, le deuxième tour, il les passe à l'arrière, ne remontant que de quelques places chaque fois qu'une ouverture se présente. Jean-Yves Ollivier roule devant, protégé par ceux qui font le tempo. Pendant que Bernard freine, Ollivier remporte une prime : il a les jambes, la victoire est pour lui, chez lui.

Le peloton s'étire et Bernard, dès qu'une portion de goudron se libère devant lui, accélère. D'accélération en accélération, au terme de quelques sprints, il se retrouve parmi les premiers. Pour la course, devant c'est mieux, certes, mais ça remue autant que derrière, et très vite Bernard a recours aux freins. Alors il se dit il faut partir. Tout seul, je serai peinard, j'appuierai, et je verrai ce que j'ai dans le ventre. Ils le verront aussi. Aussi au 4e tour, place-t-il un démarrage nerveux, comme dans la côte d'Yffiniac quand il remontait un camion, quand il voulait planter sa tête dans les abdos du vent.

Ceux auxquels il vient de fausser compagnie le

regardent s'éloigner, ricanent. Il veut partir, le chevelu : qu'il parte ! Il a des fourmis dans les jambes, le footballeur : qu'il aille donc se dégourdir les mollets ! Il a envie d'étrenner ses grosses chaussettes, son vélo de facteur, son maillot trop grand pour lui : qu'il se barre et s'amuse, on le ramassera au tour suivant !

Au tour suivant, il n'y a personne à ramasser : l'avance de Bernard atteint les 30 secondes, les 50 secondes. Au 7e tour, à trois tours de l'arrivée, elle est de 1'45" : qu'est-ce que c'est, qu'est-ce qu'il a, qui c'est celui-là ?

Personne ne réagissant, l'écart se creusant, Jean-Yves Ollivier se dit qu'il n'a pas le choix : il faut qu'il aille lui-même chercher l'inconnu dont la pédalée fait des dégâts, l'inconnu qui boit du vent depuis trois tours et ne faiblit pas pour autant. Qu'est-ce que c'est, qu'est-ce qu'il a, qui c'est celui-là ?

Ollivier sort. Tout seul. Met du braquet. Enroule. Il va y laisser du jus, certes, mais s'il veut gagner, gagner chez lui à Planguenoual, gagner devant ses parents, sa famille et ses amis appuyés aux barrières, il faut s'arracher. Personne ne prend la roue d'Ollivier, et il lui faut deux tours pour combler l'écart et revenir dans la roue de Bernard. Bernard, il a, lui-aussi, brûlé beaucoup d'énergie.

Ollivier : Je passe devant lui... Il va se refaire la cerise dans ma roue... Ensuite il va relayer...

Bernard : Qu'il passe devant, si ça l'amuse... Il veut quoi : que je le relaie ? Et pourquoi je le relaierai ? Il est venu me chercher : qu'il se démerde ! Je vais pas entrer dans son jeu. Merde, il est vide, mon bidon...

Ollivier : Il n'est vraiment pas décidé à relayer, ce mec. Si on reste comme ça, les autres vont revenir, et j'aurai roulé à bloc pendant deux tours pour rien. Il faut rouler, rouler de nouveau à bloc, j'ai pas le choix : j'appuie.

Bernard : Il appuie, le mec. Il croit quoi : que je vais

lâcher ? Il croit qu'il va me lâcher ? Je vais tenir, il faut que je tienne. C'est décidé : je tiens.

Ollivier : Il a du jus, ce mec ! J'aurais dû, sur l'accélération, le lâcher, mais et il est toujours là. C'est qui, ce mec ? Mais qu'est-ce qu'il fait ? Pourquoi il ne s'abrite pas. Pourquoi il ne se cale pas dans ma roue ? Il préfère bouffer du vent, on dirait. Il aime le vent, ce mec. Mais c'est qui, ce mec ?

Bernard : sa roue, elle me gonfle. S'il fait un écart, je tombe. Je vais rester là, entre sa roue et le fossé, comme ça. Là, je ne risque rien. Sa roue, elle est fine, plus que fine. Moi, c'est un pneu de tracteur que j'ai devant.

Ils sont maintenant dans le dernier tour. Ils passent devant René, le cousin de Bernard. René, il sourit, un sourire de joie : Ollivier va l'emporter au sprint, et Bernard qui n'a jamais couru, jamais roulé en peloton, va faire deux. C'est fabuleux. Il va faire deux : c'est merveilleux.

Là-bas, au terme du long faux-plat, c'est l'arrivée. Ce faux-plat, Jean-Yves Ollivier pourrait l'avaler les yeux fermés. Il jette un œil à son rival. Qu'il attaque, et c'est plié ! Je sauterai dans sa roue et le sauterai sur la ligne. C'est limpide à souhait.

Et Bernard attaque, dès que la route commence à se redresser. René observe la scène, regarde Bernard amener Ollivier dans un fauteuil : il va faire deux, c'est fabuleux.

Sur le démarrage Bernard a pris 3, 4 mètres à Ollivier. Qu'Ollivier comble ces quatre mètres et Ollivier gagne ! Ollivier accélère se rapproche de Bernard. Au moment où il revient dans son sillage, Bernard place une seconde accélération. Et il appuie, Bernard. Comme un dingue. Comme s'il filait vers la station d'essence. Comme s'il rejoignait le Sacré-Cœur à Saint-Brieuc. Comme s'il roulait vers la mer, la carrière de l'écluse. Et c'est de nouveau 4 mètres. Et ces quatre mètres Ollivier ne parvient pas à les reprendre. Il est le meilleur sprinteur du peloton. Les sprints, il les gagne tous mais, à Planguenoual, il n'y a pas de sprint. Il y a juste un mec avec des cheveux longs, des socquettes à mi-mollet, un maillot trop grand pour lui, qui a des reins d'acier. Et ces reins poseront des problèmes à d'autres sprinteurs, y compris à ceux qui, en juillet, lors de la dernière étape du Tour de France, ont l'habitude de l'emporter sur les Champs-Élysées.

Planguenoual : victoire de Bernard Hinault, du COB.

Bernard descend de son vélo, retire son casque. On l'entoure, on le félicite[6]. Jean-Yves Ollivier le félicite. René lui passe une veste de survêtement. Josiane, la petite sœur de Bernard, a un genou écorché. Elle est tombée de son mini-vélo dans la côte du Pont-neuf, mais elle est là. Elle est folle de joie, elle applaudit, elle trouve le bouquet énorme. Le cœur de Bernard cogne dans sa caisse, il a un début de crampe. René lui donne à boire. René sourit : demain René Leroux, en feuilletant *Ouest-France*, se frottera les yeux : un quart de page pour Bernard. C'est ce qu'il se dit quand le correspondant du journal vient se placer à ses côtés. Il veut quelques infos. René lui en donne : Le Fraîche, l'athlétisme, le COB, la première course, la puissance de Bernard. Il lui raconte le retour de Lanvollon, Bernard intenable. Surtout

---

6. Une semaine après Planguenoual, Jean-Yves Ollivier gagnera le Championnat des Côtes du Nord cadets en battant Bernard Hinault. Un sacré tempérament, Jean-Yves Ollivier. Plombier-chauffagiste, il entrera dans une entreprise de quincaillerie – les Établissements Mafart –, déchargeant les camions de 20h à 24h, voire une heure du matin. Il a choisi cet horaire de nuit afin de pouvoir s'entraîner les après-midis. Jusqu'à l'age de 22 ans, il étoffera son palmarès de sprinteur. De 22 ans à 26 ans il se consacrera au cyclo-cross, remportant 80 courses. En 1977, il se classe 15e du Championnat de France de cyclo-cross, à Versailles. Derrière lui, à la seizième place, Marc Madiot. Sa carrière cycliste terminée, Jean-Yves Ollivier créera une société de distribution de quincaillerie, la Sodiquin. Il vit à Pleuneuf-Saint-André.

l'envie de courir de Bernard, sa joie quand il est en selle...

— Mais qu'est-ce que c'est... Mon Dieu, mon Dieu...

— Le bouquet, maman, c'est le bouquet : il est pour toi.

Lucie Hinault, elle n'a plus de mots, à part mon Dieu. Elle embrasse Bernard, plusieurs fois. Puis, tout à coup : le vase, elle l'a mis où, il est où, ce fichu vase ? Elle le cherche, le trouve, fait couler l'eau en répétant c'est pas possible, c'est pas possible. Elle se reprend aussitôt : mais si c'est possible, c'est Bernard, c'est mon Bernard, c'est tout lui, çà. Il est comme ça, ce petit : il annonce ce qu'il va faire, et il le fait. Moi, ce que je vais faire, c'est mettre les fleurs dans le vase, et le vase sur le buffet. Voilà. Qu'il est beau ce bouquet, mon Dieu, qu'il est beau. Je crois qu'il n'y a jamais eu d'aussi beau bouquet sur ce buffet. Bon, le cidre, on va boire du cidre. Josiane, aide-moi pour les verres.

Y'a un type, un voisin, il prend sa mobylette, et il file vers la gare d'Yffiniac : Joseph Hinault n'a pas vu la course, il est de service, sur les voies. Le type, il appuie sa mobylette contre le mur de la gare. Il traverse la gare. On lui indique où se trouve Joseph.

— Joseph, Bernard il a gagné.

— C'est pas possible.

— Je te dis qu'il a gagné la course, il a gagné à Planguenoual : personne n'a pu tenir sa roue. Il a battu Ollivier, et Ollivier c'est un costaud. Ton Bernard, c'est un lascar.

— C'est pas possible.

— D'accord, d'accord, c'est pas possible, c'est comme tu veux. Mais ce soir, quand tu rentres chez toi, regarde sur le buffet.

Le soir Joseph rentre chez lui. Sur le buffet, le bouquet du vainqueur.

Robert Leroux, un bol de café à la main, parcourt la

une de *Ouest-France* daté du lundi 3 mai 1971. Tandis qu'à Paris, au Père-Lachaise, l'on profane les tombes de Maurice Thorez et de Marcel Cachin, les ministres des Finances des Six se réunissent pour discuter de la crise du dollar. Aux États-Unis, il n'y a pas que le dollar et sa crise, il y a aussi les hippies et leur gigantesque sit-in à Washington : 500 000 personnes, une marée humaine s'étalant de la Maison Blanche à la colline du Capitole.

Ce qu'il voudrait, Robert Leroux, c'est des nouvelles de l'expédition française dans l'Himalaya, expédition que dirige Robert Paragot, et qui s'attaque au pilier ouest du Malaku dont le sommet culmine à 8 515 m. Tournant les pages, cherchant dans *Ouest-France* le nom de Robert Paragot, Robert Leroux tombe sur celui de... Bernard Hinault. Planguenoual, c'est lui ! Que lui est-il arrivé à Ollivier : il a crevé, abandonné, il était pas au départ ? Non, non, il était bel et bien au départ, il fait deux, battu par Hinault. Par les reins d'Hinault. Par les reins d'acier d'Hinault. La nouvelle le remplit de joie. Hinault : première course, victoire d'entrée. L'enthousiasme que Joël Marteil a manifesté lorsqu'il lui a parlé du petit cousin de René Hinault est à l'évidence justifié. Est-ce un costaud qui débarque au COB ? Le temps que Robert Leroux réponde à cette question, Bernard Hinault gagne à Melrand, l'emporte à Lamballe, triomphe à Merléac, à Corlay, Plouec-sur-Lié, Quévert, Yffiniac. Une saison d'enfer : vingt courses, douze victoires. C'est un Scud, un bélier, un bloc de chair arraché à la carrière de l'écluse qui se présente au départ des courses, le dimanche, tourne à fond les ballons dans l'odeur des galettes-saucisses, et gagne. Des bouquets et des primes : il rembourse sans difficultés le vélo bleu aux manettes longues comme des cuillères à confitures.

3

Bernard rentre de l'entraînement. Il a bouffé du ruban, bouffé du vent, brûlé toute son essence : il est vivant. Son père se tient sur le seuil de la maison. Bernard s'avance vers lui, en sueur, le vélo bleu dans une main, le bidon dans l'autre. Son père le regarde, fixement, et ce père qui le fixe et auquel il sourit, lâche : « Qu'est-ce que tu fais ? Rien. Tu ne sers à rien. Un fainéant, voilà ce que tu es. »

C'est un coup, un coup violent, un truc pleine face : Bernard est KO debout. Il regarde son père, mais il ne le voit pas. Très exactement, il ne voit que sa casquette, posée sur son front. Retrouvant ses esprits, il glisse son bidon dans le porte-bidon et tourne les talons, lui et son vélo. Il monte sur la selle et part. Au sprint. Jamais durant sa carrière, il ne sprintera, n'enroulera le braquet, n'écrasera les pédales avec autant de rage. Il ne voit rien ni personne, fonce vers La Rivière, la grange des cousins, roulant, l'œil furieux, les dents sorties comme des crocs. Celles du bas, dont même la base est visible lacèrent l'air de juillet, la poussière qu'une voiture a soulevée. Il s'arrête devant la grange dont il ouvre la porte d'un coup d'épaule, s'engouffre à l'intérieur, abandonnant son vélo bleu dans l'herbe. Ses poings, il les écrase contre des planches, contre un arrosoir, contre des bottes en caoutchouc suspendues à une patère, contre les œillères, le collier, la sous-ventrière, le harnais du cheval, avant de s'asseoir par terre, adossé au foin. Il ramène ses jambes contre son buste, retire sa casquette, la pose sur ses genoux. Il reste longtemps dans cette position, regardant le mur devant lui, la minuscule fenêtre dans le mur et, dans la minuscule fenêtre, la lumière. C'est une lumière douce, débarrassée de ses copeaux les plus étincelants, frémissante comme le museau d'un petit animal. Et cette lumière le ceint, le caresse. Et l'averse qui tout à coup s'abat sur la grange, chasse peu à peu ce qui restait en lui de rage. Il est apaisé maintenant. Mais la grange, il ne la quittera pas. Ce soir, il ne rentrera pas. La nuit, il la passera dans le foin. C'est ce qu'il se dit, et la pluie cesse. Elle a fait son boulot, la pluie : il est apaisé. Elle peut partir ailleurs calmer d'autres colères, éteindre d'autres incendies, masser d'autres nuques.

La porte de la grange s'ouvre. Bernard reconnaît la silhouette de René. Il entre en poussant le vélo bleu. Il l'appuie contre le mur, sous le harnais du cheval que Bernard a pris pour un sac de frappe. René, il sait. Ce n'est pas la première fois que Bernard vient se réfugier dans la grange, les poings fermés. Mais c'est la première fois qu'il débarque en plein après-midi et en tenue de cycliste. Son père, bien sûr. Bernard, les yeux toujours fixés sur la fenêtre :

— Je bosse à la station, j'ai eu mon CAP, je m'entraîne à bloc, et je suis un fainéant.

René ne dit rien. Il s'assied au pied du mur, sous la fenêtre que Bernard fixe. L'histoire du môme qui veut devenir champion, il la connaît. C'est celle des gamins de Bretagne qui collent aux murs de leur chambre un poster d'Eddy Merckx, celle d'Antonin Magne, ou d'Henri Pélissier : la maman dit oui et sourit, le père le poing sur la table dit non. Le père d'Henri Pélissier, c'était quelque chose. C'était l'époque bien sûr : l'homme commande, la femme obéit, les gosses s'écrasent. Surtout, c'était le père Pélissier. Chaque jour, il répétait : « Y'a pas de fainéant. » Y'a surtout les vaches de la ferme-laiterie qu'il possède, 10 rue Mesnil, près de la place Victor-Hugo, à Paris. Et chaque jour Henri se lève à quatre heures du matin pour traire les vaches. Ensuite, ce sont les livraisons, à vélo, 600 clients. Ensuite, c'est l'école et, après l'école, c'est de nouveau les vaches. Le vélo, il n'en est pas question : « Y'a pas de fainéant. ». Alors Henri, il roule, s'entraîne à l'insu de ce père colérique et violent. Son premier vrai vélo, « un vélo selon [son] cœur, » c'est-à-dire avec des boyaux, il l'a acheté, 100, rue de la Pompe. C'est un Labor. Il le cache chez un ami électricien. Quand le père Pélissier découvre le pot aux roses, il demande à Henri de venir. Avec son vélo. Henri arrive avec son vélo. Tout de suite la colère, tout de suite les coups. Puis le père Pélissier saisit le vélo, le brandit au-dessus de sa tête, et le lance devant lui. Le Labor s'écrase sur les pavés de la cour. Alors, le père Pélissier se met à insulter le vélo, lui donne des coups de pied, le piétine, et disparaît. Henri réparera son vélo et gagnera quelque temps après sa première course : « Je savais qu'on ne me porterait pas en triomphe à la maison. C'était devenu l'enfer. J'aurais pu casser les gueuses dans les bals de barrière, ou m'acoquiner avec de mauvais sujets, ou basculer le nez dans la chopine. Au lieu de cela, je faisais du vélo, occupation saine et honnête qui ne m'empêchait pas d'accomplir mon travail correctement, du matin au soir à la laiterie. Et pourtant mon paternel n'acceptait pas, il devenait de plus en plus féroce dans la répression. Il ne pouvait pas accepter que je fasse l'acrobate de cirque, le saltimbanque, comme il disait. Pour lui la honte, je crois que c'était de se montrer sur les routes en petites culottes. Les disputes, les coups, j'en ai eu marre : à dix-neuf ans je suis parti[7]. »

René et Bernard restent un long moment, face à face, René assis par terre, adossé au mur, Bernard assis par terre, le dos appuyé contre le foin. Puis René se lève :

– Il faut que tu te changes, Bernard, sinon tu vas prendre froid... Je vais aller te chercher des vêtements. Et quelque chose à manger...

Bernard passe la nuit dans la grange. Tantôt il dort, tantôt il écoute. Il écoute l'averse quand elle s'abat sur le toit. Il l'écoute sprinter sur les ardoises. Quel sprinter, la pluie ! Walter Godefroot, Eddy Merckx, Roger De Vlaeminck, elle les sauterait sur la ligne, les doigts dans le nez. Il écoute le vent qui se glisse entre la toiture et les pierres du mur, et siffle. Il l'écoute boxer le volet qui grince. Le vent, il envoie du bois, c'est un frappeur, et toutes les pierres, toutes les barrières se souviennent de ses uppercuts. Il écoute la charpente qui craque, et ses craquements sont des paroles. Les poutres, les chevrons, toute la charpente parlent des arbres qu'ils furent, des feuilles qu'ils offraient à la lumière du jour, aux lèvres noires de la nuit. Il écoute la respiration régulière du foin, les gloussements des milliards de brins souples et secs. Oui, il écoute tout, il entend tout. Et tout ce qu'il entend, il l'entendait, môme, quand il traversait les cours d'eau en courant, quand il filait ventre à terre vers la carrière de l'écluse. Tout ce qu'il entend, toutes ces paroles qui permettent de mieux goûter le silence bleuté de la grange, il se rend compte qu'il les entend lorsqu'il roule : parole du vent, parole de la pluie, chuchotement des herbes et des feuilles que la bourrasque remue. Sa

7. Roger Bastide, André Leducq, *La Légende des Pélissier*, Éditions Presses de la Cité, 1981.

place est dans la nature, et la nature elle lui appartient dès qu'il enfourche son vélo. S'il pédale, c'est sûrement pour être avec elle.

Le jour s'est levé. Bernard entend des pas. La porte s'ouvre : Josiane. Sa sœur lui apporte du pain beurré, du café au lait. Elle lui demande Tu vas revenir. Merci est le seul mot qu'il parvient à articuler.

Il y aura deux autres nuits dans la grange, de la nourriture apportée par les cousins, d'autres averses, des marches à travers les champs. Puis Josiane reviendra une seconde fois. Elle dira juste Maman est malheureuse. Bernard la suivra.

C'est Josiane qui entre la première à La Clôture. Bernard, il reste dehors, devant la porte ouverte, son vélo à la main. Son père sort, la casquette à la main. Il regarde Bernard dans les yeux, esquisse un sourire et dit : « D'accord ». Puis, mettant sa casquette : « C'est pas tout : on m'attend à la gare. » Alors Bernard, plantant ses yeux dans les yeux de son père :

— Papa, à toi les rails, à moi les routes !

Ce qu'il fait, c'est du bon boulot, du très bon boulot. La terreur, chez les cadets, c'est Hinault. Un Hinault qui écoute attentivement les conseils de Robert Leroux. Les jeunes, il connaît Robert Leroux. Les coureurs, il sait les encadrer, les conseiller. Et ses conseils concernent aussi bien l'entraînement que l'alimentation, le choix du matériel que la tactique. Il est l'auteur de deux livres parus chez Charles Corlet, éditeur-imprimeur à Condé-sur-Noireau : *Si tu veux réussir* et *Coureur cycliste, ce que tu dois savoir.*

Bernard et Robert Leroux marchent, et c'est Robert qui parle : « Tu sais, le v de vélo, c'est le v de volonté. Il te faudra beaucoup de volonté pour devenir un grand coureur. Il t'en faudra tous les jours, tous les matins.

Ne crois pas que les mois de novembre, de décembre et de janvier sont des mois de laisser-aller. C'est tout le contraire. Ce sont des mois de désintoxication et de récupération. Et janvier, c'est aussi un mois de préparation. Tiens compte de ce que je te dis et tu arriveras plus rapidement en forme au début de la saison. »

Bernard et Robert Leroux marchent, et c'est Robert qui parle : « Dis-toi que l'hygiène c'est aussi important que rouler. L'hygiène, c'est surtout le sommeil : dors, dors et dors ! L'hygiène, c'est aussi les soins corporels, et la nourriture. Et la nourriture tu la prends à des heures régulières, et dans le calme, et tu mastiques. »

Bernard et Robert Leroux marchent, et c'est Robert qui parle : « Le petit déjeuner, ça c'est un moment important, très important. Tu prends ton café, ton thé, des biscottes ou du pain grillé avec du beurre et de la confiture. Et tu prends une tranche de jambon, ou un morceau de poulet froid, ou une tranche de rôti de veau, ou deux œufs. Et tu vas rouler, rouler, rouler. Et à midi tu manges un légume, de la viande rouge, grillée ou rôtie, avec des pâtes ou du riz, ou des pommes de terre, et tu manges un ou deux fruits bien mûrs. »

Bernard et Robert Leroux marchent, et c'est Robert qui parle : « Dis-toi bien qu'il y a des aliments que tu ne mangeras plus jamais, tu entends, plus jamais. Fini les bouillons de viande ! Fini la soupe de poisson ! Fini les oignons, Yffiniac c'est les oignons, je sais, mais les oignons, n'y pense plus ! Fini aussi le chou, les choux-fleurs, la choucroute, les salsifis. Et je t'interdis les épices, sauf le thym. Et je t'interdis les pâtisseries, et les eaux gazeuses. Terminé aussi le vin, l'alcool, la bière. Et le vin blanc, tu n'y touches jamais, tu entends, jamais... »

Bernard et Robert Leroux marchent, et c'est Robert qui parle : « Tu ne fumes pas du tout, pas la moindre clope. Je sais que Bartali fumait, mais je sais aussi que le tabac décompose la vitamine C, ce qui entraîne une insuffisance de la détoxinisation, et donc la récupération musculaire est moins bonne. Donc, tu fumes pas, même pas durant la fête des chocards... »

Bernard et Robert Leroux marchent, et c'est Robert qui parle : « Pour mieux rouler, il est bon de faire de l'éducation physique, et je t'indiquerai quelques mouvements que tu pourras faire chez toi, dans une pièce bien aérée. Des mouvements simples, des bras et des jambes. Du tronc aussi. Des mouvements, et de la musculation mais sans altères, sans extenseurs. La musculation des bras, c'est important. Les bras travaillent énormément, même sur le vélo. »

Bernard et Robert Leroux marchent, et c'est Robert qui parle : « Je sais que tu as fait de l'athlétisme. C'est bon pour le vélo, l'athlétisme. Le footing, c'est bien. Tu adoptes une allure relativement lente, tu marches, tu repars. Le footing, c'est bon pour le souffle, et tu gagneras en endurance. N'hésite pas à courir de temps en temps, le matin. »

Bernard et Robert Leroux marchent, et c'est Robert qui parle : « Ce qui est bien, c'est de rouler 3 fois par semaine. T'es cadet, pour toi c'est 60 bornes. Et tu roules à 20 km/h. Tu fais une sortie longue et lente, par exemple le dimanche. Ensuite une sortie courte et rapide le mercredi. Puis une sortie courte et lente le vendredi... »

Bernard ne peut pas faire sa première année chez les juniors avec son Gitane : il est trop lourd. Il lui faut une vraie machine. C'est ce qu'il se dit, René. Ses rivaux ont des cadres sur mesure, équipés de roues et d'accessoires haut de gamme. Il ne peut pas continuer à courir sur une machine dont la selle pourrait être celle du facteur. René contacte l'équipe Paul Tertre-Thomson-Peugeot, et c'est sur un Peugeot, un de ces vélos blancs à damiers, celui de Ferdinand Bracke, de Tom Simpson, de Roger Pingeon, de Bernard Thévenet, que le gamin d'Yffiniac attaque sa saison.

Il sait rouler en peloton, frotter, se protéger du vent. Et s'il écoute les conseils de Robert Leroux, il sait aussi n'en faire qu'à sa fête. La fête à Bernard, c'est l'attaque : démarrer, se lancer dans des raids incroyables, sortir de sa roue ceux qui tentent de s'accrocher, éparpiller ses adversaires, les secouer, les rincer, les essorer. C'est la fête à Bernard. Y'a deux fêtes à Yffiniac : y'a les chocards et, sur le vélo, les escarmouches de Bernard.

Au critérium de Langourla, commune des Côtes d'Armor, connue pour son chêne contre lequel jadis les femmes venaient frotter leurs fesses quand elles voulaient un enfant ou un mari, Bernard retrouve Jean-Yves Ollivier. Ils s'échauffent ensemble, juste avant le départ. Bernard propose à Jean-Yves un truc de fou :

— Aujourd'hui, je pars dès le drapeau baissé : et tu viens avec moi !

Jean-Yves hésite. Il est sprinter, lui. Être dans une échappée et sauter ses compagnons sur la ligne, il sait faire. Arrivé dans le final avec tout le peloton, s'arracher et l'emporter d'un boyau, il sait faire. Mais se lancer dans un raid de cette nature, garder une avance de quelques minutes sur le peloton pendant 60 bornes, non vraiment, c'est pas possible, ça ne peut pas marcher. Ils seront forcément repris, et il n'aura plus d'essence pour le sprint. Bernard insiste. Jean-Yves dit OK.

Le drapeau s'abaisse : ils partent. Dans le peloton, on se regarde, on se moque. Qu'ils partent si ça leur chante : ils s'éteindront comme deux bougies, on les ramassera dans le dernier tiers de la course.

Bernard n'est pas une bougie : c'est un incendie, une

locomotive. Il a du charbon plein le caisson et tout, chez lui, bosse à mort, les muscles, les tendons, la couenne, le gésier, les bielles, le bréchet, le menton, le front, les tibias, les rotules, les poumons qui envoient des rasades d'oxygène dans les recoins les plus reculés de la charpente. Et Jean-Yves Ollivier ne peut prendre aucun relais. Bernard est le seul à rouler, à bouffer vent et ruban. Jean-Yves s'impose une souffrance incroyable pour rester dans sa roue. Il regarde ces chaussures noires qui montent et descendent sans jamais ralentir leur cadence. Comment Bernard peut-il rouler ainsi, sans ralentir, sans vider le bidon, sans écarter les coudes ? Ce sont les questions que Jean-Yves se pose, la selle plantée dans le cul. Puis, il ne se pose plus de questions. On aura débranché sa tête. Plus de questions, plus de pensées, plus rien, juste cette roue devant, cette gomme noire et fine qui s'éloignerait irrémédiablement s'il n'acceptait pas la douleur qui lui tord la bouche et martyrise chaque parcelle de son corps.

En tête de peloton, on baisse les bras, on renonce et, sur les trottoirs, aux abords de l'arrivée, les entraîneurs se regardent, stupéfaits : ce Hinault dispose d'un stock inépuisable d'énergie. Ils en ont vus des bons, des cadets doués, volontaires, mais là, c'est autre chose, un autre calibre, une autre furie. Il a 17 ans, des tas de comptes à régler, et les comptes sont réglés le dimanche. Ce gamin, il est furieux, et il a un socle. Il est stable, le môme, comme une étable, comme un abreuvoir, un arbre, la grange de La Rivière. Et le môme au cœur de grange, il l'emporte à Langourla. Jean-Yves Ollivier se classe second. Ils vident ensemble leurs bidons en attendant le peloton[8].

8. Jean-Yves Ollivier : « Langoula, c'est la pire galère de ma carrière. Je n'ai jamais

Et il n'arrête pas d'attaquer, ne se lasse pas de gagner.

Des victoires partout. Soyons précis, dressons la liste :

- il les dézingue à Boqueho.
- il les dégomme à Coëtlogon.
- il les trucide à Moncontour.
- il les éparpille à Pleslin.
- il les pulvérise à Gaël.
- il les massacre à Pleumeleux.
- il les éclate à Lescouët.
- Il les écrase à Saint-Igneux.
- il les essore à Quinteric
- il s'adjuge le critérium de Cesson-Saint-Brieuc.

Beaux noms des villages bretons ! Vivacité du cyclisme sur les routes celtes. Pas un patelin sans sa course, pas une rue sans son sprint !

Belle lurette qu'on appuie sur les pédales chez les Armoricains ! Rennes-Dinan et retour naît en 1880. En ces temps-là, les stars du guidon se nomment Jean Herlédan ou Henri Lozac'h. Et depuis la création en 1869 du Véloce club rennais, les clubs poussent comme des champignons : Vélo sport quimpérois, VC Brestois, VC Morlaix...

Et puis c'est Paris-Brest-Paris, course créée en 1891 par *Le Petit Journal*, avec Charles Terront, premier vainqueur, avec le Breton Constentin Corre qui s'attaque en 1893, sans toutefois le battre, au record de Terront : 71 h 27'

Et puis ce sont les vélodromes sur la piste desquels s'illustre Ludovic Morin, de Saint-Brieuc, vainqueur en 1897 du Championnat de France de vitesse, au Parc des Princes.

---

autant souffert sur un vélo. J'ai fini démoli. Et j'ai mis 15 jours à récupérer. Langourla, c'est Bernard tel que le public le découvrira plus tard dans le Tour et les classiques, quelqu'un qui se lance des paris fous. Et qui les gagne. » (NDE : Entretien avec l'auteur).

Et c'est Lucien Mazan, né à Plessé, remportant en 1907, Milan-San Remo et le Tour de France.

Et le Tour, depuis sa naissance en 1903, fait étape à Nantes. Et l'étape Bordeaux-Nantes aurait parfaitement convenu à Bernard Hinault. Il aurait attaqué en franchissant la Garonne et se serait présenté détaché à Nantes, au vélodrome de Longchamp[9], après avoir roulé seul pendant 425 km.

Et c'est Ferdinand Le Drogo, de Saint-Thuriau, Champion de France en 1927 devant Charles Pélissier, vainqueur de l'étape Cherbourg-Dinan du Tour de France, cette année-là. Ah, Le Drogo, s'il avait grillé moins de cigarettes, il serait devenu champion du monde sur route en 1931, au Danemark. Il se classe second derrière Learco Guerra.

Et c'est Robic. Et c'est l'équipe de l'Ouest qui permet à « Casque d'or » de remporter le Tour de France en 1947. Applaudissons les gars de cette équipe-là : Louis Bocquet, Pierre Cogan, Jean-Marie Goasmat, Raymond Guégan, Ange Le Strat, André Mahé, Roger Pontet, Gaston Rousseau, Éloi Tassin.

Et c'est Louison Bobet, ses trois Tours de France gagnés, son maillot de champion du monde.

Et c'est la Bretagne et le Tour, la Bretagne et ses Tours, le Tour du Morbihan qui voit le jour en 1930, le Tour de Bretagne lancé en 1956, L'Essor breton créé en 1958, La Mi Août Bretonne en 1960, Le Ruban granetier breton qui démarre en 1967, Le Tro bo Len en 1984 , Le Tour du Finistère en 1986...

Et c'est, tous les dimanches, des quantités gargantuesques de galettes-saucisses, des flots de cidre, des

9. Nantes dispose alors de deux vélodromes : celui de Longchamp et celui de Beauséjour.

longs solos d'accordéon, et des sprints, et des bals, et des primes.

En 1972, Bernard Hinault gagne en Bretagne et ailleurs. Ailleurs, c'est Arras, le jeudi 11 mai, fête de l'Ascension.

À Arras, Bernard et les autres sélectionnés bretons au Premier Pas Dunlop, s'y rendent en bus, en compagnie de Robert Leroux et du cousin René. Dans le bus, Bernard dort. Il dort aussi lors de la reconnaissance du circuit. René, lui, ne dort pas. Robert Leroux se tait mais n'en pense pas moins, irrité par tant de désinvolture.

— Écoute-moi, dit René. C'est 115 bornes, et t'as deux côtes, celle d'Authies, et celle de Pas-en-Artois, et c'est dans la seconde que tu attaqueras.

— Il dit quoi, monsieur Leroux ?

— Ce que je viens de te dire. C'est sa tactique. Dans la première bosse, tu te rapproches, et dans la seconde tu flingues... Et je te rappelle que t'as un treize dents.

Un treize dents. C'est une idée de René. Il s'est rendu à Saint-Brieuc, chez Gilbert Le Métayer : « Gilbert, c'est le vélo de Bernard. Il court le Premier Pas Dunlop. La machine, tu la révises, tu la prépares. Et tu montes un treize dents. »

Pour le treize dents, Leroux n'est pas au courant. Et il ne faudrait pas qu'il regarde les braquets de Bernard : contrairement aux autres couronnes, le 13 dents est de couleur jaune...

Dans *La Voix du Nord*, dans le papier présentant la course et les participants, le nom de Bernard Hinault n'apparaît pas. Il est question de Bernard Vallet et de ses cent vingt victoires, et des cent bouquets de Jacques Osmont. De Guiborel et de Tollet aussi.

Le départ est donné, ça part, ça roule, ça attaque. Ils sont trois qui se tirent et enroulent : Jean-Luc Bart, Alain

Tollet, et le mec Bizet. L'échappée compte jusqu'à 55" d'avance. Mais les bosses arrivant, et chacun voulant se placer en bonne position au pied de la première rampe, le peloton roule à bloc, dévore les fuyards, et c'est la côte d'Authies. Et au pied d'Authies, Bernard, il n'est pas devant. Mais qu'est-ce que tu fais, mais qu'est-ce que tu fous ? C'est ce que Bernard peut lire dans l'œil noir de Robert Leroux, dans celui, courroucé, de René. Ça va, ça va, je remonte, je me place. Ça va, ça va, je suis devant.

Voici le pied de la côte de Pas-en-Artois. Leroux m'a dit d'attaquer là : j'attaque là ! Et c'est Bernard qui se dresse sur les pédales. C'est fou, c'est dingue. Il avale la côte de Pas-en-Artois avec les reins, la turbine sanguino-rénale, avec son réacteur vissé aux lombaires. Sur les pédales, c'est l'alu passé à tabac et, dans la roue, personne, *nobody*, le désert. Les mecs, ils n'ont pas les cannes, les mecs, il les a assommés, un truc à la Cerdan !

Il franchit le sommet détaché et, bien en ligne sur son Peugeot, il met le 13 dents, la couronne jaune, couleur qu'un jour il fera sienne. Le vent, il l'a dans le dos. Hinault + Éole : mortel ! Bernard Vallet flaire immédiatement le danger, met tout à droite et se lance à la poursuite de l'échappé. Vallet c'est un costaud, les victoires il les accumule, ce genre de situation il connaît. Le gars est là-bas, il l'a dans son viseur. Il va revenir sur lui, le déposer, finir seul et gagner. C'est ce qu'il se dit, pas ce qui se passe. Le mec, là-bas n'est sans doute pas un mec comme les autres, car il ne faiblit pas, car l'écart ne diminue pas. Mais c'est qui, ce mec ? Vallet commence à s'user. Mieux vaut que je me relève, se dit-il, et l'on sera plusieurs à rouler sur lui. Il reste encore 60 bornes.

Le mec, lui, il ne se relève pas. Ses jambes tournent à bloc, sur le treize dents. Quant aux 60 bornes, il s'en bat les flancs ! Ce n'est pas son premier raid, ce n'est pas la première fois qu'il a 60 bornes à couvrir avec la meute au cul. Il a toujours eu la meute au cul. La meute au cul, il l'aura tout le temps, car il attaque tout le temps. Il attaquera toute sa vie. S'il n'attaque pas, il s'ennuie.

Le mec, il ne s'ennuie pas du côté d'Arras, pendant 60 bornes. Ceux qui le regardent passer, que voient-ils ? Ils voient un coureur puissant, une pédalée souple. Ça déchire, et c'est huilé, y'a pas de sable dans la biellerie. Allez donc vous le chercher, le mec qui dormait dans le bus ! Et l'ardoisier, il dit quoi, l'ardoisier ? Il dit que le mec qui dormait dans le bus possède 1'40" d'avance sur le peloton qui roule de plus en plus vite. Ceux dont les noms étaient cités dans *La Voix du Nord* se relaient, sont à la planche. Et tous leurs efforts, toute leur rage ne servent à rien : le mec qui dormait dans le bus l'emporte avec une avance de 26'. Bernard Hinault, d'Yffiniac, est champion de France des débutants.

Le 12 mai 1972, son nom figure dans *La Voix du Nord*. L'article est signé Jean-Marie Leblanc, ancien coureur, équipier de Jan Janssen au sein de l'équipe Bic, futur patron du Tour de France.

C'est le retour triomphal en Bretagne, c'est sa photo dans *Ouest-France*, un papier dithyrambique, son maillot qui devient bleu blanc rouge. Et c'est L'Élan breton, course de 60 km contre-la-montre, qu'il remporte à la moyenne de 41,700 km/h. Il a à peine 18 ans.

De sa voix calme, ses lunettes à monture en écaille sur le nez, Robert Leroux lui expose la situation :

— Les victoires, tu peux les collectionner encore pendant un an, si tu le veux. Mais cela ne t'apportera rien. C'est donc, à mon avis, le moment de te débarrasser du service militaire. Tu devances l'appel et, dans un an, tu reprends le vélo, et tu prépares ton arrivée chez les professionnels.

– D'accord, monsieur Leroux, mais ils vont m'envoyer où ?

– On va essayer le bataillon de Joinville pour que tu puisses continuer à t'entraîner... Sinon l'armée de l'air, dans la région parisienne... On va voir. C'est vraiment la meilleure solution : tu es incorporé le 1er décembre, et dans un an, t'es sur ton vélo.

Décembre, c'est dans deux mois. Que faire pendant ces mois d'octobre et de novembre : se rouler les pouces ? Se rouler les pouces, il sait pas faire. En revanche rouler, il sait. Alors, pendant deux mois, il roule. Pour les PTT. Il devient facteur, le facteur de la Baie, entre Yffiniac et Hillion, entre La Clôture et la boulangerie d'Hillion dont les pâtisseries – « jamais de pâtisseries, Bernard, jamais ! » – sont délicieuses. Un éclair au chocolat, une tartelette aux pommes, mon Dieu, c'est une entorse bien légère aux règles édictées par Robert Leroux, d'autant plus légère que la tournée du facteur de la Baie, fait 15 km. C'est largement suffisant pour éliminer lipides et glucides. Et n'oublions pas le vélo dont il se sert pour la distribution du courrier ! Il ne sort pas de la boutique de Gérard Le Métayer à Saint-Brieuc, le vélo, mais du grenier du Fraîche. C'est le vélo de son grand-père. Il l'a nettoyé, repeint, briqué, huilé. Il pèse un âne mort. Et il est doté d'un pignon fixe. Il peut donc, en sus de la tartelette aux pommes, dévorer une tarte aux fraises.

Il a une centaine de clients et trois sacoches. La tournée, il l'effectue en longeant la baie, cette baie qui fut son terrain de jeu. Il allait chercher des vers de mer à la pointe des Guettes, à marée basse. La mer descend de 7 km. Avec ses cousins, ils disposaient les lignes au-delà des parcs à huîtres : 75 hameçons par ligne. Dans la baie, à marée basse, y'avait eux et le camion, le mec qui chargeait du sable dans son camion. Le père de Bernard, chaque année, faisait rentrer un camion de sable. Il le mélangeait à la terre pour obtenir une terre plus légère, parfaite pour les légumes. Le mec, il déchargeait son camion à La Clôture, un tas énorme sur lequel Bernard jouait avec les cousins. Le sable, on le laissait dessaler pendant un an avant de le mélanger à la terre.

Bernard pédale jusqu'à la pointe des Guettes, la plage de Lermot où il se baigne en été. Hinault facteur : la tournée la plus rapide des Côtes-d'Armor. Il appuie un max, Bernard, et les gens sont ravis, car, contrairement à ses prédécesseurs, il leur livre le courrier et *Ouest-France* avant midi : le journal juste avant de passer à table, c'est vraiment agréable.

Entre Yffiniac et la pointe des Guettes, Bernard pédale parmi les 50 000 oiseaux qui, dès le mois d'octobre, se donnent rendez-vous dans la baie, attirés par des températures douces et une nourriture abondante. Certains ont couvert plus de 10 000 km pour venir lézarder et se remplir la panse. Il y a le canard siffleur, le goéland argenté, le courlis cendré, plus de 90 espèces. Et y'a Hinault qui aurait bien voulu avoir dans ses sacoches le courrier de la Société Laitière de l'Ouest. Le courrier, il ne l'aurait pas déposé dans la boîte à lettres. Il l'aurait porté à la comptabilité. Bernard aimerait-il les colonnes de chiffres, les bilans ? Non. Juste envie de voir la comptable, Martine. Martine Lessard.

Elle est née à Hénon, Martine, et habite au Quessoy. Son père bosse dans une carrière d'où l'on extrait le kaolin qui sert pour la faïence et les médicaments. Sa mère, elle ne travaille pas, elle est à la maison. Bref, sa mère, comme toutes les mères, elle n'arrête pas.

Martine et Bernard se sont rencontrés au mariage de Gérard Catros – un cousin de Bernard –, et de Ghislaine Pincemin, une voisine de Martine. Il est garçon d'honneur, elle est demoiselle d'honneur, il est son cavalier, elle sa cavalière. Donc, ils marchent côte-à-côte de la mairie à l'église. Puis ils sont assis côte-à-côte à la table, durant le repas qui dure longtemps. Il pourrait durer plus longtemps encore puisqu'ils sont assis côte-à-côte. Bernard n'est pas un bavard mais, à Martine il parle. Il lui dit qu'il aime les Rolling Stones. Elle lui confie qu'elle écoute *Le Bal des Laze* de Michel Polnareff. Oui, Polnareff, il aime aussi, il préfère le rock, d'accord, mais Polnareff, c'est bien, il aime bien. Elle dit qu'elle a acheté *Besoin de personne*, le 45T de Véronique Sanson. Elle l'a vue à la télé, dans une émission où il y avait Gilbert Bécaud. Elle aurait pu lui dire que dans cette même émission il y avait Ringo Willy Cat, le gars qui s'époumone en play-back, en mettant des adjectifs partout : « Elle, je ne veux qu'elle, et son sourire fragile, tendre et sauvage... »

Après le mariage, ils se sont revus et, dans la voiture qui roulait vers les villes où se disputaient les critériums, il y avait, devant, Hubert Hinault et Marie-Yannick et, derrière, Bernard et Martine.

4

L'armée, finalement, ce sera Sissonne, à l'est de Laon, dans l'Aisne, le 21e régiment d'Infanterie de Marine :

« Vingt et un de Marine
Dans la foi, la sérénité
Vingt et un de Marine
Dans l'amitié et l'unité
Vingt et un de Marine
Ses Marsouins sont tous décidés
Vingt et unième de Marine
Ses Marsouins sont toujours prêts... »

Le 21e Rima est un régiment de chars. Bernard débarque, sait qu'il en a pour 12 mois et ceux qui le croisent peuvent lire dans son regard : « Tu m'emmerdes pas, je t'emmerde pas. » Il est affecté à l'escadron du capitaine Marty. Un escadron compte 4 pelotons, chaque peloton 3 chars, et chaque char trois mecs : le chef de char, le pilote et le tireur. Bernard est tireur. Il aurait voulu être pilote car les pilotes passent tous le permis de conduire. Son chef de char s'appelle Lorenzo, et son pilote est surnommé La Fouine.

Il se tape les gardes, participe aux manœuvres et enchaîne les marches. Les marches, elles seraient interminables si l'adjudant-chef ne venait pas, de temps en temps, le récupérer, lui et quelques autres soldats, avec le camion. Quelques bornes en moins et, en échange, ils bossent pour lui. Dans la maison qu'il construit, parpaings, ciment et tout le toutim. Les marches sont plus courtes et, surtout, on sort du camp. De retour au camp, avec la carabine prêtée par l'adjudant-chef, Bernard tire quelques lapins comme il tirait, à La Rivière, avec une carabine identique, les poules d'eau.

À la caserne, il a amené son vélo, Bernard. De temps en temps, il avale les 4 kilomètres qui le séparent de Sissonne, achète du rhum, de la farine, des œufs et, de retour à la chambrée, sur un réchaud fait des crêpes et des galettes.

Douze mois sans affrontements, sans sergent chiant, sans gnouf. Douze mois à tirer des obus. Douze mois à grossir : Bernard Hinault prend 10 kilos.

Fini Sissonne, ses chars, son camp, le lion d'azur de son blason, voici la baie, la mer, les oiseaux, le vélo.

Bernard loge chez ses parents et trouve tout de suite un job à Saint-Brieuc, chez monsieur Pomelec, grossiste en chauffage. 10 km séparent La Clôture de la boîte. 10 km qu'il avale quatre fois par jour sur son vélo. Son boulot consiste à préparer les commandes et à décharger les camions. Pas de palettes, pas de Manitou. Un camion, c'est trente tonnes de radiateurs à décharger à deux. 40 bornes plus 15 tonnes : parfait pour perdre les kilos acquis chez les Kaki.

Bernard reprend une licence au COB. Courant chez les seniors, il aurait dû rejoindre l'Union Cycliste Briochine, mais il ne veut pas se séparer de Robert Leroux. Chez les seniors, il démarre en bas de l'échelle, en quatrième catégorie. Mais tout de suite, il gagne des courses. Et tout de suite il passe en troisième catégorie. De nouveau, dans *Ouest-France*, il n'est question que de lui. Et le voici sélectionné au sein de l'équipe de Bretagne pour disputer La Route de France.

La Route de France, course à étapes dans laquelle se sont illustrés Raymond Mastrotto, Guy Ignolin, Jean Jourden, Lucien Aimar, Charly Grosskost ou Régis Ovion, se dispute à Vichy. 5 étapes avec, pour chacune, départ donné à Vichy et arrivée jugée à Vichy : une course en forme d'étoile. Avec des cols et le Puy-de-Dôme. Pour Bernard, un terrain qu'il ne connaît pas : il n'a disputé que des courses d'un jour et n'a jamais escaladé le moindre col.

Des cols, il y en a dans la première étape, 4 cols, dont celui du Saint-Thomas et Bernard, dans cette première étape, il attaque. À 80 km de l'arrivée. Un raid qui a toutes les chances d'échouer.

Il roule, Bernard, bien en ligne sur son vélo Peugeot prêté à l'année et qu'il devra payer en décembre : 1600 francs. Un vélo nerveux, avec des accessoires en aluminium, un gain de presque trois kilos. Il roule, bien en ligne, les jambes montant, descendant comme des bielles, toujours cette puissance, toujours cette souplesse. Une voiture se porte à sa hauteur, celle de Jean Leulliot, directeur de la course. La vitre est descendue :

— Que faites-vous, demande Jean Leulliot ?

— Je vais gagner, répond Bernard.

L'invité qui a pris place aux côtés de Jean Leulliot sourit. Est-il amusé, moqueur ? Bernard n'en sait rien. Il a d'autres chats à fouetter, Bernard, toute une route à bouffer, des cols à escalader. La route, il l'avale. Les cols, il les engloutit, dont celui de Saint-Thomas. À 15 kilomètres de l'arrivée, son avance est de trois minutes. Mais le peloton a mis en route et la chasse est féroce. Ils sont seize à rouler à bloc derrière le fuyard. Parmi les seize poursuivants, Michel Laurent de L'ACBB, le club le plus prestigieux, Bernard Vallet et, chose incroyable, quelques équipiers de Bernard. La voiture de Leulliot suit Bernard, et l'invité qui souriait ne sourit plus : il regarde avec attention ce jeune coureur qui roule seul et à bloc depuis maintenant plus de 70 km, sans se désunir, sans jamais piocher. L'invité pense qu'il va gagner. Il gagne. Avec une seconde d'avance sur la meute lancée à ses trousses.

Bernard monte sur le podium. L'invité qui souriait dans la voiture de Jean Leulliot s'approche de lui et lui serre la main. Bernard reconnaît Louison Bobet :

— Je vous félicite. J'étais sûr que vous alliez tenir : bravo !

Le col du Saint-Thomas n'est pas un col facile : les rampes du Puy-de-Dôme, elles, sont sans pitié, et chacun se souvient du combat que se livrèrent sur la route raide et sèche, en juillet 1964, Jacques Anquetil et Raymond Poulidor, l'épaule de l'un touchant l'épaule de l'autre. Bernard ignorerait-il ce qu'est le Puy-de-Dôme. Sans doute car, il attaque dès le pied du volcan. Il s'échappe, plafonne, prend un coup de buis, récupère, et se classe sixième au sommet.

Dans chaque étape on voit Hinault. Arrive le contre-la-montre. Peut-il faire un temps après s'être si généreusement dépensé ? Oui. Il se classe second, à une poignée de secondes du vainqueur, Michel Laurent de L'ACBB. Mickey Viegan, le patron du club, vient voir Bernard Hinault après la course.

— Toi, je te veux dans mon club.

— Ton club, rien à battre. Je t'emmerde, gros con. Moi, y'a pas de moto qui me protège dans les chronos... T'es un gros con, et ton club, j'en ai vraiment rien à cirer. J'en ai rien à cirer parce qu'à la fin de l'année, je suis professionnel. Alors, casse-toi !

Les radiateurs de monsieur Pomelec, ils étaient très lourds. Mais la Fédération, l'administration, les commissions, c'est encore plus lourd. Bernard, en 1974, il court en 4e catégorie. Très vite, il accumule les bouquets et passe en 3e catégorie. Afin de lui permettre de participer à la Route de France, course réservée aux coureurs de 2e catégorie, on lui octroie une dérogation. La Route de France terminée, il retrouve les courses de 3e catégorie. Il en gagne deux. On le déclasse, au motif qu'il devrait rouler en 2e catégorie.

4e, 3e, 2e, où le classez-vous, le Bernard, bande de gougnafiers ?

4e, 3e, 2e, allez-vous mettre un peu d'ordre dans vos tampons et papiers, bande de ganaches ?

4e, 3e, 2e, allez-vous passer vos petits manteaux, coiffer vos petits chapeaux, sortir de vos petits bureaux, et regarder ce qui se passe sur la route, bande de chabernaqueurs ?

Heureusement, il y a la R12 verte d'Hubert Hinault. Hubert et Marie-Anick devant, Bernard et Martine derrière et, sur le toit, les vélos. Hubert, il est toujours de bonne humeur, toujours une bonne raison de rire. On arrive dans le patelin une heure avant la course. On se change à quatre pattes derrière les voitures, et on engrange les primes, car il faut à la fin de l'année payer le vélo confié par Paul Tertre. 1600 francs. Puis on rentre à Yffiniac après avoir dégusté des galettes-saucisses.

Il y a Bernard et son appétit, la Fédération et ses catégories. Le temps qu'elle se penche sur son cas et réfléchisse, Bernard fait un saut en Espagne. Il participe au Tour de Tarragone. Départ d'Yffiniac, direction le sud de Barcelone, à bord, non de la R12 d'Hubert, mais du break 404 de son directeur sportif, Dédé Guilloux, plombier. Sur la caisse les vélos et, dans l'habitacle, les bagages, des roues, et les coureurs. Des heures de route.

Ils arrivent cassés sur la Costa Brava. L'arrivée de la première étape se juge à Tortosa. L'avenue est large et longue, le peloton secoué par les attaques. Des attaques incessantes et, tout à coup, celle d'Hinault : c'est la bonne. Il gagne. Les Espagnols le regardent comme on le regardait à Planguenoual : qu'est-ce que c'est, qu'est-ce qu'il a, qui c'est celui-là ? Le lendemain tous se liguent contre lui, contre son équipe, sous un soleil qui cogne, dans un paysage de montagnes sèches. C'est la déroute. Le soir, à l'hôtel, Dédé Guilloux masse Bernard. Un massage de plombier...

Bernard est à La Clôture, prêt à partir à l'entraînement quand le facteur le hèle : il a du courrier pour lui. Il décachette l'enveloppe, sort la lettre, la déplie, la lit : il est retenu au sein de l'équipe de France pour participer à L'Étoile des Espoirs, course *open*, c'est-à-dire regroupant des professionnels et l'équipe de France amateur dirigée par Robert Oubron. La lettre est signée Robert Oubron, et la course se déroulera en Bretagne, à Fougères.

Et il attaque, Bernard, secouant le peloton sans arrêt. Les pros, c'est-à-dire les Raleigh, les Peugeot, les Gitane, les Flandria s'interrogent à leur tour : qu'est-ce que c'est, qu'est-ce qu'il a, qui c'est celui-là ?

Dans la demi-étape précédant le contre-la-montre, Bernard de nouveau attaque, creuse un écart, et c'est Maurice Le Guilloux qui va le chercher. Il est de Plédran, juste à côté d'Yffiniac, Le Guilloux, pro chez Gitane depuis trois ans. S'il roule sur Bernard, Le Guilloux, c'est parce que la hiérarchie doit être respectée : pas question qu'un amateur gagne, fût-il le petit voisin d'Yffiniac. Il va revenir sur lui, se mettre dans sa roue, le laisser s'user, puis le sauter au sprint. Seul un pro franchit la ligne en tête.

Le Guilloux est maintenant dans la roue de Bernard. Bernard lui demande de prendre les relais. Le Guilloux lui répond que c'est impossible, parce que son leader, parce que ceci, parce que cela. Bernard n'écoute pas la totalité de la réponse, met tout à droite, et commence à rouler comme un dingue. Comme un furieux. Comme il a toujours roulé. Se relever : jamais. Le Guilloux n'en revient pas : il peine à tenir la roue du môme. Certes, il est un peu carbonisé par sa saison, mais de là à souffrir dans la roue d'un gamin ! L'ardoisier leur indique la nature de l'écart : 5 minutes. 5 minutes sur les Raleigh, les Peugeot, les Gitane, les Flandria.

La route devient de plus en plus sinueuse et, maintenant, une descente. Une sacrée descente. Bernard est toujours devant et toujours à bloc. Les virages sont fermés, l'un plus que les autres : Bernard sort de la route, atterrit dans un poulailler au fond d'une brouette. Le Guilloux continue seul. À un kilomètre de l'arrivée le peloton fond sur lui. Il est battu. Le Guilloux et sûr d'une chose : le gamin n'aurait pas chuté, l'échappée allait au bout, et le gamin le zigouillait au sprint.

Il a chuté, dépensé beaucoup d'énergie, le gamin, et il faut maintenant disputer le contre-la-montre, c'est-à-dire, si l'on en croit Jacques Anquetil, partir à fond, accélèrer au milieu et finir au sprint. Il est amateur, les pros sont là avec, parmi eux, Régis Ovion, et Roy Schuiten, de l'équipe Raleigh, spécialiste de l'effort solitaire. Roy Schuiten qui, quelques semaines plus tard, remportera le Grand Prix des Nations. Et que fait-il, le gamin ? Il se classe second de ce chrono, juste derrière Roy Schuiten. Et au classement général final, il est où, exactement, le gamin : loin du podium, « dans les *et cætera* » ? C'est tout le contraire. Il occupe la cinquième place, juste derrière un certain Cyrille Guimard.

— Ce que tu as fait à l'Étoile, c'est bien, Bernard, c'est même très bien, dit Roger Leroux, une main posée sur son épaule. Tu vas passer pro, Bernard.

— Je sais : je leur ai déjà dit.

— Tu as dit quoi à qui ?

— Aux mecs, à Vichy, à la Route de France : je leur ai dit que je passais pro à la fin de l'année.

— Eh bien, il ne me reste plus qu'à téléphoner à Paul Tertre.

Paul Tertre, sponsor du COB, connaît très bien Jean Stablinski. L'ancien champion du monde sur route est le directeur sportif de l'équipe Gitane. Il possède un magasin de cycles. Et, comme Paul Tertre, un magasin d'électroménager, les deux se fournissant à la même enseigne.

— Bonsoir Jean, c'est Paul.

— Comment vas-tu ?

— Très bien. Et toi ?

— Écoute, ça va : tu m'appelles pourquoi ?

— Je crois qu'il faudrait que tu viennes.

— Ah ! Il s'appelle comment ?

— Bernard Hinault. Et c'est un très bon, un futur grand. Tu devrais le prendre dans ton équipe.

— Il a quel âge ?

— 20 ans. C'est d'abord un tempérament. Il n'aime que la bagarre, attaquer, attaquer, attaquer. Et gagner. C'est un sacré organisme, un type plus que costaud. Et puis il roule. En montagne, il s'en sort, et il est excellent dans les chronos. Il vient de faire deux derrière Schuiten dans l'Étoile des Espoirs. Son entraîneur lui a fait faire un peu de piste : il est champion de France de poursuite, et champion de Bretagne du kilomètre.

— D'accord Paul, je descends. Avec le contrat.

C'est dans le magasin de Paul Tertre que Bernard

Hinault signe le contrat que Jean Stablinski lui tend. Il entre dans l'équipe Gitane, son salaire mensuel est de 2 500 francs.

Bernard ayant répondu oui à la question « Acceptez-vous de prendre pour épouse Martine Lessard, ici présente ? », et Martine ayant répondu oui à la question « Acceptez-vous de prendre pour époux Bernard Hinault, ici présent ? », Bernard et Martine s'installent dans un appartement, 3 rue de L'Église, à Yffiniac. La rue de l'Église est la rue la plus étroite d'Yffiniac et l'appartement, situé au rez-de-chaussée, minuscule. En face de l'appartement, le magasin de cycles d'Albert Redon et, au bout de la rue, des souvenirs de Bernard écolier : le marchand de bonbons de la rue Sainte-Anne, le corbillard tiré par un cheval, les pelleteuses faisant tomber un mur près de l'église, ouvrant la terre, dégageant des squelettes, tibias, cubitus, crânes.

5

1975, fin janvier. On sonne au 3 rue de l'Église. Martine et Bernard sont à table. C'est le facteur. Un télégramme.

— Un télégramme de qui ? demande Martine.

— De Stablinski... Je dois me rendre à Saint-Paul-de-Vence.

— Tu cours là-bas ?

— C'est pour un stage. Et des courses aussi.

— Tu pars quand ?

— Demain.

— Tu pars longtemps ?

— Un mois, on dirait.

Aussitôt marié, aussitôt parti. Il a le cœur gros de devoir quitter Martine et, en même temps, il est heureux de pouvoir vivre une vraie vie : celle de coureur professionnel. Il a emporté dans la valise que lui a prêtée sa belle-mère un numéro du *Chasseur Français*. S'il avait le journal *L'Équipe*, il lirait cette phrase d'Antoine Blondin : « Le coureur est un animal plus heureux que les autres. Vous croyez que c'est drôle de descendre à la mine, de passer des heures derrière un bureau ? Lui il est libre. Il circule. Il peut attaquer et se défendre. C'est un prolétaire qui a bien tourné. »

À Saint-Paul-de-Vence, après des heures et des heures de train, il rejoint Jean Stablinski et la vingtaine de coureurs de l'équipe Gitane, Alain Santy, le leader, Willy

Teirlinck, Robert Mintkiewicz, Lucien Van Impe, René Dillen, Mariano Martinez. Et Maurice Le Guilloux. De Plédran.

Le voilà donc le Bernard, se dit Le Guilloux. Le Bernard qui, à L'Étoile des Espoirs, était directement passé de la brouette dans laquelle il avait atterri à la roue d'un Schuiten qu'il s'était permis de titiller dans un chrono.

Le voilà donc le petit voisin, se dit Le Guilloux. Le Guilloux a quatre ans de plus que Bernard. Ils ont fréquenté le même bahut, le Sacré-Cœur, à Saint-Brieuc. Ils auraient pu se rencontrer lors de mariages ou de communions puisqu'ils ont des cousins communs.

Les deux coureurs se serrent la main, et Le Guilloux se souvient de cette course entre Yffiniac et Plédran, bien avant l'Étoile des Espoirs un week-end de septembre, entre le Grand Prix de Fourmies et Paris-Tours. Il avait déjà fait deux saisons chez les pros, et il s'était pointé sur le circuit avec Georges Talbourdet[10], pour voir ce Hinault dont *Ouest-France* ne cessait de parler. Dont les cousins, les amis vantaient les qualités. Des raclées, il va vous en coller un paquet. Bien sûr, bien sûr... Et Le Guilloux faisait alors mine d'approuver. Des cadets, des juniors, des amateurs qui doivent tout casser et dont on n'entend plus jamais parler, il en connaissait beaucoup, Le Guilloux. Talbourdet aussi.

Donc Le Guilloux, il est sur le bord de la route avec Talbourdet, la course est lancée. Ils sont quatre dans l'échappée : Bernard Hinault, Michel Le Denmat, Alain Huby et Yannick Quemrad. Les compagnons d'échappée de Bernard, Le Guilloux et Talbourdet les connaissent

10. Né à Erquy en 1951, Georges Talbourdet, formé au VC PLurien puis à l'UC Saint-Brieuc, deviendra champion de France sur route en 1974 à Château-Chinon. C'était sa première saison chez les pros ! En 1975, il se classe treizième du Tour de France auquel il participe pour la première fois, au sein de l'équipe Gan-Mercier.

très bien : c'est le gratin du cyclisme breton, ils ont couru avec eux, ils sont affûtés, ils savent gagner, des tacticiens. Et tacticien, il va falloir l'être, car le circuit, évitant la côte d'Yffiniac, est plat comme la main. Ce qui chez Hinault frappe Le Guilloux, c'est le look. Les cheveux sont longs, le vélo pas possible. Le mec n'est pas affûté, ses socquettes tricolores montent à mi-mollet. Quant à ses chaussures il n'en voudrait pas pour bêcher le jardin. Le Denmat, Huby et Quemrad n'en feront qu'une bouchée. À tour de rôle, les trois coureurs placent des attaques. À chacune Bernard répond. Il répond, c'est bien, mais à sauter dans toutes les roues, il va s'épuiser. C'est le dernier tour et c'est le sprint. Quel sprint ? Ce n'est pas un sprint, juste Bernard qui part de très loin et qui gagne avec cent mètres d'avance. Le Guilloux se dit, y'a un truc. Il traverse la route et va retrouver Michel Le Denmat qui se change dans sa voiture.

— Dis-moi : vous l'avez laissé gagner, le gamin à chaussettes ?

— Non mais tu rigoles ! On a tout essayé, tout fait pour le baiser, et c'est lui qui nous baise...

— Eh bien, on a du souci à se faire.

Sur les routes des Alpes-Maritimes, Bernard s'entraîne, roule, teste le matériel, dispute quelques courses. Il brûle des calories et son salaire. Le stage – train, hébergement, matériel – est en effet pour moitié à la charge du coureur. Jean Stablinski lui fixe son programme :

— D'abord tu iras courir chez les Flahutes. Ensuite tu seras sur Paris-Nice, puis on aura besoin de toi sur le Dauphiné Libéré.

Le programme proposé correspond à ce qui avait été défini avec Stablinski lors de la signature du contrat dans le magasin de Paul Tertre, en présence de Robert Leroux : « C'est ta première année chez les pro... Tu découvres, tu t'adaptes, on y va progressivement, on te ménage, c'est évident... »

Le stage terminé, Bernard rejoint Martine et Yffiniac, puis file courir chez les Belges, rouler avec les Flahutes. Le vent là-bas est violent, la pluie galciale et, là-bas, Bernard fait ce qu'il a toujours fait ici : il se lance dans des raids. 80 km comme à La Route de France quand il courait chez les amateurs ? Non, 150 km, comme lors du Prix de Péruwelz, ville francophone située en région wallonne, dans la province du Hainaut.

Il bouffe de la pluie, du vent, des bornes : le raid échoue. Mais quelque chose est peut-être en train de changer, comme l'analyse avec précision, dans *Le Miroir du Cyclisme*, Claude Parmentier :

« Une victoire en Belgique, événement rarissime pour les Français, aurait eu un certain retentissement, surtout acquise par un néo-pro. Ce n'est peut-être que partie remise et il faut espérer qu'Hinault récidivera dans ce genre d'entreprises que l'on dit un peu folles quand elles ne sont pas couronnées par le succès parce que la race des attaquants est en voie de disparition ; et c'est l'un des drames du cyclisme qui voit les coureurs, jeunes ou moins jeunes, se contenter passivement d'être de simples équipiers au service d'un leader unique. À 20 ans Hinault n'a pas encore eu le temps de renoncer à de légitimes ambitions ni de prendre de mauvaises habitudes. Espérons que la Bretagne ait trouvé en lui un nouveau champion comme le laissent présager ses premiers résultats[11]. »

Pendant que Bernard appuie, Martine va bosser tous les jours à la laiterie et, quand elle ne bosse pas, elle écoute *Le Sud* de Nino Ferrer à la radio et, sur son

11. Cité par Jean-Paul Ollivier, dans *Bernard Hinault*, Éditions Glénat, 1998.

tourne-disques, outre Michel Polnareff, l'enregistrement public du concert qu'Alan Stivell[12] avait donné à l'Olympia le 28 février 1972. Ni elle, ni Bernard ne parlent breton. Et cette vieille langue qui reprend du poil de la bête, ils ne l'ont jamais entendue durant leur enfance, ni dans la bouche de leurs parents, ni dans celle des voisins. Mais Alan Stivell, mais cette harpe, cette « pop celtique », elle leur parle. Elle leur parle d'eux. Et Martine, elle écoute *Wind Of Keltia, Pop Plinn, An Arlac'h, King of the Fairies, Tri Martolod, The Foggy Dew*...

Après le vent et le froid d'un hiver en Belgique, Paris-Nice, « la course au soleil ». L'équipe Gitane a donc pour leader Alain Santy. Bernard, lui, il écoute les conseils de Robert Mintkiewicz car, si Alain Santy est bel et bien le leader – et Bernard, comme les autres, doit rouler pour lui –, le capitaine de course, c'est Mintkiewicz. Il a roulé sa bosse dans tous les Grands Prix et les Grands Tours, Mintkiewicz. Les conseils, c'est Mintkiewicz. L'art de bien se placer, c'est Mintkiewicz qui le lui enseigne. La chambre, le soir à l'hôtel, c'est avec Mintkiewicz qu'il la partage. Mintkiewicz, c'est du solide, et il est généreux.

La première étape est à peine terminée qu'Alain Santy, victime d'une chute est contraint d'abandonner. Les Gitane perdent leur leader et Bernard gagne un peu de liberté. Il peut, s'il le désire, participer à la bagarre. Et il n'a d'autre désir que celui-là. La bagarre, il y prend part et, parfois il la provoque. Les escarmouches se multiplient et le néo-pro de l'équipe Gitane montre qu'il a du tempérament, et qu'il n'est nullement impressionné par la présence des vedettes du peloton, lesquelles, de Merckx à Poulidor en passant par Joop Zoetemelk visent la plus haute marche du podium.

---

12. L'enregistrement s'est vendu à 1 500 000 exemplaires.

À Nice, l'intenable Hinault occupe la sixième place au classement général final.[13] Surtout, il se classe 1er Français, juste devant un certain Raymond Poulidor. Raymond Poulidor, la place de premier français sur les podiums et dans les cœurs, il y est particulièrement attaché : c'est la sienne depuis 1961. Bernard voudrait-il détrôner Poupou ? Est-ce pour cette raison que Poupou refuse à Nice de serrer la main de Bernard ?

Le métier de pro, il le découvre donc en Belgique dans les courses d'un jour, en France dans les courses du sud – Gagnières-Ganges où il se classe 2e –, dans les courses à étapes comme Paris-Nice, ou encore en Italie. Jean Stablinski l'a envoyé disputer Milan-San Remo, remportée par Eddy Merckx. Bernard, lui, s'est classé 54e.

Mais ce qui va faire très mal, c'est le critérium du Dauphiné Libéré. Il y aura, sous les jantes, la haute montagne – La Croix de fer, le Galibier ! – et, dans le peloton, protégés par de solides équipiers, Eddy Merckx, Luis Ocaña, Bernard Thévenet, venus pour gagner et préparer le Tour de France.

La montagne, il l'a croisée, amateur, du côté de Vichy, lors de la Route de France, mais les cols auxquels il s'était mesuré n'étaient pas classés hors-catégorie comme les pentes interminables et cambrées qu'il doit maintenant escalader.

Cette haute montagne, le néo-pro ne va pas la découvrir à l'abri, au cœur du peloton en montant à sa main : c'est tout le contraire. Désireux de tester ce que la gamin est capable de faire dans les lacets les plus terribles et ne résistant pas non plus au plaisir d'organiser une forme de bizutage, Le Guilloux *and Co* lui confient une mission

13. Victoire de Joop Zoetemelk, devant Eddy Merckx et Gerrie Knetemann.

particulièrement exigeante, éprouvante : préparer le sprint du grimpeur de l'équipe, Lucien Van Impe, dans le final des cols, et permettre à ce dernier de remporter le Grand prix de la Montagne.

Et c'est donc Hinault, néo-pro, breton bizut, 21 balais, qui, dans le dernier kilomètre des grands cols, se met à rouler pour « Le Ouistiti ». Il y met tant de fougue que les équipiers des leaders et des grimpeurs que sont Eddy Merckx, Luis Ocaña, et Bernard Thévenet doivent se lever, se mettre en danseuse, et grimacent à mort. Il y met tant de fougue que son propre leader, Van Impe, aérien dès qu'une pente se dresse, serre les dents dans sa roue. C'est incroyable. Y aurait-il des cols dans la baie de Saint-Brieuc, des dunes semblables à celle du Pila, cols et dunes qu'enfant il aurait gravis, à longueur de journées, sur son vélo sans freins ni stabilisateurs ? C'est la question que tout à coup se pose Maurice Le Guilloux. Maurice connaît pourtant les lieux comme sa poche : il n'y a rien dans la baie de Saint-Brieuc, si ce n'est quelques minuscules bossettes, hoquets de terre et de sable que les plus frêles jarrets avalent en riant. Non, vraiment, ce Bernard, ce mec de 21 ans qu'il aura vu gagner en chaussettes tricolores assis sur un vélo pas possible, ce Bernard qui roulait plus vite que les lascars de la Raleigh dans le chrono de l'Étoile des Espoirs, ce Bernard qui vient de se dépenser sans compter dans des cols où même les meilleurs souffrent, est un mec hors norme.

Oui, toutes ses forces, il vient de les jeter dans la bataille des Alpes, le mec en question.

Au matin de la dernière étape d'un Dauphiné que Bernard Thévenet s'apprête à remporter, Jean Stablinski entre dans la chambre de Bernard. Le Guilloux est là. Bernard a les rotules en os de mort, mais il sourit :

il a fait du bon boulot et Stab ne tarde pas à le lui dire. Bernard, s'il sourit, ce n'est pas seulement parce que son champion du monde de directeur sportif le félicite. C'est aussi parce qu'il pense à Martine. Martine qui va bientôt donner naissance à leur premier enfant, Martine qu'il retrouve dans deux jours. Son contrat, le contrat passé avec Stab, il l'a parfaitement rempli : les courses en Belgique, le Circuit de la Sarthe qu'il a remporté, sa place dans Paris-Nice, Milan-San Remo, le Dauphiné. Maintenant, c'est stop, repos pour le néo-pro. C'est ce qui a été fixé au départ. Maintenant, direction Yffiniac et, de retour à Yffiniac, il ira voir Robert Leroux, lui racontera ses courses, écoutera ses conseils.

Donc Bernard, il est mort, mais il a la banane. La banane, elle s'évanouit dès que Stab reprend la parole, dès qu'il entend ce qu'il entend :

— Tu continues, Bernard. Après le Dauphiné, tu participes au tour de l'Aude, au Midi-Libre. Après y'a le Tour. Et là, tu cours la première semaine pour foutre le bordel.

À quoi pense-t-il, Stab, au moment où il dit cela ? Surtout à l'argent. Pourquoi engager de nouveaux frais en faisant descendre d'autres coureurs dans le Sud alors qu'Hinault est déjà sur place ? Qu'il continue, point barre.

Stab n'a pas achevé sa phrase qu'une main le prend par le colback, le soulève, le plaque contre la fenêtre. Et au-dessus de la main qui le maintient contre la crémone, il y a une bouche, une bouche dont les lèvres vibrent. Une bouche qui lui demande de la ferner et d'écouter ce qu'elle va lui dire. Voici ce que la bouche qui tremble lui dit :

— Je suis pas un citron : on ne me presse pas. Je suis un coureur, je fais mon métier, et le fais bien. Mais faut respecter sa parole, sinon y'a plus de coureur, t'as compris. T'avais dit Tu roules jusqu'au Dauphiné. Dès que le Dauphiné est terminé, je me barre, et ton Midi Libre et tout le reste, je m'en tape !

Puis la main relâche son étreinte. Stab retrouve le plancher et quitte la chambre. Et Le Guilloux ne fait aucun commentaire. Il se dit simplement en lui-même que Bernard est vraiment un sacré lascar : il n'a peur ni des cols, ni de se faire virer.

Des cols, il y en a dans la dernière étape du Dauphiné. Il y a le col des Sausses. Bernard se présente au pied du col des Sausses, tremblant de rage. Et il attaque. À bloc. Dans sa jambe droite, y'a des tonnes de haine, dans sa jambe gauche de la fureur. Et dans ses reins, y'a toute la force du granit, des vents, la résistance silencieuse des ardoises sur tous les toits de toutes les granges des Côtes-d'Armor.

Il accélère sans cesse. Il sent ses tripes se déchirer et, plus elles se déchirent, plus il appuie. Les leaders du Critérium qui pensaient sans doute monter le col des Sausses en dedans grimacent dans sa roue : qu'est-ce que c'est, qu'est-ce qu'il a, qui c'est celui-là ? Dès qu'un équipier de Thévenet se porte à sa hauteur pour lui signifier qu'il doit se calmer tout de suite, Bernard accélère aussitôt, laissant l'envoyé spécial du maillot jaune à un bon mètre derrière lui.

Et c'est comme ça pendant toute l'ascension. Et c'est comme ça jusqu'à 500 mètres du sommet. À 500 mètres du sommet du col des Sausses, plus d'essence, plus de muscle, plus de tendons, plus d'éclairage : rincé, le Bernard. À la ramasse. Les leaders et leurs équipiers le doublent.

Il faudra une bonne dizaine de kilomètres à Bernard pour rentrer. La jonction faite, il se désaltère, récupère.

Dans le dernier kilomètre, tout à coup il freine, cesse de pédaler. Sous le regard éberlué des suiveurs, il décide de rouler à deux à l'heure et, gruppetto à lui tout seul, franchit la ligne avec 1' de retard sur le peloton. Au volant de sa tire, Stab reçoit le message cinq sur cinq : « *Suis mort. Stop. Rentre à Yffiniac. Stop.* »

Douché mais pas calmé, Bernard prend son vélo, sa valise et le train pour la Bretagne.

La baie, le bleu, le beau. La Bretagne. Martine. Il confie son vélo à Albert Redon. Quinze jours sans coups de pédales. Le ciel. Le vent. Le ventre rond de Martine.

Qui le remplace au Midi Libre ? Il n'en sait rien, il s'en fout. Que prépare Stab ? Il n'en sait rien, il s'en fout.

Il rend visite à ses parents à La Clôture, retrouve ses cousins. *Ouest-France* et la télé lui donnent quelques nouvelles du pays, de la France et du monde. Saint-Étienne remporte la Coupe de France et bat Lens par 2 à 0, réalisant ainsi pour la quatrième fois le doublé Coupe-Championnat. Jacky Ickx et Derek Bell gagnent les Vingt-Quatre heures du Mans. Les Belges choisissent, non le mirage F1 français, mais le F-16 américain. À Lyon 300 prostituées envahissent et occupent l'église Saint-Dizier pour protester contre les amendes que les cognes leur collent et réclament un statut. Impraticable depuis la guerre des Six-Jours, le canal de Suez est réouvert à la navigation. Idi Amin Dada contraint les émissaires britanniques venus solliciter la grâce de l'écrivain Dennis Hills qui l'a traité de « tyranneau de village » à entrer dans son palais... à genoux. Sur les écrans new-yorkais Roy Schider et Robert Shaw affrontent un monstrueux requin dans *Les dents de la mer*, le troisième film de Steven Spielberg. Björn Borg remporte pour la deuxième fois le tournoi de Roland-Garros en battant l'Argentin Guillermo Vilas. « Donnez-moi madame, s'il vous plaît, du ketchup pour mon hamburger», supplie William Sheller dans son tube *Rock'n Roll dollars*.

Bernard conduit Martine à la maternité Saint-François à Saint-Brieuc, non en ambulance mais à bord d'un véhicule équivalent : une 2CV. La 2CV de Martine. «La 2CV sied à la femme sur le point d'accoucher. Son confort doit être irréprochable. Des paniers d'œufs transportés à l'arrière doivent arriver intacts malgré les ornières», peut-on lire dans le cahier des charges que les ingénieurs de la firme Citroën ont dû respecter à la lettre lorsqu'ils ont mis au point la voiture française la plus fameuse.

Mickaël naît le 18 juin 1975 et Bernard, au volant de la 2CV de Martine, multiplie les allers et retours Yffiniac-Saint-Brieuc. Il conduit sans permis mais sans jamais faire la route seul. Il y a toujours un passager dans une 2CV : le vent. C'est la conduite accompagnée. Et puis, au volant, il est très prudent, Bernard. D'excès de vitesse il n'en commet qu'à vélo.

Deux jours après la naissance de Mickaël, il quitte le 3 rue de l'Église pour se rendre dans la Haute-Vienne, à Landouge où se déroulent les championnats de France sur route. Stablinski l'a retenu au sein de l'équipe qui doit épauler Alain Santy. Stablinski, il le croise en arrivant à l'hôtel. Stab sourit, lui serre la main. Visiblement Stab souhaite faire comme si rien ne s'était passé. Stab ne parle pas, veut oublier. Bernard ne parle pas mais n'oublie pas. Le clash du Dauphiné a bel et bien eu lieu. Stab s'est conduit, non comme un directeur sportif qui doit veiller à l'avenir du coureur, mais comme un négrier : t'as du jus, on te presse, t'en as plus, on te jette. Il est heureux de retrouver les membres de l'équipe, le soigneur, le mécano, mais Stab non, c'est plus possible. Il a une mission qu'il partage avec Le Guilloux et les autres : protéger, aider Alain Santy. Cette mission, il l'accomplira. C'est tout.

À Landouge, Alain Santy se classe second, battu par Régis Ovion qui revêt le maillot tricolore de Champion de France. C'est non loin du podium que Bernard, un Perrier vissé à la bouche, voit venir dans sa direction Louis Caput, directeur sportif de l'équipe Gan-Mercier, celle de Raymond Poulidor et de Joop Zoetemelk.

Champion de France sur route en 1946, Louis Caput a été un des meilleurs coureurs français de l'après-guerre, un redoutable sprinteur. Son palmarès est riche, Paris-Tours, Paris-Alençon, les Boucles de la Seine, le Tour de Picardie, le Tour de l'Oise, mais aussi le Tour du Maroc, le Grand Prix d'Oran. Ses amis l'appellent P'tit Louis, et P'tit Louis engage la conversation, comment va-t-il le néo-pro dont on parle, le gars qui met le souk dans le peloton en gravissant le col des Sausses sur la grande plaque :

— Mais qu'est-ce qui t'as pris ce jour-là ?

— J'avais des comptes à régler.

— Avec qui ?

— Avec Stablinski : il n'a pas de parole, ce mec.

— Il est un peu bordélique, Stab : il ne note rien.

— Moi non plus je note rien, sauf dans ma tête : ce qui est dit est dit.

— Je comprends : tu vas faire quoi ?

— Je sais pas encore.

— Si tu veux venir chez moi...

Bernard passe beaucoup de temps avec le bébé, s'occupe du petit jardin dont ils disposent, 3, rue de l'Église, et regarde le Tour à la télévision. Ce n'est pas n'importe quel Tour. Il y a Eddy Merckx, champion du monde, qui d'emblée dicte sa loi, faisant sauter le peloton dans la côte d'Alsemberg, et souffrir ses principaux rivaux sur les pavés de Roubaix. Puis il y a le Puy-de-Dôme. Et le Puy-de-Dôme, c'est Lucien Van Impe et Bernard Thévenet qui parviennent à mettre en difficulté le champion belge. Et c'est ce spectateur qui sort de la foule et donne un coup de poing au foie à Eddy à 150 mètres du sommet. Et c'est Bernard Thévenet qui, entre Nice et Pra-Loup, attaque Merckx à six reprises dans le col des Champs sans parvenir à le lâcher. Et c'est Merckx qui, à son tour, dans le col d'Allos, attaque Thévenet et bascule au sommet avec 8 secondes d'avance sur le champion français. Et c'est Merckx qui aborde seul la montée vers Pra-Loup. Et coince. Et voit Gimondi le rejoindre. Et voit Bernard Thévenet revenir sur lui, le déposer, et filer vers le sommet où il revêt le maillot jaune. Maillot qu'il conservera jusqu'à Paris. Jusqu'aux Champs-Élysées où il recevra les félicitations de Valéry Giscard d'Estaing, président de la République.

Ce n'est pas n'importe quel Tour. Ce n'est jamais n'importe quel Tour, mais là, c'est monstrueux, des coups de théâtre, des retournements de situations, des champions qui résistent, des champions qui se révèlent, de la baston sublime dans les lacets les plus fermés, dans les portions de ligne droite les plus cambrées, le populo enthousiaste, des souvenirs pour vachement longtemps. C'est un sacré Tour, un Tour d'enfer que Bernard regarde, 3, rue de l'Église, en se gavant de pâtisseries.

Un mois de religieuses et d'éclairs au chocolat et, une reprise difficile pour les critériums. Pas beaucoup de critériums à disputer, malheureusement. Il aurait voulu être invité davantage, histoire de faire rentrer un peu de monnaie. Il tourne avec Raymond Martin, membre également de l'équipe Gitane, partageant avec lui les frais de déplacement. Martin, lui, a le permis et la caisse. On jette les sacs dans le coffre, on fixe les vélos sur le toit, et l'on file à Châteaulin, disputer le circuit de L'Aulne.

Vieille course que ce circuit de l'Aulne, l'un des grands rendez-vous du cyclisme breton. Le Véloce Club Châteaulinois a été créé à la fin du XIXe siècle par monsieur Coatval, agent voyer d'arrondissement. Le VCC organise les courses de vélocipèdes et, en 1922, l'ancien coureur Bertrand Côme imagine le parcours du Circuit dont la star incontestée est la terrible côte de Stang-ar-Garront. Ceux qui triomphent à Châteaulin s'appellent Louison Bobet, Jacques Anquetil, Eddy Merckx.

Raymond Martin se gare aux abords du circuit, près des voitures à l'arrière desquelles les coureurs se changent. Il est en train d'enfiler son maillot lorsque Jacques Esclassan, sprinteur redouté, vainqueur de l'étape du Tour Versailles-Le-Mans vient le voir. Il lui propose d'entrer dans la combine, dans le clan des vedettes avec Merckx : on s'organise, on s'entend, on empoche un max de primes, et on partage. Raymond Martin lui indique aussitôt qu'il fait équipe avec Bernard Hinault : on met Hinault dans le coup et c'est d'accord. Refus catégorique d'Esclassan. Qui s'éloigne.

— (*Bernard, descendant de son vélo*) : Il voulait quoi, Esclassan ?

— Me mettre dans la mafia.

— Et alors ?

— Je lui ai dit qu'on était ensemble, et qu'il fallait donc te mettre toi aussi dans le coup.

— Et alors ?

— Ils veulent pas.

— Ils veulent pas : je vais m'occuper de leur cas.

La course est lancée.

Première prime : la mafia se met en place, prépare le sprint de Merckx, mais Hinault gicle, l'emporte en laissant Merckx à trois longueurs.

Deuxième prime : la mafia se met en place, prépare le sprint d'Esclassan, mais Hinault gicle, l'emporte en laissant Esclassan à trois longueurs.

Leur mettre la branlée ne lui suffit pas : il faut qu'il les raille. Aussi, à chaque prime remportée, une main posée sur la selle, l'index planté dans sa joue gonflée, Bernard leur fait « Pouet-pouet » « Pouet-pouet » à Merckx. Pouet-pouet à Esclassan. « Pouet-pouet » à tous :

Je lui fais pouet-pouet
Elle me fait pouet-pouet
On se fait pouet-pouet
Et puis ça y est[14]

Ulcéré par tant d'insolence – existe-t-il un monde plus hiérarchisé que le peloton ? –, Eddy Merckx, champion du monde, boss du peloton, vainqueur partout et tout le temps, se porte à la hauteur de Bernard : « T'es dans le coup : arrête tout. » Bernard dit Ok.

Il est donc dans le coup mais, au sprint suivant, il les flingue de nouveau. Les vedettes du peloton n'en croient pas leurs yeux :

— Qu'est-ce que c'est, qu'est-ce qu'il a, qui c'est celui-là ?

— Je suis Hinault et vous ne m'impressionnez pas.

Le Circuit de l'Aulne est remporté par Eddy Merckx, devant Hennie Kuiper et Alain Santy.

Deux semaines après avoir fait le malin à Châteaulin et quelques jours avant de disputer le Grand Prix des nations[15], Bernard Hinault s'aligne au départ de Blois-Chaville.

Blois-Chaville, kézako : une course disparue ? Non, c'est l'autre nom de Paris-Tour. Car Paris-Tour, née en

---

14. « *Pouet-pouet* », chanson créée en 1929 par Georges Milton, puis chantée par Bourvil et... Claude Nougaro.

15. Il remportera le Grand Prix des Nations à trois reprises : 1977, 1978, 1979.

1896, change volontiers de nom, comme elle peut changer d'itinéraire ou de sens. Blois-Chaville donc, mais également Tours-Versailles, Créteil-Chaville, Blois-Monthléry. Ces métamorphoses auront nui au prestige d'une course qui ne reprendra son nom et son trajet initial qu'à partir de 1988. C'est que du plat, seuls les sprinteurs triomphent, jamais les grimpeurs à l'exception notoire de Richard Virenque qui, en 2001, les a tous matés.

Les cadors sont dans le peloton. Parmi eux, Freddy Maertens, Roger de Vlaeminck et le sprinteur français le plus populaire : Cyrille Guimard.

Durant la course, puis l'arrivée franchie, Cyrille Guimard et Bernard Hinault parlent. Du métier. De Nantes. De la Bretagne. De la baie de Saint-Brieuc où Bernard a fait les quatre cents coups. De Saint-Brieuc où, en 1972, Cyrille, gagnant au sprint, avait pris le maillot jaune à Merckx. Ils parlent aussi de l'avenir que Bernard n'a plus, pense-t-il, chez Gitane. Stab, c'est pas possible, je vais le tuer, mieux vaut que je me barre, lâche Hinault. Guimard lui fait part alors des mots qu'il a échangés avec monsieur Bougit, directeur commercial des cycles Gitane, à Saint-Jean-de-Monts. Puis de sa rencontre, à Machecoul, avec le PDG de la firme, monsieur Loeillet :

— On a causé pendant six heures, figure-toi. Il n'a pas arrêté de me poser des questions, il voulait tout savoir, Loeillet. Tout savoir sur le vélo, sur le métier de coureur, les fédérations, les règlements, la direction de course, les courses, la préparation des coureurs, tout... Et au bout des six heures de discussion, il me dit : « Dans huit jours, vous saurez si vous êtes le nouveau directeur sportif de l'équipe Gitane »... Et je suis le nouveau directeur sportif de l'équipe Gitane... À moi, maintenant de poser une question : est-ce que tu restes chez Gitane ?

— Avec toi, oui.

Ce qu'il veut Guimard, avant de prendre les commandes de l'équipe Gitane, c'est réussir sa sortie en tant que champion. Sur les conseils de Richard Marillier, sélectionneur des équipes de France, et avec l'accord du PDG de la firme Gitane, il file dans le Nord se préparer pour le Championnat de France et le championnat du Monde de cyclocross. Le Championnat de France de cyclo-cross 1976 se dispute à Chazay-d'Azergue : il le gagne. Le championnat du Monde de cyclo-cross 1976 se dispute lui aussi à Chazay-d'Azergue : il se classe quatrième. Sortie merveilleusement réussie.

6

Il fait quoi, Bernard, en janvier 1976 ? Il se gave de chocards et de pâtisseries. Le bébé mangeant tout le temps, il fait comme lui. Pendant que Bernard s'empiffre, pendant que Cyrille Guimard, chaque fois qu'il le croise, gonfle les joues pour lui indiquer qu'il ressemble à un sumo, que fait le monde ? Il saigne. Comme d'hab.

Le sang coule, oui, le pétrole aussi. Christian Ranucci est exécuté à Marseille, dans la prison des Baumettes, Jean de Broglie est abattu à Paris, rue des Dardanelles, les morts s'empilent au Liban. Le pétrolier Boelhen convoyant deux mille tonnes de fioul lourd s'abîme au large d'Ouessant, comme avant lui, au même endroit, l'Olympic Bravery coupé en deux par la tempête.

Des lascars de l'art et de l'esprit quittent la planète : Pierre-Jean Jouve, Max Ernst, André Malraux. Jean Gabin se casse aussi.

Tandis qu'aux Pays-Bas l'on soupçonne le prince Bernhard d'avoir touché des pots de vin de la compagnie d'aviation américaine Lockheed, le prix des frites augmente en Belgique, le cornet passant de 10 à 25 francs dans certaines régions. Quant à Dalida, elle reprend *J'attendrai*, le tube de Rina Ketty.

Donc, côté Hinault, une classe époustouflante et quelques kilos en trop, et, côté Guimard, de la méthode, de l'écoute, des conseils donnés à chaque coureur.

Hinault, c'est quoi ? Un dolmen à pédales bourré d'électricité. S'il est particulièrement dur d'en venir à bout, il l'est tout autant de le manager. Guimard s'y emploie : on est en 1976 et on planifie jusqu'en 1980, en se fixant des objectifs : quelques courses françaises pour commencer, puis on monte en puissance en allant chez les Belges, puis le Tour. Et on n'attaque pas à tout bout de champ, on ne saute pas dans la roue du premier coureur qui sort. On a des tonnes de force, mais on n'en gaspille aucune.

Quelques courses françaises qu'il remporte les doigts dans le nez : le championnat de France de poursuite, le Grand Prix de Chardonnay, le Circuit de la Sarthe, le Tour de l'Aude, Paris-Vimoutiers, le Tour d'Indre-et-Loire, le Tour du Limousin, le Critérium de Cléguérec. Toujours les doigts dans le nez, mais en Suisse : la Ronde de Schellenberg, le Critérium de Wohlen et celui de Brugg. Et, tant que les cuisses sont chaudes, au Liechtenstein, le Critérium de Ruggel.

Du côté du peloton, on commence à se poser quelques questions, à manifester quelque énervement. Il faudrait qu'il se calme, ce minot qui a des crocs à la place des dents et de la prétention à revendre. On va le calmer. Et on, c'est qui ? C'est Bernard Thévenet, vainqueur du Tour de France en 1975, c'est Freddy Maertens, le roi du sprint, et c'est Jean-Pierre Danguillaume, fantastique flibustier. Quand on s'emploie à calmer quelqu'un, on n'est pas toujours élégant. On se souvient du Tour d'Italie, en 1957, de Louison Bobet et de l'équipe de France attaquant Charly Gaul au moment où le champion luxembourgeois s'arrête pour uriner. Thévenet, Maertens et Danguillaume profitent, eux, d'une chute de Bernard Hinault dans les Quatre Jours de Dunkerque pour démarrer et partir tous les trois. Freddy Maertens remportera l'épreuve. C'est la course, Ok, mais c'est noté.

Celui qui note tout, voit tout, sait qui a les jambes ou ne les a pas, qui a la caisse ou ne l'a pas, c'est Richard Marillier, l'entraîneur national. Il recrute Hinault afin qu'il dispute, au sein de l'équipe de France, les championnats du Monde sur route, épreuve qui se déroule en Italie, à Ostuni dans les Pouilles : « Je te prends dans l'équipe, mais t'es qu'un môme... Tu entres par la petite porte... Et comme les autres tu donnes tout pour l'équipe de France. »

Dans sa chambre, à Ostuni, Hinault regarde le maillot tricolore qu'il s'apprête à passer. C'est le maillot de l'équipe de France, mais les vedettes au sein de l'équipe s'appellent Esclassan, Poulidor, Danguillaume. Pas Hinault.

On frappe à la porte de la chambre. Bernard dit Entrez. C'est Jacques Anquetil. Qui sourit, s'avance, serre la main de Bernard, et s'assied au pied du lit. Bernard aussitôt s'assied à ses côtés. Sur le linoleum pourri de la piaule d'un hôtel d'Ostuni, il y a d'un côté le quintuple vainqueur du Tour de France et, de l'autre, le vainqueur du Tour de... l'Aude. Anquetil se met à parler, et c'est un régal. S'il raconte des trucs qu'il a faits, ce n'est pas pour en mettre plein la vue à Bernard, mais pour continuer de pédaler. Pour pédaler avec ce minot. Et ça, le minot le sent tout de suite. Anquetil, c'est le contraire de ces champions de jadis qui débutent chacune de leur phrase par « de mon temps » et s'écoutent parler. Les champions de jadis qui disent « de mon temps » gavent Bernard. Anquetil, rien à voir. Anquetil, c'est du champagne, du bonheur pour Bernard dans une chambre pourrie d'Ostuni. Bernard se régale des propos d'Anquetil, savoure ce qu'il vit, se dit : « Je suis un bleu, je vais disputer le championnat du monde, je vais rouler avec des mecs comme Moser qui n'ont jamais entendu parler de moi, passer devant des photographes qui ne me connaissent même pas, et je suis assis par terre, dans ma piaule, adossé au mur, écoutant Anquetil, assis au pied de mon lit. C'est fou, c'est fou ! »

Maintenant, c'est Bernard qui parle. De Stablinski, champion du monde. Bernard explique à Jacques qu'il a failli le tuer. Jacques éclate de rire. Comme il est question des directeurs sportifs, Bernard demande à Jacques s'il est vrai que Géminiani, un jour, l'a traité de mauviette. Il répond oui, rit de nouveau, raconte : « C'était lors du doublé Dauphiné Libéré-Bordeaux-Paris. Une idée de Gém et de ma femme : tu gagnes le Dauphiné, quelques heures après tu te présentes au départ de Bordeaux-Paris, tu gagnes Bordeaux-Paris, c'est du jamais vu, et là le public, tu verras, il t'aimera. Moi, je dis OK. Je gagne le Dauphiné, le général de Gaulle met à notre disposition un de ses avions pour que je puisse rejoindre Bordeaux à temps. Le masseur me masse dans la salle d'embarquement. On décolle, on atterrit à Mérignac, il est plus de 20 h. On rejoint l'hôtel. Je mange un peu, et à minuit je suis au départ de Bordeaux-Paris. Rik Van Looy est sur la ligne de départ. Et là, il se met à pleuvoir. La pluie, j'aime pas. Et puis j'ai froid. J'arrive pas à me réchauffer, j'ai tous les cols du Dauphiné dans les cuisses. Au bout de quelques kilomètres, je dis à Gém j'arrête tout. Et Gém, il ne dit rien. On monte mon vélo sur la voiture. Et au moment où je m'apprête à monter dans la bagnole, Gém me dit : Tu abandonnes : OK. Moi, je passe pour un con, et toi tu passes pour une mauviette ! Alors je lui dis Moi, une mauviette ? Descends le vélo ! Il descend le vélo, je repars, et je gagne Bordeaux-Paris. Et à la Cipale, je suis applaudi, t'imagines pas comment je suis applaudi. Et franchement, ça m'a fait beaucoup de bien. D'autant plus de bien que l'année précédente, à la Cipale, à l'arrivée du

Tour que je venais de gagner, j'avais été copieusement sifflé. Oui, ça m'a fait très, très plaisir. Et je peux te dire un truc : dans la voiture, avec Jeanine, j'ai pleuré. »

Bernard passe une super nuit à Ostuni. Le matin de la course, il une sacrée pêche, une envie dingue de les éparpiller tous, quelque chose en lui d'Anquetil. On frappe à la porte de sa chambre. Ils sont deux. Deux coureurs de l'équipe de France. Ils lui disent Voilà, tu nous paies, et on te protège durant toute la course. Bernard leur répond Attentez, j'ai pas de blé. En revanche si vous me protégez et que je gagne, alors OK, je vous paie. Ils lui expliquent que ça ne marche pas comme ça, petit, tu paies et on t'aide. Bernard répète J'ai pas de blé.

La course est partie, Bernard a les jambes et, dans le dernier tour, Francesco Moser et Freddy Maertens attaquent ensemble. Ils ont 150 mètres d'avance sur Hinault. Sur Hinault et sur les deux coureurs de l'équipe de France qui lui proposaient leurs services. Alors Bernard leur dit : « Roulez pour moi, juste cent mètres : les cinquante derniers je m'en charge. » Pour Hinault deux scénarios sont possibles :

1) Moser et Maertens ne peuvent prendre sa roue, et il gagne détaché.

2) Moser et Maertens restent dans sa roue. Il attaque ensuite à une borne de l'arrivée et les deux champions ne bronchent pas : celui qui fait l'effort d'aller le chercher est sûr de perdre.

Quel que soit le scénario, Bernard Hinault peut devenir champion du monde à Ostuni. Aussi renouvelle-t-il sa demande aux deux Français : « Cent mètres, les gars, juste cent mètres, et Moser et Maertens j'en fais mon affaire. » Ils répondent qu'ils ne peuvent pas. Personne ne roulant, l'écart se creuse. Et quelques minutes plus tard, les deux Français attaquent. Ils veulent revenir sur

Moser et Maertens. Ils veulent, mais ils ne peuvent pas, le trou est déjà énorme. Bernard, lui, leur demandait de ne rouler que cent mètres, juste cent mètres.

Bernard franchit la ligne d'arrivée, se classant sixième derrière Freddy Maertens, vainqueur, Francesco Moser, Tino Conti, Joop Zoetemelk et Eddy Merckx. Les Français qui ont refusé de l'aider sont loin du podium. Hinault descend de vélo, et son vélo atterrit dans les mains de Richard Marillier. Et ses yeux se plantent dans les yeux de Richard Marillier :

— Dans ton équipe, y'a des enfoirés. Et c'est pas demain que tu me verras de nouveau dans une équipe où y'a des enfoirés.

Richard Marillier lui demande de se calmer. Hinault essaie de se calmer. Y parvient. Marillier reprend la parole :

— Écoute, t'es un jeunot. Dans quatre ans, tu ne seras plus un jeunot. Et dans quatre ans, le championnat du Monde, il se disputera en France. Et le maillot arc en ciel, il sera pour toi, minot.

— Mais comment veux-tu que je devienne champion du monde si dans l'équipe c'est rempli d'enfoirés ?

— L'équipe, on la montera ensemble, OK ?

— OK. Je veux une équipe de guerriers.

— Tu auras une équipe de guerriers.

Il aura une équipe de guerriers. Il a déjà l'estime de Jacques Anquetil. L'estime puis, très vite, l'amitié. Au cours de leurs nombreuses rencontres à Neuville-Chant-d'Oisel, dans la propriété d'Anquetil, le quintuple vainqueur du Tour parle à Bernard de sa peur de la mort. Il craint qu'elle ne le prenne la nuit, durant son sommeil. Aussi, la nuit tombée, part-il souvent chasser dans la forêt, s'endormant à l'aube au pied d'un arbre. La mort, il l'oublie lors de la naissance de son fils, Christopher. Le parrain, ce sera Bernard. Le baptême se déroule le 24 mai 1987. Les tables sont dressées sur la pelouse, devant le château. Le 25 mai, au moment où Bernard s'apprête à partir, le facteur débarque au château. Il a une lettre pour Jacques Anquetil. Anquetil décachette l'enveloppe sur laquelle sont inscrits le nom et l'adresse d'un laboratoir d'analyses médicales. Jacques lit la lettre, et d'une voix blanche :

— C'est l'estomac, Bernard, l'estomac.

— Quoi l'estomac ?

— C'est à l'estomac, le... cancer.

Jacques continuera à travailler pour Europe 1 avant d'être hospitalisé à l'automne. Bernard veut venir le voir. La visite enchante Jacques : OK, Bernard, mais pas à l'hôpital, chez moi. Le 11 novembre 1987, Bernard Hinault est chez Anquetil, au château, à Neuville-Chant-D'oisel. Il regarde par la fenêtre : une ambulance remonte l'allée jusqu'à l'entrée. Les ambulanciers sortent la civière sur laquelle Jacques Anquetil est allongé. Il leur fait comprendre qu'il n'entrera pas chez lui allongé sur la civière. Ils doivent l'aider à se lever, à marcher jusqu'à l'entrée. Ils l'aident à se lever, à marcher. Parvenus à l'entrée, ils s'écartent : Jacques entre debout chez lui. Il sourit. Prend place à côté de Bernard : « Comment veux-tu que je m'en sorte, Bernard : je n'ai pas un cancer, mais trois cancers... » Le 16 novembre 1987 Jacques Anquetil s'éteint.

Des courses françaises ayant été gagnées en 1976, allons en 1977 courir en Belgique, secouer les Flandriens sur leurs routes bourrées de vent, mitraillées par la pluie et bordées de joie populaire.

Le 3 avril Bernard prend le départ du Tour des Flandres. Lui qui a pour habitude d'attaquer de loin, de se lancer dans des raids incroyables, abandonne aussitôt le départ donné. Il regagne son hôtel, se change et rentre à Yffiniac. C'est calé devant son téléviseur qu'il assiste à la victoire de Roger de Vlaeminck. Pourquoi cet abandon ? À cause de la pluie, phénomène météorologique parfaitement inconnu en Bretagne et qui donc l'aurait perturbé ? Des explications Hinault n'en donne aucune : il s'est barré, il s'est cassé : point barre ! Mais la firme Gitane, qui le paie, ne l'entend pas de cette oreille. Elle lui envoie, à lui mais également à Roland Berland et à André Chalmel, lesquels ont abandonné aussitôt le départ donné[16], une lettre recommandée les rappelant à leurs obligations de coureurs professionnels. Avec cette lettre Hinault s'empressera de confectionner un avion qu'il fera voler devant les yeux écarquillés de Mickaël.

Le 19 avril Hinault revient chez les Flandriens et s'aligne au départ de Gand-Wevelgem : 275 km. Ni pluie, ni bourrasques de vent, mais le soleil. Et le vélo du Blaireau, préparé et briqué par Popeye, envoie du feu. C'est parti pour un Gand-Wevelgem corsé ! Les organisateurs se sont montrés généreux, offrant aux coureurs du rab de bosses, 17 au total. Hinault sait que Jacques Anquetil est le seul Français à avoir remporté cette course. C'était en 1964. Hinault sait également qu'on est ici chez De Vlaeminck. Mais le Gitan n'est pas là : il récupère dans son canapé de sa victoire dans Paris-Roubaix, vieille de quarante-huit heures. Ça part, ça roule et, à 40 bornes de l'arrivée, 18 coureurs sont devant. Parmi eux Bernard Hinault. Hinault fait son boulot, relaie ses compagnons d'échappée et, tout à coup, à trente bornes de l'arrivée, dans une bosse, il s'en va seul. La bosse il l'avale, mais le

---

16. Roland Berland, ce 3 avril 1977, aurait été le moins vaillant des trois : il ne s'est même pas présenté au départ, préférant rester au chaud dans son lit, à l'hôtel.

plateau de 42 dents sur lequel il descend pour escalader les côtes, lui semble bien gros. Il doit fournir pour enrouler le braquet des efforts inhabituels. Il faut les fournir : Ok fournissons-les, mais c'est bizarre ce truc, se dit-il. Aurait-il moins de jus que d'habitude ? Cela ne semble pas être le cas car, dans sa roue, il n'y a personne. Sans doute les bosses flandriennes sont-elles plus mauvaises que les rempaillons hexagonaux. Au sommet de la bosse, dans les descentes, sur les portions de plat, Hinault met le grand plateau, le 53 dents. À fond donc pendant 30 km. Il demande à ses tendons, à ses muscles, à ses poumons, à son cœur de faire leur boulot d'Hercule, et ils le font sans rechigner. Et c'est un raid victorieux. Anquetil a un successeur : Hinault.

Hinault est heureux, Guimard satisfait et, chez Gitane, l'on se dit que l'on a eu raison de lui envoyer une lettre recommandée. Ce qui intrigue Bernard, c'est ce 42 dents qui, à 17 reprises, à chaque bosse, lui a semblé bien gros, comme s'il comptait une ou deux de plus. Il s'en ouvre à Popeye. Popeye inspecte le vélo et constate, confus, son erreur : à la place du 42 dents il a monté un... 47 dents. Avec un tel plateau, un coureur costaud aurait coincé. Avec ce braquet-là, Hinault, lui, a secoué la Flahuterie.

La presse belge loue-t-elle le raid victorieux de Bernard Hinault ? Elle préfère mettre en avant l'absence, dans le peloton du 19 avril, de deux lascars qui auraient pu perturber les plans du champion d'Yffiniac, Freddy Maertens et Roger de Vlaminck. Et l'un des journaux de titrer : « Au royaume des aveugles, un borgne a été roi »

Le Blaireau, il vaut mieux ne pas le chercher, car, quand on le cherche, on est assuré de le trouver. Et de le trouver tout de suite, en l'occurrence, le 23 avril, au départ de Liège-Bastogne-Liège, la doyenne des classiques, le rendez-vous le plus couru des Flandriens et autres bouffeurs de ruban interminable. Évidemment Maertens et de Vlaeminck sont là. Eddy Merckx aussi. Le Blaireau est on ne peut plus décontracté. Il plaisante avec les journalistes français : borgne, il va s'efforcer de garder bien ouvert l'œil qu'il lui reste. Et dès qu'une occasion se présente, il la saisira. Dans Liège-Bastogne-Liège, course de 243,5 km, les côtes se succèdent aussi nombreuses que des pains au chocolat dans la boulangerie d'Yffiniac. Et des pains, Bernard est bien décidé à en distribuer. Et la presse belge, elle sera chocolat ! Où frapper ? Dans n'importe quelle côte. Soyons précis, dressons la liste, donnons le profil de chacune d'elle :

- Côte de Ny (Km 57,5) : Montée de 1,8 km à 6%
- Côte de La Roche-en-Ardenne (Km 82,5) : Montée de 2,9 km à 5,9%
- Côte de Saint-Roch (Km 128,5) : Montée de 1 km à 11,2%
- Côte de Wanne (Km 171) : Montée de 2,2 km à 7,7%
- Côte de Stockeu (Km 177,5) : Montée de 1,1 km à 11,6%
- Côte de la Haute-Levée (Km 183) : Montée de 3,4 km à 6%
- Côte du Rosier (Km 195,5) : Montée de 3,9 km à 6,3%
- Côte de la Vecquée (Km 208) : Montée de 3,2 km à 6,2%
- Côte de La Redoute (Km 225) : Montée de 2,3 km à 7,4%
- Côte de Sprimont (Km 232.5) : Montée de 1,5 km à 5%
- Côte de la Roche-aux-faucons (Km 246) : Montée de 1,6 km à 10%
- Côte de Saint-Nicolas (Km 246) : Montée de 0,9 km à 11%

C'est à Stockeu, au Km 177,5, que ça part. André Dierickx sort. Il ne s'agit pas de n'importe quel André. Sa présence dans une classique n'a rien de baroque : Dierickx sait rouler des heures dans le vent sans faiblir. Faut pas laisser partir Dierickx. Pourtant aucun des grands absents du Gand-Wevelgem du 19 avril – Merckx, Maertens, de Vlaeminck – ne bouge. Hinault se dit Ce mec est dangereux. Hinault se dit Je vais sauter dans sa roue. Hinault saute dans sa roue. Puis il le relaie. Puis ils se relaient. Puis l'écart se creuse. Les costauds se disent On les reverra bientôt. Ils ne les reverront jamais. Car Dierickx et Hinault se démontent les os dans les longues portions de faux-plats. Guimard qui roule au volant de sa Peugeot juste derrière les fuyards se porte à la hauteur de Bernard Hinault. Il lui dit Ils ne rentreront pas. Il lui dit Ça va aller au bout. Il lui dit Méfie-toi. Il lui dit Le sprint tu le lances aux 300 mètres. Il lui dit Aux deux cents mètres tu lèves le pied, et dès qu'il revient tu mets le turbo, tu l'élimines. Et Guimard de doubler Bernard.

Maintenant Hinault et Dierickx dans le final. À trois cents mètres de la ligne, Bernard attaque, et c'est du brutal. Surpris, Dierickx doit fournir un terrible effort pour revenir. Il revient. Il est maintenant à la hauteur de Bernard Hinault. Il a maintenant une demi-roue d'avance sur Hinault. Il peut gagner. Il se le dit. Les suiveurs se le disent aussi. Mais Hinault attaque de nouveau et, de nouveau, c'est du brutal. Dierickx c'est fini : Bernard Hinault remporte Liège-Bastogne-Liège, cinq jours après avoir gagné Gand-Wevelgem. Et la presse belge, elle dit quoi, la presse belge ? Mais elle est où, la presse belge ?

Au volant de sa voiture de directeur sportif, Cyrille Guimard a de bonnes raisons de sourire : Hinault monte en puissance, et de quelle manière ! Ses raids sont victorieux, ses sprints également. Les petits Tours – Tour du Limousin, Tour de l'Aude, Tour de l'Indre-et-Loire...-, il les accroche à son palmarès. Les classiques, il les gagne. Reste la montagne. La haute montagne. Comment se comportera-t-il dans les lacets les plus cambrés ? La haute montage, Bernard la connaît. Il l'a eue sous les jantes dans le Dauphiné Libéré, lorsque, néo-pro, il aidait son leader, Lucien Van Impe, à gagner le grand prix du meilleur grimpeur. La montagne, il l'a donc déjà escaladée, mais en qualité d'équipier, sans avoir sur les épaules le poids de la course. Les grands cols, les grands cols qui se succèdent, la montagne qui ne laisse aucun répit, il faut maintenant qu'Hinault se mesure à elle, en tant que leader d'une équipe. Un leader doit en montagne et pendant plusieurs jours répondre aux attaques d'un Bernard Thévenet, d'un Eddy Merckx, contrôler ces Espagnols qui, à l'instar d'un Ismaël Lejarreta ou d'un Francisco Galdos, multiplient les attaques dès qu'une route se cambre. Comment Hinault se comportera-t-il en montagne dans ces conditions ? C'est pour avoir la réponse à cette question que Cyrille Guimard envoie son poulain disputer le Dauphiné Libéré, lequel se court entre Avignon et Thonon-les-Bains, du 30 mai au 6 juin 1977.

Voici la composition de l'équipe Gitane-Campagolo : Bernard Hinault, Roland Berland, Jacques Bossis, Jean Chassang, Alain Meslet, Gérard Moneyron, Michel Perrin, Willy Teirlinck, Sylvain Vasseur et Pierre Villemiane.

En face, il y a Eddy Merckx, Sean Kelly, Lucien Van Impe, Joop Zoetemelk, Raymond Poulidor, Bernard Thévenet, Jean-Pierre Danguillaume, Joaquim Agostinho, et les Espagnols de l'équipe Kas, à savoir José Pesarrodona, Francisco Galdos, Lejarreta, ou encore José Nazabal.

C'est parti !

Qui se classe second du prologue remporté par Jean-Luc Vandenbroucke ? Bernard Hinault.

Qui remporte la première étape Orange-Saint-Étienne, longue de 228 km, en battant au sprint Eddy Merckx et en s'emparant du maillot jaune ? Bernard Hinault.

Donc, il a le maillot et, dans la presse, maintenant, y'a sa photo car le Dauphiné Libéré est plus qu'une course dure : c'est le terrain où viennent se tester, se mesurer les quelques coureurs qui peuvent prétendre gagner le Tour de France. Et le Bernard, il a une gueule à monter sur le ring et à gagner le Tour.

Le maillot jaune, il le garde de Saint-Étienne à Valence, et la montagne la voici : Romans-Grenoble : 214 km. La montagne, en 1977, c'est Bernard Thévenet, vainqueur du Tour en 1975, et qui se prépare à remporter le Tour 1977. Et Thévenet, il passe à l'attaque. Dans le col du Coq. Hinault répond. Thévenet franchit le sommet en tête. Dans la descente dont une partie n'est pas goudronnée, Thévenet poursuit son effort. Hinault effectue, lui, une descente prudente. Puis, il revient sur Thévenet. Et les deux coureurs se présentent ensemble au pied du col de Porte. Et c'est au pied de ce col qu'Hinault place son accélération. Thévenet ne peut le suivre.

Hinault seul dans un col, sur son vélo Gitane, Guimard juste derrière au volant de sa tire au toit hérissé de roues : une image que les téléspectateurs auront l'occasion de voir en juillet, des années durant.

Hinault franchit le sommet du col de Porte avec une avance sur Thévenet de 2'20". La descente, il l'effectue à fond les ballons. Derrière lui, Cyrille Guimard et les caméras de la télévision qui retransmettent la course en direct. À la télé que voit-on ? On voit un virage. Fermé. On voit Hinault entrer dans le virage puis, plus d'Hinault. Il est dans le ravin. Écoutons son récit : « J'ai commis une faute de trajectoire : ça ne pardonne pas à grande vitesse dans un virage en équerre. On doit toujours attaquer les courbes à l'extérieur, passer à l'intérieur pour sortir à l'extérieur. Cette fois j'ai attaqué à la corde un virage à la sortie duquel je n'ai pas réussi à redresser ma trajectoire. J'ai filé tout droit dans le vide. En restant ainsi à l'intérieur, je ne pouvais pas maîtriser ma vitesse, la force centrifuge m'a déporté jusqu'au ravin... J'ai disparu dans le vide. Je ne me souviens pas de ce qui s'est passé exactement ; j'allais vite, très vite. La chute, c'est un éclair, une fraction de seconde ; on ne voit rien arriver... Dans ce virage, je regarde vers le gouffre, j'ouvre les bras, je lâche tout. Je me suis jeté dans le ravin. Si je n'avais pas regardé comme ça ce ravin, peut-être serais-je passé, je ne sais pas, peut-être ne serais-je pas tombé. J'ai été attiré par le vide, il fallait que je saute. On n'explique pas ça. J'ai eu de la chance qu'un petit arbuste soit là, je me suis accroché. J'ai eu le réflexe de plier les jambes qui m'ont servi d'hameçons. Je suis tombé de trois ou quatre mètres[17]. »

Donc monsieur Bernard pendu à un arbuste au-dessus du vide, comme une truitelle au bout d'une gaule !

Stoppent à hauteur du virage dans lequel Hinault a disparu la voiture de Guimard et la moto de la télévision. Qui filme le virage, les feuilles, le trou, le gouffre. Hinault n'est pas le seul à avoir plongé dans le vide : André Lama, dit « File au frais » aussi. Lama, lui, a plongé volontairement. Il est le mécano de Bernard. Il rejoint Bernard sur son arbuste et l'aide à se hisser jusqu'à la route. Car le Hinault, il n'est pas mort. Voici son œil

17. Bernard Hinault, *Le peloton des souvenirs*, Éditions Robert Laffont, 1988.

noir. Voici son rictus à la Cerdan. Voici sa main qui saisit la main qui se tend. Il est sonné, groggy : il oublie qu'il est sonné, groggy. Il veut un vélo : on lui passe un vélo. Et il repart dans la descente du col de Porte avec un vélo de rechange, du sang sur l'épaule droite et le genou droit blessé.

Il est devant, seul, il roule et enroule et, devant, au-dessus de Grenoble, y'a la Bastille, au sommet de laquelle se juge l'arrivée de cette étape longue de 214 km. Mais cette Bastille-là, avec ses lacets, sa pente à 18% n'est pas disposée à se laisser prendre. Au pied de la montée courte mais infernale Hinault dispose sur Thévenet et Van Impe d'une 1'20" d'avance. Il attaque la rampe sur son vélo de rechange. Au bout de cinq cents mètres il met pied à terre. Le braquet serait-il trop gros, n'aurait-il plus de jambes ? Ce sont les nerfs qui lâchent. « File au frais » a giclé hors de la voiture. Il lui conseille de marcher, de monter un instant à pied. Il lui dit Ça va repartir, Bernard, tu vas voir, ça va repartir. Et tout à coup, le Hinault il remonte sur son vélo. « File au frais » le pousse le temps qu'il retrouve sa pédalée, puis Hinault file vers le sommet de la Bastille. Il gagne l'étape et garde son maillot jaune.

La nuit porte conseil : à Bernard elle apporte des bleus. Il dort mal à Grenoble. Le masseur a fait du bon boulot, mais la chute a laissé des traces. Son corps le fait souffrir. Heureusement Bernard sait ce qu'il ne faut pas faire. Il ne faut pas penser à l'étape du lendemain, à ce qui l'attend entre Grenoble et Annecy, à savoir la montée des Aravis, le col de la Forclaz. Avant de s'endormir, au lieu de consulter le profil de l'étape, il feuillette un numéro du *Chasseur français*.

Hinault souffre, entre Grenoble et Annecy. Notamment du dos. Ses adversaires qui n'ont aucune raison de le ménager durcissent la course. Thévenet attaque dans la montée des Aravis, Van Impe dans sa roue. Hinault s'accroche, oubliant sa douleur, la sommant de la boucler.

C'est dans la Forclaz que ça se corse. Thévenet multiplie les accélérations, les démarrages. Dans sa roue Van Impe, Nazabal, Zoetemelk et Agostinho. Seul Agostinho lui donne un coup de main. Plus bas, y'a Hinault, accompagné d'un seul équipier, Jean Chassang. Et Chassang l'aide de son mieux. Mais l'écart se creuse et Thévenet pourrait bien lui ravir le maillot. C'est ce que pensent sans doute les journalistes lorsque Bernard qui respire difficilement franchit le sommet de la Forclaz avec un retard conséquent sur Thévenet.

C'est la descente. Thévenet la fait à fond. Il devrait dans ces conditions accentuer son avance sur un Bernard Hinault qui ne peut plus tirer sur son guidon. Mais les dieux, qui aiment le vélo, veillent sur les jeunes champions. Eux qui ont fait pousser en contrebas de la route du col de Porte l'arbuste qui a reçu dans ses branches Bernard Hinault, l'empêchant ainsi de finir au fond du ravin, dépêchent à sa hauteur, dans la descente de la Forclaz, le bon Samaritain en personne, un certain Eddy Merckx. Celui qui a tout gagné, notamment le Tour de France à cinq reprises, dit à Bernard Mets-toi dans ma roue, môme, je vais te ramener. Il dit Accroche-toi, môme, on va rentrer. Hinault se cale dans la roue de Merckx et s'accroche. Il faut être un champion pour s'accrocher à la roue d'un champion. Et ça, Merckx le sait. Il sait que Hinault tiendra. Il sait que Hinault va se lacérer la couenne. Ce geste de Merckx en faveur d'Hinault est aussi spectaculaire que la chute d'Hinault filmée par les caméras de télévision. Il s'agit en effet d'un adoubement : Hinault lui succédera à la tête du peloton. Comme lui, il a des jambes de feu. Comme lui, il a un mental d'acier. Et son appétit, comme le sien, est sans limite.

C'est avec un retard de 1'44" sur Thévenet et sur Van Impe, vainqueur de l'étape, que Bernard Hinault franchit la ligne d'arrivée à Annecy, sauvant son maillot pour 17".

17 petites secondes d'avance sur Bernard Thévenet au moment d'aborder, le dernier jour, le contre-la-montre de Thonon-les-bains, long de 36,5 km. Tous les commentateurs, les pronostiqueurs le disent : Thévenet va gagner le contre-la-montre et le critérium du Dauphiné Libéré. Il gagne le contre-la-montre. Mais Hinault, second, sauve son maillot jaune pour une poignée de secondes. Hinault a pédalé pendant 36,5 bornes sans tenir compte de la vive douleur occasionnée par une déchirure intercostale.

Pour Cyrille Guimard tout est clair : Hinault, coureur puissant et résistant, qui sprinte, roule et attaque, passe très bien la haute montagne. Il est complet. Le peloton est prévenu.

Après le Tour de France qu'il n'a pas disputé et que Thévenet remporte pour la deuxième fois, Bernard Hinault s'envole pour le Venezuela, pour la ville de San Cristobal où se disputent les championnats du monde. Il retrouve, au sein de l'équipe de France, trois de ses équipiers, Roland Berland, Jacques Bossis et André Chalmel[18]. Bernard Hinault ne revêtira pas, à San Cristobal, le maillot arc en ciel[19] mais, au micro de Jean-Paul

18. Font également partie de l'équipe de France Francis Campaner, Jean-Pierre Danguillaume, Jacques Esclassan, Michel Laurent, Roger Legeay, Raymond Poulidor, Bernard Thévenet et Bernard Vallet.

19. Francesco Moser remporte le titre de champion du monde avec l'aide de Dietrich Thurau qui, renonçant à son statut de champion, se met à son service. Bernard Hinault : « Dans le dernier tour, j'avais tout le monde sur le dos, je ne pouvais pas bouger. En plus, j'ai eu des crampes quand j'ai réussi à revenir à une cinquantaine de mètres des deux leaders. Sans cela, et malgré la coalition, je serai revenu sur eux. Le problème

Brouchon, Eddy Merckx déclare : « Bernard Hinault va devenir le meilleur coureur du monde. »

Maintenant la Bretagne, Martine, Mickaël, la baie de Saint-Brieuc, le vent. Le vent qui parle aux arbres, aux toits, aux plantes halophiles, aux chiens. Le vent qui poursuit les beaux nuages et tord la bouche du soleil.

Un pull jeté sur les épaules, Bernard marche sur le sable humide, le sable d'avant les algues vertes et les sangliers morts. Rumeur apaisante de la mer. Criaillerie des milliers d'oiseaux qui sont ici chez eux entre l'archipel de Bréhat et le cap Fréhel. Faut les voir prendre leur pied dans le sable gorgé d'eau, les oiseaux. Faut les voir, les grands cormorans et les grèbes huppés, s'empiffrer dans les vasières.

Bernard marche sur le sable humide. Il a sous le nez, non le guidon mais l'horizon, tous les bleus dont la mer se pare. Pas de goudron, pas de roue à prendre, juste l'infini de la baie, sublime échancrure.

Bernard marche avec, devant les yeux, la beauté de la Bretagne, le beau plongeon là-bas du ciel bleu dans la mer bleue.

Bernard marche sur le sable, pas seulement sur le sable, sur des roches anciennes aussi, des gneiss, des micaschistes, des trucs volcaniques. Bernard, dans la baie, fait le plein de terre. Bernard, dans la baie, vient consolider son socle. Le sport, pour la plupart, c'est une affaire de fondamentaux. L'exploit, chez Hinault, c'est aussi une histoire de fondations.

Et tous les vents, pendant qu'il marche, ils sont pour lui. Et ce sont de vieux compagnons qu'il retrouve : le

dans ce type de course, c'est qu'il ne suffit pas d'avoir une équipe formidable, comme c'était le cas de celle de France, il faut en plus avoir autant et même plus de pognon que certaines autres... » Cité par Henri Quiqueré, in *Bernard Hinault, un champion*, Éditions Messidor, 1986.

nordet venu du Saint-Laurent, le suroît venu lui aussi du Saint-Laurent mais qui, contrairement au nordet, amène de la douceur.

Et tous les vents viennent lui masser la nuque, lui lustrer les sourcils, lui polir le front, lui remplir les poumons, vents venus d'autres régions comme le cers, le mistral, la montagnère ou le poulain, vents venus des pays voisins comme le Foehn, vents venus de bien plus loin comme le khamsin, le simoun ou le pampéro.

Marcher encore et retrouver, en plus des vents et de la mer, le feuillage des chênes et celui des châtaigniers. Royal le chêne, oui. Mais tellement breton, le châtaignier. Tout ici est en châtaignier, les vieilles armoires, les horloges sculptées, les rouets, les lits clos, les berceaux.

Marcher encore, s'abriter sous un porche et regarder la pluie tomber sur les ardoises des toits. Ici, en Bretagne, l'ardoise est reine. Comme le souligne Jean Failler, « il ne s'agit point ici de "l'ardoise fine" chère à Du Bellay, ni celle qu'on importe d'Espagne par trains entiers. Non, il s'agit de l'authentique ardoise de Bretagne, plus épaisse, moins régulière et qui se pose non pas au crochet, mais au clou[20] ». Et que fait-elle, la pluie, sur les ardoises d'Yffiniac ? Ce qu'elle fait sur les tuiles d'Occitanie : la folle ! Elle sprinte, rebondit, joue aux autos tamponneuses, saute à l'élastique, s'engouffre dans les gouttières en zinc où, ivre, elle se met à chanter, à jouer des mélodies. Quand il pleut, en Bretagne, les maisons sont des cornemuses.

Marcher, regarder, écouter la pluie, puis rentrer chez soi, s'asseoir à la table de la cuisine et ouvrir une boîte de pâté Hénaff. Assez de diététique et de privations ! Assez de sucres lents sans aucun assaisonnement !

20. Jean Failler, *Gens et choses de Bretagne*, Éditions Coop Breizh, 1996.

Empiffrons-nous comme les grands cormorans et les grèbes huppés ! Et Bernard Hinault d'ouvrir une de ces petites boîtes bleues ornées de motifs jaunes, et de déguster ce pâté rose cher aux marins : « Pâté Hénaff, pâté de Mataff » dit-on à Concarneau. Apprécié des grands navigateurs comme Michel Desjoyeaux, et de l'écrivain et navigateur Erik Orsenna, le pâté Hénaff convient à l'estomac des champions cyclistes. Car les champions cyclistes sont des marins. Ils naviguent sur les routes du monde et leurs vélos sont des goélettes. Une partie du cadre ne se nomme-t-elle pas les haubans ?

Donc oublions Cyrille Guimard et ses conseils, et finissons la boîte bleue ornée de motifs jaunes. Et filons à la pâtisserie. Ô tartes aux pommes, ô éclairs au chocolat, ô religieuses, ô babas au rhum, vous qui de la Primavera au Tour de Lombardie me passez sous le nez, faites exploser dans ma bouche toutes vos saveurs ! Et si l'on faisait sauter, comme Jacques Anquetil, un bouchon de champagne ? Et si les bulles bues, l'on savourait un chocard ? Un chocard d'Yffiniac[21] !

Le relais de télévision de Pré-en-Pail que le Front de

---

21. Recette des chocards donnée par Michel Domalain, boulanger-pâtissier à Yffiniac :
Ingrédients
- Pâte feuilletée
- Pommes
-Œufs
-Cannelle

Pour 1 chocard
- Étirer le feuilleté pour obtenir une pâte pas trop épaisse.
- Découper 2 abaisses d'un diamètre respectif de 10 cm (appelé dessous) et de 12 cm (appelé dessus).
- Prendre 1 dessous et le garnir de 2 quarts de pommes.
- Saupoudrer de cannelle
- Recouvrir le tout avec le dessus que l'on cerne.
- Badigeonner d'œufs avant cuisson.
- Cuire à l'étouffée 25mn à 200°
Période de fabrication
- Durant deux mois de l'année : à l'époque des pommes, du 15 octobre au 15 décembre.

Libération de la Bretagne avait fait sauter le 22 octobre ayant été réparé, Bernard et Martine peuvent regarder le 30 décembre, à la télévision, *Le loup blanc*, téléfim de Jean-Pierre Decourt, adapté du roman éponyme de Paul Féval. L'histoire les plonge dans la Bretagne du XVIIIe siècle, dans la forêt de Rennes, parmi des paysans saignés par l'impôt. Leur seigneur, le marquis de Trémi se rend à Paris pour dénoncer les abus. Le marquis de Trémi est joué par Michel Vitold, et Jean Blanc, dit « Le loup blanc » par Jacques Rosny. La musique est de Vladimir Kosma.

7

Maintenant, c'est au tour du Tour. Et ce Tour, Bernard y participera, dit-il, non pour le découvrir mais pour le gagner. Parole de blaireau, c'est-à-dire d'un mec dont la morsure est cruelle et dont les griffes déchirent tout ce qui bouge.

Les efforts[22], le suivi médical[23], les sacrifices auxquels il a consenti, les victoires – nombreuses – qu'il a remportées dans les Classiques, les courses d'un jour ou le critérium du Dauphiné Libéré, cette longue préparation mise au point par Cyrille Guimard, avec ses étapes et ses paliers, c'était pour le Tour. Le Tour 1978. Les organisateurs de la Grande Boucle, notamment Félix Lévitan, avaient souhaité qu'il prenne, à Fleurance, le départ du Tour 77. Et cette envie était devenue celle de la presse qui, comme Lévitan, rêvait d'un duel Thévenet-Hinault. Deux champions français s'affrontant sur les routes de juillet, dans les pentes et lors des chronos comme, dans les années 60, s'étaient affrontés Jacques Anquetil et Raymond Poulidor : du pain bénit pour la chronique et la télévision. Mais Guimard, comme Hinault, étaient restés sourds à leur supplique. Pas question de courir le

---

22. « Le métier, tu l'apprends dans les kermesses belges en début de saison, où pendant 150 km on roule à fond, le pied au plancher. C'est là que j'ai appris à souffrir, à me faire mal. » Bernard Hinault, in *Bernard Hinault*, de Jean-Paul Ollivier, Éditions Glénat, 1998.

23. À plusieurs reprises, à la demande de Cyrille Guimard, Bernard Hinault a été consulter le professeur Ginet au Centre Hospitalier Universitaire de Nantes lequel lui a fit subir toute une batterie de tests.

Tour trop tôt, pas question de «griller» Hinault. Telle était la position de Guimard. Elle avait été, au temps des courses de cadets et du Premier pas Dunlop celle de Robert Leroux. Notons qu'elle sera celle, dans les années 90, de José-Miguel Echavarri, directeur sportif d'un certain Miguel Indurain.

En ce début de saison 78, Bernard Hinault qui, durant l'hiver s'est gavé comme un grand cormoran et un grèbe huppé, a quelques kilos en trop. Revêtu de son nouveau maillot – l'équipe Gitane-Campagnolo est devenue Renault-Gitane-Campagnolo – il s'empresse de les perdre lors du stage qui s'effectue dans le Gers, à Castera-Verduzan, ville thermale située entre Condom et Auch, et dont les 719 habitants dédaignent les eaux et se soignent au foie gras.

Le foie gras, le confit d'oie, le Madiran, Hinault n'y touche pas, les kilos fondent et, après s'être classé second de Paris-Nice derrière Gerrie Knetemann, Hinault déboule au Critérium International, compétition qui commence par une course en ligne, se poursuit par une étape de montagne et s'achève par un contre-la-montre. C'est pas Hinault, c'est Raymond Martin, de l'équipe Miko-Mercier qui tire son épingle du jeu, et dans l'étape en ligne, et en montagne. Martin va remporter le Critérium International. C'est l'avis des suiveurs : Martin a sur Hinault une avance de deux minutes au classement général. Comment Hinault pourrait-il reprendre deux minutes lors d'un contre-la-montre d'à peine 22,6 km ? Comment, oui, on se le demande... Et pourtant, il les reprend. Avec un braquet de 53-12. Soit 9,43 mètres à chaque tour de pédale. Et à chaque tour de pédale, il envoie dans les cordes Martin, Zoetemelk, Hézard, Laurent et autres costauds du peloton, et remporte le Critérium international.

Les classiques belges ne sont pas au programme élaboré par Guimard : le Tour d'Espagne qui démarre le 25 avril, oui. Direction la *Vuelta*, ses cols et ses 2 990,40 km à digérer. Hinault digère fort bien. Ce n'est pas le cas de Ferdinand Bracke, vainqueur de la *Vuelta* en 1971. Dans les heures qui précédent le départ, Bracke, qui porte une valise, ressent une violente douleur à la poitrine. Les médecins sont formels : le champion belge doit rentrer chez lui, pas question de courir l'épreuve. Bracke proteste, se plaint auprès des commissaires : en vain. Pendant ce temps, Bernard Hinault remporte le prologue long de 8,6 km, avec une avance de 29" sur le second, le Belge Ferdi Van den Haute et s'empare du maillot amarillo de leader.

Autour d'Hinault, Willy Teirlinck, Roland Berland, Gilbert Chaumaz, Bernard Quilfen, Lucien Didier, Bernard Becaas, Patrick Cluzaud, André Chalmel et Jean-René Bernaudeau.

Derrière Hinault, la meute ibérique, les Pesarrodona, les Cima, les Viejo, les Nazabal et autres Eulalio Garcia.

Premier travail : se débarrasser du maillot de leader, pas question de s'épuiser à le défendre avant la montagne, avant ces cols dans lesquels les grimpeurs espagnols vont s'en donner à cœur joie. Donc le maillot atterrit sur les épaules de Ferdi Van den Haute à Leon, au terme de la troisième étape, Hinault se retrouvant 4ᵉ au général, à 47" du leader.

Maintenant surveillons les Espagnols, attendons les cols. De cols, la douzième étape Barcelena-La Tossa de Montbu, longue de 205 km, en est infestée. Des pentes partout. Et c'est l'Espagnol Andres Gandarias qui ouvre les hostilités. Il attaque dans le col de La Pellusa, puis passe seul en tête celui de Navaleres. Son avance sur Hinault et sur le peloton est supérieure à douze minutes. Il reste deux cols de première catégorie, celui d'Estenalles et celui d'Els Gaus. Les deux derniers cols, Gandarias va les passer en tête mais, Hinault, lui, a mis le turbo. Il s'est placé en tête du peloton et, rasant la rocaille, les yeux braqués sur le lacet supérieur, il avale la route sèche. Dans sa roue, ça souffre, ça se tord, ça lâche prise, ça se disperse. Gandarias, Hinault le rejoint à douze kilomètres de l'arrivée et, avec l'aide de son équipier Jean-René Bernaudeau, remporte l'étape et récupère le maillot amarillo. Les Espagnols sont battus sur leur terrain, vaincus dans leurs cols. Si, en Espagne, on est moins chauvin qu'en Italie, on l'est tout autant qu'en France. Voici donc les coureurs qui se lient, se liguent contre le Blaireau, le menacent à l'instar d'Enrique Martinez Heredia. Aussitôt le Blaireau desserre ses cale-pieds et désigne au morveux hispanique le champ dans lequel il va s'empresser de le moucher : « Descends de ton vélo, connard, et viens dans le champ, on va régler ça tout de suite. » Immédiatement des coureurs espagnols s'interposent. « Stop, stop » dit l'un. Celui qui dit stop, Hinault le saisit par le colback et le secoue comme un prunier. La course reprend, et à Logrono, terme de l'étape Jaca-Logrono, Hinault décide de leur montrer une nouvelle fois de quel bois il se chauffe : « J'ai demandé à mon équipier Willy Teirlinck de me préparer le sprint. C'était une arrivée un peu en côte, je me souviens qu'il y avait une Sainte Vierge, ce devait être un endroit de pèlerinage. Comme nous étions convenus, aux sept cents mètres Willy passe devant moi et m'ouvre la route. À trois cents mètres, il s'écarte et j'ai surgi comme un diable de sa boîte pour enlever la victoire. Les Espagnols avaient été surpris, ne pensant pas que je pourrais partir de si loin. Ça leur a fait tout drôle de prendre dix secondes dans la tête sur une arrivée au sprint[24] ! » Ça leur a fait tout drôle, surtout à Enrique Martinez Heredia qui, aussitôt la ligne franchie, fend la foule et, menaçant, se dirige vers Hinault. Le Blaireau, calmement, demande à Marie-Thérèse, l'épouse de son équipier Willy Teirlinck, de lui tenir le vélo, quelques secondes, le temps de mettre un pain dans la figure d'Enrique Martinez Heredia. C'est ce qui se serait passé si l'Enrique en question, effrayé par l'air farouche et l'œil noir du mec Hinault, ne s'était empressé de battre en retraite et de disparaître dans le désordre des supporters. Ce Tour d'Espagne, plein de castagne et de cols, Hinault l'emporte haut la main avec une avance de 3'02" sur l'Espagnol José Pesarrodana, son équipier Jean-René Bernaudeau se classant troisième.

Cyrille Guimard fait le bilan de cette *Vuelta* ? Comment Bernard Hinault s'est-il comporté ? En patron, gagnant là où il devait gagner – dans les chronos par exemple –, et dominant ses adversaires les plus dangereux – les Espagnols – sur leur terrain de prédilection : la montagne. Et l'équipe Renault-Gitane-Campagnolo ? Sa formation qui a parfaitement épaulé son leader figure à la troisième place du classement par équipes. Donc, champagne. Et la presse française, qu'écrit-elle ? Elle ne discute pas le statut de champion de Bernard Hinault mais déplore qu'il n'ait à son service qu'une « petite équipe ».

Petite équipe, petite équipe, répète le Blaireau en montrant les dents, prêt à mordre, à griffer, à cette bande de pisse-froid. La petite équipe qui a fait le boulot dans Paris-Nice et au Critérium International, la petite équipe qui l'a si bien protégé en Espagne, en territoire

---

24. In Bernard Hinault, *Le peloton des souvenirs*, Éditions Robert Laffont, 1988.

hostile, la petite équipe, elle va leur clouer le bec à tous, leur faire avaler leur salive mesquine, leur faire bouffer leurs mots sans relief. Le jour où ils écriront comme Becaas ou Chalmel pédalent, ils seront de vrais journalistes. La petite équipe, elle va leur montrer ce qu'elle sait faire. Elle va rouler sur leur machine à écrire, sur le clavier de laquelle s'écrasent lourdement deux de leurs doigts boudinés. Elle va sortir le grand jeu, la petite équipe. Le sortir à Sarrebourg. Lors des Championnats de France sur route.

À Sarrebourg, le parcours reconnu, Bernard s'adresse à ses équipiers : « Écoutez-moi bien, les mecs. Le parcours n'est pas difficile, rien qui permette de faire la décision. Donc, je vais durcir la course, la durcir comme un malade. Ça va se passer comme ça : je vais rouler devant, à bloc, pendant 150 bornes, et je ne veux voir aucun de vous devant : vous restez tous à l'abri : OK ? Je vais rouler comme un dingue et, croyez-moi, y'aura pas d'attaque, personne ne partira. Ils auront tous les rotules en os de mort. Et au bout de 150 bornes , je passe à la vitesse supérieure : c'est moi qui attaque. Et le maillot tricolore, il est pour nous. Maintenant, dormez bien, les mecs ! »

Le dimanche 25 juin, Hinault et la « petite équipe » se présentent sur la ligne de départ. C'est parti pour 257,6 km. Tout de suite Hinault se porte en tête. Aucun de ses équipiers ne montre le bout de son nez. Aucun adversaire ne vient placer son guidon à hauteur du guidon d'Hinault. Mais qu'est-ce qu'il a, le Blaireau ? On lui a fait quoi au Blaireau ? Nul ne le sait, et tous serrent les dents et le guidon. Au bout de 150 bornes de course passées à la tête d'un groupe qui peine à tenir sa roue, Hinault attaque. Mais où va-t-il chercher cette force, dans quelle socquette, dans la gaine de quel tendon ? Un seul coureur parvient à se placer dans le sillage du Blaireau, Bernard Bourreau, de l'équipe Peugeot. Si Bernard Hinault est bel et bien un blaireau, Bernard Bourreau, lui, se révèle être une sangsue. Je ne vais pas le garder dans ma roue jusqu'à l'arrivée pour qu'il me saute sur la ligne, se dit Hinault. Qui accélère de nouveau. Mais la sangsue s'accroche et saisit la manette du dérailleur. Mais le dérailleur se met à craquer, la vitesse peine à passer. Aussitôt Hinault attaque, et prend dix mètres à Bourreau. Dix mètres, pas un de plus. Cet écart il faut qu'il augmente, bordel, qu'il augmente tout de suite. Aussi Hinault attaque-t-il de nouveau. Mais Bourreau s'accroche. Et tout à coup, se gare : c'est fini.

Maintenant Hinault est seul devant, sur son vélo bleu Gitane. Il possède une avance de 6' sur un groupe de poursuivants déjà bien entamés, bien amochés, groupe au sein duquel figurent également ses équipiers. Eux, ils pédalent dans l'huile.

Maintenant Hinault est seul devant, sur son vélo bleu Gitane, et l'arrivée, c'est dans six kilomètres. Dans 6 km, il revêtira le maillot tricolore de champion de France.

Maintenant Hinault, il est seul devant, sur son vélo bleu Gitane mais, tout à coup, plus de son, plus d'image. Et plus de jambes. C'est la fringale, le coup de buis, la défaillance, cette défaillance que dans ses dessins de jadis le génial Pellos représentait sous les traits d'un ogre cruel et barbu écrasant sur la tête minuscule du minuscule coureur un énorme marteau.

Donc, à six bornes de l'arrivée, Hinault n'a plus de jus. Il voit des étoiles, des trous noirs. Pour avancer, il décide de se mettre en danseuse. Ainsi appuiera-t-il sur les pédales avec tout son corps, et son corps le conduira jusqu'à la ligne d'arrivée. Il se lève de la selle, sur laquelle il retombe aussitôt, lourdement : il n'a plus aucune force dans les bras. Et c'est couché sur sa machine, le menton scotché au guidon qu'il franchit la ligne d'arrivée en vainqueur, à deux à l'heure avec une avance passée en une poignée de kilomètres de 6 à 1 minute. Il est champion de France.

On l'aide à descendre de son vélo. On le soutient. Il avise un homme à quelques mètres de lui. L'homme s'apprête à manger un sandwich. L'œil hagard, Hinault fonce sur lui. Que lui a-t-il fait, cet homme ? Va-t-il lui écraser son poing sur la figure ? Non. Il lui arrache simplement son sandwich, et le sandwich, il l'engloutit. Et c'est des miettes de pain aux commissures des lèvres que Bernard Hinault monte sur la plus haute marche du podium. Et ses équipiers Jean-René Bernaudeau et Gilbert Chaumaz occupent respectivement la 2e et la 3e places. Et l'on compte pas moins de 7 coureurs de la formation Renault-Gitane-Campagnolo dans les 10 premiers[25]. Une « petite équipe » en effet...

25. 1 Bernard Hinault (Renault-Gitane-Campagnolo)
2 Jean-René Bernaudeau (RGC)
3 Gilbert Chaumaz (RGC)
4 Pierre-Raymond Villemaniane (RGC)
5 Mariano Martinez
6 Marcel Tinazzi
7 Yvon Bertin (RGC)
8 André Chalmel (RGC)
9 Bernard Becaas (RGC)
10 Christian Musselet

8

Le Tour de France 1978 se déroule du 29 juin au 23 juillet. Il prend son départ en Hollande, à Leiden. Bruxelles est ville-étape, et quelques villes françaises – Saint Germain-en-Laye, Saint-Amand-les-Eaux, Mazé-Montgeoffroy et Valence-d'Agen – accueillent le Tour pour la première fois. Les Renault-Gitane-Campagnolo sont fin prêts, des mollets aux vélos. Et des vélos au bus, car – et c'est une première pour une équipe française –, les coureurs de Guimard disposent d'un bus spécialement aménagé pour le Tour. Une vingtaine de places sont à la disposition des coureurs, une vingtaine de sièges pouvant se transformer en couchettes. L'arrière du bus a été transformé en atelier pour les mécanos qui peuvent y entreposer une vingtaine de vélos, une quarantaine de roues. Dans ce bus, aussi bien au départ qu'à l'arrivée, les coureurs peuvent se concentrer, se détendre, loin des cris du populo et des décibels des sonos.

Départ de Hollande donc, le pays de Joop Zoetemelk, un des meilleurs éléments du peloton, très bon rouleur, excellent dans les contre-la-montre, et toujours devant en montagne, c'est-à-dire dans la roue d'un Merckx ou d'un Thévenet. La Hollande est aussi le pays du très racé Hennie Kuiper, leader de l'équipe hollandaise Ti-Raleigh, laquelle compte parmi ses inépuisables bouffeurs de ruban, Jan Raas, Gerrie Knetemann, ou encore le jeune Henk Lubberding dont la chronique dit le plus grand bien.

Et chez les Français, y'a qui ? Y'a Thévenet qui a remporté deux fois la Grande Boucle et sait très bien ce qui l'attend : « Merde, j'ai mis un moment à mettre Merckx à la raison, et voici qu'Hinault arrive. » Une chose est sûre : son équipe est solide, avec les Laurent, Danguillaume, Hézard, Bourreau, ou encore le sprinter Jacques Esclassan. Y'a plus Poupou chez les Mercier, mais y a Raymond Martin qui sera devant en montagne aux côtés de son leader Zoetemelk, et y a Maurice Le Guilloux, le voisin de Hinault. Et c'est, dit-on, Le Guilloux et son ami Talbourdet qui ont surnommé Hinault le Blaireau.

Et chez les Belges, y'a qui ? Y'a surtout Michel Pollentier, champion de Belgique, inélégant sur la machine, mais grimpeur étourdissant. Un vrai danger.

Et chez les Espagnols, y'a qui ? Y'a tous les amis de Bernard, ses amis de la *Vuelta*, comme Enrique Martinez Heredia, les Galdos, les Cima, les Nazabal, les Pesarrodona qui choisiront les pires pentes pour secouer le cocotier.

Et puis, y a le Portugais Joachim Agostinho. Agostinho est un costaud. Il n'a pas de cou, sa tête est posée sur son buste comme un moëllon. Agostinho qui a été soldat en Angola est directement passé du bataillon au peloton. Et Dick Annegarn lui a consacré une chanson dont le refrain dit : « Agostinho t'es le plus beau ».

Un changement de dernière minute dans l'équipe d'Hinault : son équipier pyrénéen Hubert Arbes dont les douleurs consécutives à une chute lors du Championnat de France de Sarrebourg persistent, doit déclarer forfait : il est remplacé par Jean-René Bernaudeau. Voici donc la liste des mecs qui entourent Hinault : Jean-René Bernaudeau, Yvon Bertin, Jacques Bossis, André Chalmel, Gilbert Chaumaz, Lucien Didier, Bernard Quilfen, Willy Teirlinck, Pierre-Raymond Villemiane.

Le prologue hollandais de Leiden, long de 5,2 km est remporté par le Hollandais Raas. Il est suivi par le Hollandais Knetemann, lui-même suivi du Hollandais Zoetemelk, lequel précède le Hollandais Kuiper. Le maillot jaune est donc pour Raas, Hinault se classant 9e. À peine quelques secondes séparent cette poignée de lascars.

À Leiden, Antoine Blondin voit passer Eddy Merckx. Le champion belge, sur les recommandations de son médecin, a mis fin à sa carrière. Il conseille, sur ce soixante-quinzième Tour de France, l'équipe C&A de Lucien Van Impe et de Joseph Bruyère. Blondin écrit : « Son successeur n'est pas tout à fait désigné. Nous attendrons d'avoir passé la frontière pour citer Bernard Hinault. L'heure présente appartient encore à Hennie Kuiper, le blond enfant dans cette province dont il est le prince, l'Hennie public numéro un[26]. »

Hinault, lui, il dit deux choses. Voici la première : « Je ne suis pas venu pour découvrir le Tour mais pour le gagner. » Voici la seconde : « Il ne se passera rien d'essentiel avant la première épreuve contre-la-montre. La course se jouera ensuite dans la montagne. À moins d'une circonstance exceptionnelle, je ne prendrai aucune initiative sur les parcours plats. » Puis les deux choses dites, il monte dans le bus.

Pas d'initiative donc sur les parcours plats. Hinault roule au sein du peloton, protégé par ses équipiers. Que les sprinters s'amusent, que les adeptes des raids au long cours s'en donnent à cœur-joie du côté de Saint-Willebrord, de Bruxelles, de Saint-Amand-les-Eaux ou de Saint-Germain-en-Laye, Hinault lui, ne bougera pas. Car il est attendu, lui, dans les Pyrénées, à la sortie de Saint-Lary où débute la montée sèche vers le Pla-d'Adet.

26. Antoine Blondin, *Tours de France*, Éditions La Table ronde, 2001.

Dix bornes qui devraient faire le bonheur de Michel Pollentier. Dix bornes qui diront si oui ou non Bernard Hinault, coureur au potentiel énorme, peut gagner le Tour de France.

Donc on ne bouge pas, et l'on commet une faute, entre Saint-Amand-les-Eaux et Saint-Germain-en-Laye, en laissant partir, sous la pluie et le vent, une échappée au sein de laquelle ne figure aucun favori, excepté un certain Joseph Bruyère, de l'équipe belge C&A. Bruyère dont on ne parlait guère à Leiden. Bruyère qui passe fort bien la montagne. C'est lui, Bruyère, qui roulait pour Merckx dans les cols les plus durs. Bruyère, il sera devant dans les Pyrénées, aux côtés de Michel Pollentier. Et Bruyère désormais possède au général 3' d'avance sur Bernard Hinault. Hinault n'est pas inquiet outre mesure, mais il râle, il peste : mieux vaut éviter pendant le Tour de faire des cadeaux à ses adversaires. Guimard s'empresse de faire le point avec tous ses coureurs, la veille du contre-la-montre par équipes : 153 km entre Évreux et Caen. Sa tactique, la voici : « Pas question de rouler à bloc pendant 150 bornes. On n'est pas là pour rivaliser avec la Ti-Raleigh de Raas et de Knetemann. On est là pour préserver nos forces en vue de ce qui nous attend au Pla-d'Adet et à l'Alpe-d'Huez. Eux vont remporter l'étape, c'est sûr. Nous on roule en pensant à la suite : OK ? »

C'est un train rouge, jaune et noir, le train Ti-Raleigh, qui file entre Évreux et Caen, parcourant les 153,7 km en 3 h 39'07". L'équipe de Bernard Hinault se classe 4e, à 5'15" de la bande à Gerrie Knetemann. Mais quelle équipe se classe en deuxième position, à 7" à peine du TGV hollandais ? La C&A de Joseph Bruyère. Les calculs sont vite faits : à Caen, au soir du contre-la-montre par équipes, Bernard Hinault, au classement général, accuse un retard de 4' sur Gerrie Knetemann, lequel disparaîtra sans doute dès les premières rampes du Tourmalet, et de 3'39" sur Joseph Bruyère, lequel lui donnera, c'est sûr, du fil à retordre et dans les Pyrénées et dans les Alpes.

Hinault peste, râle, grogne. Il peste, râle et grogne de nouveau au soir de l'arrivée à Poitiers : il a dû rouler à bloc, lui et ses hommes, sur cinq mecs qui s'étaient échappés. Parmi eux, Joseph Bruyère. Dont l'avance au général est désormais de 4'26". Dans la bouche de Bernard, tous les jurons du capitaine Haddock...

Du retard au général : OK. La vraie question est celle-ci : qui est en forme, qui ne l'est pas ? Où en est Kuiper ? Où en est Pollentier ? Zoetemelk, a-t-il les jambes ? Thévenet peut-il peser sur la course ? Pour le savoir, rendez-vous à Saint-Émilion pour le premier contre-la-montre individuel.

Le parcours qui relie Saint-Émilion à Sainte-Foy-la-Grande est long de 59,300 km. Une succession de bosses. Il faudra sans cesse relancer, éviter de se désunir. Dans le ciel, y'a que des nuages. Au pays des grands crus classés, Hinault sort le grand jeu, laisse parler sa classe. Il remporte l'étape avec une avance de :

- 34" sur Joseph Bruyère.
- 59" sur Joop Zoetemelk.
- 1'22" sur Michel Pollentier
- 2'59 sur Hennie Kuiper
- 4'31 sur Bernard Thévenet.
- 9'23 sur Jan Raas

La ligne franchie, le Perrier bu, les temps connus, Bernard Hinault déclare à Pierre Chany : « Tout s'est déroulé comme je l'avais prévu. Pollentier a faibli sur la distance et Kuiper évolue un ton en dessous. Même chose pour Zoetemelk. Il n'y a pas eu de miracle et il n'y en aura sans doute pas dans les Pyrénées. »

Les Pyrénées, c'est, pour commencer, l'étape Biarritz-Pau, avec, sous les jantes du peloton, le col de Marie-Blanque. Un col nouveau pour les Géants. Un « hors-d'œuvre » annonce-t-on. Un hors-d'œuvre qui avec ses pourcentages supérieurs à ceux du Tourmalet, a tout d'un plat de résistance. Marie-Blanque, escaladé côte Escot, c'est du sévère, du cambré qui poserait un problème aux ours s'ils décidaient de venir ici déguster quelques myrtilles. Dans le col de Marie-Blanque, Thévenet n'est pas bien. Dans le col de Marie-Blanque, Joseph Bruyère n'est pas fringant. Dans le col de Marie-Blanque, Lucien Van Impe, vainqueur du Tour en 1976, n'avance guère. Dans le col de Marie-Blanque, Knetemann est à la dérive. Dans le col de Marie-Blanque, Michel Pollentier attaque. Dans le col de Marie-Blanque Hinault le contre et roule devant. L'étape, longue de 191,5 km, est remportée par le jeune Hollandais Henk Lubberding. La grande étape pyrénéenne, avec une arrivée au sommet classée hors catégorie, la voici : Pau-Saint-Lary-Soulan, 161 km. Il faudra, avant d'affronter le Pla-d'Adet, escalader le Tourmalet par son versant le plus usant, puis gravir le col d'Aspin. Les grimpeurs vont attaquer, Hinault le sait.

Adepte du bec de selle, Michel Pollentier a une drôle d'allure sur un vélo : « Pollentier, dont les genoux semblent interpréter un sketch des Frères Ennemis, alterne les tempêtes sur les os du bassin et la traversée de la hanche » note sur son calepin Antoine Blondin. Il est, dans le Tourmalet, le coureur que Bernard Hinault doit surveiller. La meilleure façon de surveiller un grimpeur, c'est de se placer en tête et d'imposer un rythme soutenu. C'est ce que fait Hinault. Tantôt assis, tantôt en danseuse pour relancer, Bernard Hinault escalade le Tourmalet et très vite la sélection se fait. Bernard

Thévenet est l'un des premiers à lâcher prise : il abandonnera le Tour dans ce col où, néo-pro, il a remporté une si belle victoire. C'était en 1970 et, dans ce Tourmalet, escaladé côté La Mongie, il avait osé attaquer Eddy Merckx. Joseph Bruyère, qui dans ce Tourmalet aura si souvent fait le boulot pour Eddy, n'est plus dans la roue d'Hinault. Ne demeurent dans le sillage d'Hinault que Michel Pollentier, Joop Zoetemelk et Mariano Martinez.

La France – et c'est son charme ! – est tatouée de routes. Peu d'entre elles sont en mesure d'apprendre à un homme ce qu'il a dans le ventre. La route du Tourmalet appartient à ce peu de routes. Hinault qui, enfant faisait dans la côte d'Yffiniac la course avec les camions, Hinault qui, à l'école, boxait tout ce qui bouge, Hinault qui, un dimanche, remporta à Planguenoual une course avec un vélo lourd comme un Solex et des chaussettes de footballeur, a dans le ventre une énergie pareille à celle qui sommeille dans le ventre des dolmens. Mais possède-t-il ce self-contrôle, ce sens tactique dont doit faire preuve le grand champion dans les situations périlleuses ? À cette question, seul un Tourmalet peut répondre. Et le Tourmalet, ce 11 juillet 1978, le Tourmalet lui souffle à l'oreille : « Mec, toi t'es un bon ». En effet, alors qu'il grimpe à un rythme soutenu le dernier tiers du col, Hinault subit un démarrage de Pollentier lequel répond à une violente attaque de Zoetemelk. Une violente attaque de grimpeur, oui, pas une de ces imperceptibles accélérations qu'un commentateur de télévision prend pour une déclaration de guerre. C'est une attaque ce qu'il y a de plus nerveux, de plus incisif, et c'est tout de suite trente mètres dans la vue. Ils sont donc deux à porter des coups à Hinault, mais Hinault garde la tête froide, s'en tient à son rythme. Il serait dangereux de répondre à une attaque de Pollentier. Hinault pourrait au prix d'un effort terrible – et les efforts terribles sont à sa portée – revenir sur Pollentier. Mais alors Pollentier – et c'est le privilège du grimpeur ! – attaquerait de nouveau. Donc, Hinault ne s'affole pas, reste calme, s'en tient à son rythme, lequel, on le devine, n'est pas celui de n'importe qui. Les coureurs distancés, éparpillés, couchés sur leur machine, montant en piochant, en écartant les coudes loin derrière lui, le rappellent en offrant aux objectifs des photographes leurs visages grimaçants.

C'est Pollentier qui franchit en tête le Tourmalet. Et, dans la descente vers Sainte-Marie de Campan, forcément ça va rentrer, ça va se regrouper. Donc boire, s'alimenter et, dans Aspin, rien ne se passera. Il est clair que tout va se jouer dans la montée du Pla-d'Adet, terrible montée au sommet de laquelle sera jugée l'arrivée, au sommet de laquelle les écarts seront énormes, un joyeux massacre.

Les coureurs du Tour ont escaladé le Pla-d'Adet pour la première fois en 1974 et, cette année-là, un certain Raymond Poulidor, âgé de 38 balais avait attaqué dans le premier virage. Il s'agit d'un fer à cheval que, depuis ce jour – c'était le 15 juillet 1974 –, les gens de Saint-Lary et les cyclotouristes appellent « Le virage Poulidor ». C'est dans ce virage que Mariano Martinez, de l'équipe Jobo[27], Michel Pollentier et Joop Zoetemelk décident de se tirer, les deux premiers pour gagner l'étape, le troisième pour accroître ses chances de remporter le Tour. Comme dans le Tourmalet, Hinault, le fou furieux d'Yffiniac, le blanc bec prompt à défenestrer n'importe quel directeur sportif qui, à l'instar d'un Stablinski, champion du

27. Mariano Martinez : « Je fais ce qui me plaît au sein de l'équipe Jobo. Je dois aller chercher moi-même les bidons à ma voiture, mais qu'importe. Cette première étape des Pyrénées m'a permis de vérifier que je pouvais me hisser au niveau d'un Zoetemelk. Qui a osé attaquer au pied de Saint-Lary ? Si je n'étais pas passé à l'acte, on aurait réédité l'ascension du col d'Aspin. »

monde, ne respecterait pas ses engagements, s'en tient à son tempo. Allez jouer devant, vous deux, je sais, moi, ce que j'ai à faire.

Que fait-il ? Il place ses deux mains de chaque côté de la potence et ordonne à ses reins d'envoyer du bois. Et faut les voir les reins d'Hinault, dans le Pla-d'Adet. Tandis qu'un lacet au-dessus ça secoue, ça voltige, ici ça module, ça monte sans aucun à-coup, du boulot de mec sûr de son coup.

C'est dans ce Pla-d'Adet que le public va voir naître sur le visage encore enfantin du champion de France ce rictus qu'il emprunte à Marcel Cerdan : boxe, boxe, boxe ! Il avance, Hinault, régulièrement, cœur, poumons et reins bossant à l'unisson. Jeunes et belles bielles, mécanismes vaillants, têtus, baignant dans l'huile. Devant, Pollentier se tord, comme un ver mais, ici, dans la montagne, c'est un ver luisant. Il brille, Pollentier, dans ces portions éprouvantes de lignes droites, dans ces lacets cambrés comme une belle Black. C'est heurté, c'est irrégulier, mais c'est efficace et, dans sa roue qui gesticule, Zoetemelk et Martinez, par moments, peinent à s'accrocher. À 4 km du sommet, Pollentier a comme un léger coup de moins bien. Et qui voit-il revenir sur lui, Pollentier ? Bernard Hinault ! Il faut bien comprendre ce qui se passe, ce que chacun ressent. Pour Pollentier et Zoetemelk, le coup au moral est terrible : tout ce boulot pour rien, tous ces efforts pour rien. Hinault, lui, écoute la route, la route du Pla-d'Adet qui lui parle à l'oreille, lui tient le même discours que le Tourmalet : « Sur les pentes les plus raides, t'es bien, gamin, t'es très bien. Tu ne t'affoles pas, et tu contrôles magnifiquement les grimpeurs, ces oustitis qui d'un bond et morts de rire se hissent au sommet. Tu peux être rassuré, gamin, et dans les Alpes tu fais pareil : tu ne t'affoles pas, tu choisis ton rythme, et tu t'y tiens. »

À 800 mètres du sommet, Mariano Martinez, gicle, s'en va chercher la victoire d'étape. Et Hinault, Hinault qui est revenu, revenu seul sur le quatuor, accélère à son tour, désireux de creuser l'écart sur Joseph Bruyère. Il accélère tellement le Hinault que Joop Zoetemelk ne peut le suivre et perd 19". Cette étape des Pyrénées, qui était celle de tous les dangers, bouleverse le classement général, propulsant Bernard Hinault à la deuxième place, à 1'05 du maillot jaune Joseph Bruyère[28].

Le mécano récupère le vélo de Bernard, lui tend une serviette, une veste de survêtement. La presse l'entoure. Pour moi, c'est bon, je suis second au général. Y'en a qui se posaient des questions, ce soir ils ont des réponses, il dit.

Il n'en dira pas plus, il est pressé de rejoindre l'hôtel. Il demande au mécano où est la voiture, le bus. Le mécano lui répond qu'il n'y a pas de voiture, la route est bloquée, les coureurs doivent emprunter le téléphérique pour redescendre. Le téléphérique, il est juste là et, en bas, y'a des bus. Des bus pour Tarbes.

Saint-Lary-Tarbes, 70 bornes sur une route encombrée, dans un bus qui ne peut pas doubler, bouchons partout : on n'est pas massé, on n'est pas à table, on n'est pas couché. Foutu métier !

Bernard n'est pas à prendre avec des pincettes quand il s'engouffre dans son hôtel à Tarbes. Ses équipiers aussi en ont ras la casquette. Et les jurons fusent lorsque Guimard, agacé, leur indique que le départ de la demi-étape Tarbes-Valence-d'Agen, est prévu à 8 h. Ce qui signifie qu'il faudra se lever trois heures avant, à cinq

---

28. Dans la montée du Pla-d'Adet (10 km), Bernard Hinault aura repris à Joseph Bruyère 2'25".

heures du mat, pour prendre le repas.

— Pas couché ce soir avant minuit et debout demain à cinq heures : on récupère quand ? demande en gueulant Bernard Hinault.

Et cette question, les coureurs de l'équipe Ti-Raleigh, ceux de l'équipe C&A, de l'équipe Peugeot, de l'équipe Miko-Mercier, tous les coureurs de toutes les équipes la posent. Faut gueuler, quoi ! Nous gravissons les cols, nous faisons le show, les gens sont contents. Et nous qui sommes à la planche toute la journée, nous qui bouffons du vent, nous que la pluie mitraille, nous que le soleil roue de coups, nous n'avons même pas la possibilité de récupérer, de recharger les batteries avant de repartir au turbin. Et tout le monde trouve ça normal, à commencer par les journalistes qui ne disent rien sur nos conditions de travail. Ah si Albert Londres suivait le Tour, comme il l'avait suivi en 1925 pour *Le Petit-Parisien*, il écrirait un papier pour nous soutenir. Il dirait que nous sommes traités comme des chiens, des forçats. Des forçats, c'est ça, et son papier aurait pour titre « Les forçats de la route », comme en 1925.

C'est après une trop courte nuit, à 8 heures pétantes, que les coureurs se présentent au départ de la demi-étape Tarbes-Valence-d'Agen, longue de 120 bornes, à laquelle doit succéder, dans l'après midi, la demi étape Valence-d'Agen-Toulouse, longue, elle, de 96 km. Bernard Hinault, Hennie Kuiper et Freddy Maertens font le calcul : Deux demi-étapes ! On roule toute la matinée et on arrive à midi à Valence-d'Agen. Et à Valence-d'Agen on fait quoi : on attend pendant trois heures. Ensuite on roule jusqu'à Toulouse. On se fout de nous. Si, au lieu de faire une demi-étape de 120 bornes, puis une autre de 96 bornes, on avait fait une seule étape de 216 bornes, on dormait trois heures de plus. Et ces trois heures de sommeil perdues, plus celles dont nous a privés leur fichu transfert de Saint-Lary à Tarbes, elles vont nous manquer bigrement. Ils n'imaginent pas combien elles vont nous faire défaut, ces heures de sommeil perdues. Que faire ? C'est simple, très simple : puisqu'on ne peut plus dormir à l'hôtel, eh bien on va dormir sur le vélo !

C'est donc à deux à l'heure, que le peloton rejoint Valence-d'Agen[29]. On fait les pitres, les cons, les couillons, on fait plusieurs fois le tour des places des patelins que l'on traverse, on roule dans les champs en chantant *Je m'en allais chercher les oies/Du côté de Gouilly-les-Oies/À bicyclette/Soudain qui vois-je devant moi/Une belle fille au frais minois/À bicyclette*, un tube de Bourvil datant de 1947. Et si l'on se souvenait d'Aristide Bruant, de sa *Marche du bicycliste* ! Allez, on s'en souvient, allez entonnons le refrain *Les bicyclistes/Sont des artistes/Trempés du tendon/Cambrés su'l'guidon/Courbant l'échine/Sur leur machine/Les v'la qui fil'nt dessus/V'la qu'on n'les voit plus guère/Les v'la là-bas qui fil'nt dessus/On n'les voit déjà plus…*

Les gens de Valence-d'Agen voient les bicyclistes arriver, non au sprint mais à pied. Ils sont descendus de leur machine à cent mètres de la ligne, et la franchissent en marchant, poussant leur vélo à côté d'eux. En tête de ce peloton les maillots distinctifs : Freddy Maertens, maillot vert du classement par points, Michel Pollentier, maillot à pois du meilleur grimpeur, Bernard Hinault maillot bleu blanc rouge de Champion de France. La population de Valence-d'Agen, bien que radical-socialiste, ne comprend pas qu'il s'agit d'une grève, que les coureurs se battent pour des conditions de

---

29. Jacques Goddet fera à Chalmel, représentant des coureurs, la proposition suivante : « Courez normalement les 30 derniers kilomètres et les prix seront maintenus. » Réponse des coureurs : niet !

travail meilleures, que cette marche est une marche de protestation. Aussi siffle-t-elle les coureurs, et quelques tomates viennent s'écraser sur les maillots. On retient Hinault qui s'apprête à bondir par-dessus les barrières et faire taire à coups de poing dans la figure ceux qui l'insultent. Le maire de Valence-d'Agen est furieux. Il saute sur le pied droit, tourne sur le pied gauche, lève le bras droit, fait des moulinets avec la main gauche, se tire l'oreille droite, se pince l'oreille gauche, se tord le nez, essaie de se mordre l'œil. C'est qu'il a payé très cher pour recevoir le Tour chez lui, dans sa ville, pour voir un sprint devant la mairie, une victoire de Jacques Esclassan. Mais il n'y a eu ni course, ni sprint, ni victoire d'Esclassan, juste cette mascarade, cette chienlit orchestrée par ce Hinault qui, avec son menton relevé, nargue le monde entier. Il est furieux de chez furieux, le maire de Valence-d'Agen. Il est furieux parce qu'il ne sait pas, lui non plus, qu'il s'agit d'une grève. S'il le savait, lui qui est radical-socialiste, il prendrait le parti des grévistes, séquestrerait, en leur nom, le patron, ce Jacques Goddet qui aime à se coiffer d'un casque colonial. Mais tout ça, il ne le sait pas. Hinault essaie de le lui expliquer. Il lui dit qu'il viendra, dans sa ville, après le Tour, avec tous les cadors, disputer gratuitement un critérium chez lui, mais le maire, au lieu de l'écouter, se met de nouveau à sauter sur son pied droit, à tourner sur son pied gauche, à se tirer l'oreille droite, à se pincer l'oreille gauche, à se tordre le nez, à tenter de se mordre l'œil. Alors, Hinault, hors de lui : « Monsieur le Maire, j'essaie de vous parler. Vous écoutez, et après vous pourrez répondre ! » Mais le maire de Valence-d'Agen dont la bouche libère tout un tonnerre de mots, poursuit sa chorégraphie, à la fois les Clodettes et Claude François.

La demi-étape Tarbes-Valence-d'Agen terminée et

annulée, les coureurs prennent le départ, dans l'après-midi, de la demi-étape Valence-d'Agen-Toulouse. Elle se court à fond les ballons, et, dans la ville rose, Jacques Esclassan bat au sprint Jan Raas et Freddy Maertens[30].

Ce qu'il voudrait, Bernard, c'est souffler un peu, rouler en dedans, afin de disputer dans les meilleurs conditions possible le contre-la-montre du Puy-de-Dôme. Tu pourras pas souffler, Bernard, ça va bouger dans l'étape de Superbesse, lui indique Cyrille Guimard, assis à côté de lui, le nez dans le profil de l'étape Figeac-Superbesse.

Et ça bouge en effet. Des coureurs bien placés au général sont dans chaque coup et, sur un parcours qui compte autant de bosses que de spectateurs, les équipiers d'Hinault sont contraints de se mettre à la planche. Tous. Bernard, aussi. Et Paul Wellens, de l'équipe Ti-Raleigh, après avoir franchi en tête la montée vers Saint-Anastaise classée en 2e catégorie, l'emporte détaché au sommet de Superbesse, avec une avance de 2' sur Bernard Hinault. Hinault franchit la ligne d'arrivée avec, dans sa roue, Pollentier, Bruyère et Zoetemelk. Donc, pas de changements significatifs au classement général. Arrivé 97e avec 35' de retard sur le vainqueur, le Français Hervé Inaudi, de l'équipe Jobo, est mis hors-course pour « poussettes répétées ». Joseph Bruyère, au micro qui se tend : « Je suis heureux d'avoir conservé le maillot jaune, mais que ce fut dur ! La longueur de l'étape, les difficultés m'ont détruit. Jamais je n'ai fini dans un tel état de fatigue. Ce sera donc très compliqué de garder le maillot jaune au soir du contre-la-montre du Puy-de-Dôme. »

Le Puy-de-Dôme est un volcan éteint que Jacques

30. Jacques Esclassan : « Je dois d'abord remercier Sibille qui m'a conduit dans un fauteuil dans les 150 derniers mètres. Avec le 52-12 je suis arrivé à battre Maertens. Cette victoire, je la dédie à Thévenet. »

Anquetil et Raymond Poulidor rallumèrent, le dimanche 12 juillet 1964, en escaladant, épaule contre épaule, l'interminable route en colimaçon, laquelle, soucieuse de profiter pleinement de leur présence, avait préféré, ce jour-là, ne pas les séparer.

Le Puy-de-Dôme, c'est 1 465 mètres de hauteur et 400 millions de mètres cubes de domite, sous lesquels une lave jaune comme le maillot attend de pouvoir gicler.

Qui a escaladé le Puy-de-Dôme avant Hinault ? Michel de Montaigne. Il est parvenu au sommet, contrairement à Chateaubriand qui a bâché à deux bornes du sommet. Puis, plus personne jusqu'à Fausto Coppi en 1952. Un Fausto fou qui, après avoir repris dans la montée Gino Bartali et Raphael Géminiani, finit le dernier kilomètre au sprint afin d'avaler le jeune Nolten, révélation du Tour[31].

Le contre-la-montre du Puy-de-Dôme que redoute tant Joseph Bruyère, c'est Besse-en-Chandesse-Puy-de-Dôme, soit 52,5 km dont, pour finir, les 10 km de la sucette péléenne, du haut Miko de lave dure. Bref, un truc qui va faire mal aux jambes. Et, Hinault ça va pas. Il est agacé, Hinault, agacé par ce qu'il lit dans la presse à propos de la grève de Valence-d'Agen. Certains journalistes se disent offusqués par ce qui s'est passé, et tous présentent Hinault comme le meneur, omettant parfois d'indiquer les raisons qui auront poussé tout un peloton à cesser de pédaler. Des raisons dont la direction du Tour a reconnu le bien-fondé. Donc le Hinault, il est agacé, et ne parvient pas à faire ce qu'il devrait faire : ne penser qu'à la course. Agacé, il l'est à table, et le soir, lui qui s'endort sans difficulté se tourne et se retourne dans son lit.

31. Étape Limoges-Puy-de-Dôme (245 km).

Au volant de sa 504 immatriculée 823 BPM 75, Cyrille Guimard suit Bernard Hinault dans le contre-la-montre et, tout de suite, il remarque que son coureur n'est pas dans un grand jour. Il ne parvient que rarement à trouver le bon rythme, à garder la bonne position sur son vélo. Il n'a pas les socquettes en plomb, certes, mais il n'a pas non plus la patate qu'il avait lors du contre-la-montre de Saint-Émilion.

« À mon avis, ce contre-la-montre du Puy-de-Dôme, il est parfait pour Zoetemelk. C'est Joop qui va gagner. » Qui parlait donc de la sorte, la veille de l'épreuve ? Un certain Raymond Poulidor. Et Poulidor a raison. Sur les pentes du volcan où l'on attendait surtout Michel Pollentier, c'est Zoetemelk qui fait un grand numéro sur son vélo Mercier. Il monte en souplesse, Joop, Il relance sans cesse, Joop. Il est dans un grand jour, Joop. Il a la socquette légère, Joop. Son temps : 1 h 25' 51". 1 h 25' 51" d'efforts violents. 1 h 25' 51" à se concasser le dedans.

Hinault aussi se martyrise le gésier, se torture la tripe, se scie les viscères. Mais il perd un peu plus d'une minute sur Joop. Aussitôt la ligne coupée, il descend de son vélo et disparaît dans une ambulance. On le place sous oxygène. C'est qu'il est rincé, le Bernard, rincé de chez rincé. Au sommet du volcan, Pollentier non plus ne pète pas le feu : en tête à tous les pointages intermédiaires, il a subi une panne de jambes dans les derniers kilomètres et concédé 1'7" à Joop. Il est épuisé, Pollentier, comme jamais il ne l'a été. Le volcan c'est l'enfer.

Le soir, à l'hôtel, Cyrille Guimard fait le point avec Hinault et toute l'équipe : « Soyons précis. Ce soir, certains de nos adversaires ne sont plus dans la course. Je pense à Hennie Kuiper, je pense à Mariano Martinez, je pense à Van Impe. Dans les Alpes on verra peut-être Galdos, mais ce soir, Galdos il est très loin... Le maillot jaune est toujours sur les épaules de Bruyère, et Bernard perd la seconde place au profit de Joop. Quels sont les écarts ? Bernard a un retard de 47" sur Joop, et d'1'50 sur Bruyère. Moi, je ne suis pas inquiet, loin de là. Il reste les Alpes, et il reste le contre-la-montre de Nancy. Ce maillot jaune, il est pour nous. À Nancy, je pense[32]. » Ce qu'il veut le Blaireau, c'est retrouver ses jambes de Gand-Wevelgem, du Premier pas Dunlop, du Tour d'Espagne, du Dauphiné Libéré, bref, ses jambes de Plangenoual. Pour retrouver les jambes, il faut retrouver le moral. Pour retrouver le moral, il faut gagner. C'est donc Bernard Hinault qui remporte l'étape Saint-Dier-d'Auvergne-Saint-Étienne[33], en battant au sprint sur le célèbre cours Fauriel, c'est-à-dire dans leur jardin, Sean Kelly et Freddy Maertens. Allez donc les sauter sur la ligne ces deux lascars. Allez donc secouer dans les cent derniers mètres un Maertens porteur du maillot vert du classement par points ! Ce cours Fauriel, Hinault le connaît comme sa poche. On se souvient qu'en 1977, lors du critérium du Dauphiné Libéré, il a battu au sprint, à Saint-Étienne, Eddy Merckx et Lucien Van Impe. Les Maertens, les Merckx, les Kelly, si l'on souhaite les vaincre au sprint, il faut commencer par les user. Où use-t-on des sprinteurs avant de débouler avec eux sur

32. Les 10 premiers au général au soir du contre-la-montre du Puy-de-Dôme :
1 Joseph Bruyère
2 Joop Zoetemelk à 1'03"
3 Bernard Hinault à 1'50"
4 Michel Pollentier à 2'38"
5 Joachim Agostinho à 6'20"
6 Hennie Kuiper à 7'15"
7 Mariano Martinez à 10'42"
8 Freddy Maertens à 11'29"
9 Galdos à 12'01"
10 Francisco Galdos à 12'31"

33. L'itinéraire initial prévoyait un départ de Chamalières : il a donc été réduit de 37 kilomètres par les organisateurs qui, visiblement, se soucient désormais du sommeil des coureurs. La grève de Valence-d'Agen a porté ses fruits.

le cours Fauriel ? Dans le petit col de la Croix-de-Chaubouret, juste avant d'entrer dans Saint-Étienne. C'est dans ce petit col qu'Hinault a durci la course, lessivant les sprinteurs afin de mieux les essorer entre les barrières du cours Fauriel. Le moral et l'envie d'en découdre sont revenus, et les jambes pressées d'envoyer du feu.

Les Alpes, c'est deux étapes : Saint-Étienne-L'Alpe-d'Huez le dimanche 16 juillet et, le lundi 17 juillet, Grenoble-Morzine. Neuf cols en deux jours. Du lourd. 48 h dans le dur, aussi bien pour le maillot jaune Joseph Bruyère, que pour la lanterne rouge de ce Tour 78, Philippe Tesnière, de l'équipe Fiat-France. Rendons hommage à Philippe Tesnière. Louons la lanterne rouge, car la lanterne rouge, elle aussi, fait de la lumière.

L'étape Saint-Étienne-L'Alpe-d'Huez est longue de 240,5 km. Les coureurs escaladent le premier col, celui de la République, au sommet duquel Jean-Jacques Fussien se détache. Personne ne songe à aller le chercher. Aucun des lascars ne bouge, on est si loin de l'arrivée. On est bien trop loin de l'Alpe pour lancer une escarmouche, déclencher la bagarre. La bagarre, c'est dans l'Alpe qu'elle aura lieu. Chacun disposera de 14 km et de 21 lacets pour distancer ses principaux rivaux, et s'emparer peut-être du maillot jaune, lequel, pour l'instant, est toujours sur les épaules de Joseph Bruyère. Donc on attend, on roule en s'observant, et l'on n'oublie ni de boire ni de s'alimenter. Tout à coup, dans le final du col du Luitel, Michel Pollentier attaque. Mais pourquoi s'en va-t-il à cet endroit Pollentier lui qui, de tous, est le mieux armé pour tout faire sauter dans l'Alpe ? Nul ne le sait. Pollentier non plus d'ailleurs. Car il n'a pas à proprement parler décidé d'attaquer. Ce démarrage est à l'initiative de ses jambes, une fantaisie de ses tendons, et il n'a d'autre choix, Pollentier, que de s'atteler à son tour à la tâche. À cet instant, la seule question pour les membres du groupe des leaders duquel le Belge tordu vient de s'extraire est la suivante : qui va aller le chercher ? C'est Joseph Bruyère, maillot jaune, qui devrait s'en charger. Mais Bruyère n'est pas bien, n'est pas là. Puisque Bruyère n'est plus dans la course, c'est à Zoetemelk, deuxième au général, de boucher le trou. Mais Joop, les initiatives c'est pas son truc. Zoetemelk, comme jadis Stan Ockers, est toujours dans l'échappée – et chapeau Joop, chapeau Stan ! –, mais rarement à l'origine de l'échappée elle-même. Joop, qui a de la classe, est doué pour sucer les roues, ce qui avait le don d'agacer Luis Ocaña. Donc, Joop, il ne bouge pas. Reste Hinault, troisième au général. Mais Hinault n'est pas décidé à faire le boulot de Joop. Résultat : personne ne bouge, et Pollentier, le nez dans le guidon et les reins de traviole, creuse l'écart. Il atteindra les 3'. Urgent réagir : Zoetemelk roule, aidé parfois par Hinault, jamais par Kuiper. Et c'est avec une avance de 1'58" sur le trio de chasse, que Michel Pollentier se présente au pied de L'Alpe-d'Huez.

Sur la belle route de l'Alpe, seul Pollentier est laid. Mais qu'il est efficace ! Et intelligent. Il choisit en effet de doser ses efforts, sachant qu'au sommet l'attend et la victoire d'étape et le maillot jaune. Oui, il grimpe intelligemment, Pollentier, contrairement à ce que laisse penser son corps, cette bosse que son dos dessine, ces coudes qui s'écartent, ces bras tout à coup plus longs que les pattes d'une araignée, ces genoux qui s'ouvrent, ce cuissard qu'attire la seule extrémité de la selle. Ces attitudes, cette posture ne sont-elles pas d'habitude celle du coureur guetté par l'asphyxie et cherchant au fond de lui-même quelques forces pour faire avancer la machine ? Elles sont, en toutes circonstances, celles de

Michel Pollentier. Oui, ce désordre physique, ce joyeux bordel corporel masque une efficacité que les chronos, eux, ne perdent pas de vue. Car l'écart sur le trio, ne diminue pas. Il monte bien, Pollentier, disent les chronos. Et l'écho de répéter : bien, bien, bien.

Maintenant observons le trio ! Deux de ses membres connaissent parfaitement les 21 lacets : Joop Zoetemelk et Hennie Kuiper. Le premier a triomphé au sommet de l'Alpe en 1976, le second en 1977. D'autres Hollandais, Steven Rooks, Gert Theunisse, s'imposeront au sommet de l'Alpe devenue la montagne des Hollandais[34]. Hinault se mesure à cette route pour la première fois et, tout de suite, il impose un tempo soutenu. Il s'agit bien sûr de réduire l'écart sur Pollentier mais, en même temps de secouer Zoetemelk. Lequel est lui aussi d'humeur offensive. Il souhaite en effet boucher le trou sur Pollentier et mettre en difficulté un Bernard Hinault qui, à Nancy, lors du contre-la-montre, pourrait faire un gros truc. Donc ça accélère, ça bouge, ça secoue, Hennie Kuiper observant le spectacle dans la roue des duettistes.

Hinault à la manœuvre, montant, tantôt assis, tantôt en danseuse, le buste au-dessus du guidon. La bouche s'ouvre, les dents sortent. Hinault, tout le corps au travail, répétant les accélérations, les efforts. Et les efforts que Bernard déploie paient : l'avance de Pollentier se réduit de plus en plus. Hinault, c'est du costaud : les Pyrénées ont montré qu'il était capable de contrôler la course dans les portions cambrées, les Alpes révèlent qu'il peut dans les pourcentages les plus durs reprendre du temps à un grimpeur chevronné.

Hinault se sort les tripes, et c'est un Pollentier se battant avec sa machine, les coudes ouverts comme

34. Le record de la montée de l'Alpe-d'Huez appartient à Marco Pantani : 37'35".

des ouïes et perdant sa casquette, qui franchit la ligne d'arrivée avec une avance d'à peine... 37" sur Kuiper. Sur Kuiper, Sur Hennie qui, après avoir sucé la roue d'Hinault pendant 13 bornes, a placé une attaque dans le dernier kilomètre...

Les calculs ayant été faits et les bonifications attribuées, le classement général est désormais le suivant : premier Pollentier, avec 4 petites secondes d'avance sur Joop Zoetemelk, lequel perd donc son maillot jaune. Et troisième Bernard Hinault avec 18 petites secondes de retard sur le champion belge.

Bernard peut se réfugier dans la voiture de Cyrille Guimard, satisfait : il a beaucoup bossé, et son boulot a porté ses fruits. Une seule chose à faire maintenant : rejoindre au plus vite l'hôtel.

Bernard Hinault est à table, avec ses équipiers, en train d'engloutir des pâtes lorsqu'un journaliste qu'il connaît fort bien s'approche de lui. Hinault fait mine de pester : « Les micros, c'est terminé, je bouffe, merde... » Le journaliste sourit et dit : « Je ne viens pas pour une interview, Bernard, je viens te donner une info. »

— C'est quoi ton info ? demande Hinault

— Michel Pollentier vient d'être exclu du Tour.

Le journaliste qui a récupéré une chaise, s'assied à côté d'Hinault. Il lui raconte, à lui et à ses équipiers qui tous ont posé leur fourchette, que Michel Pollentier s'est fait pincer au contrôle antidopage. Il portait un T-shirt, le médecin lui a demandé de le relever. Il lui a également demandé de baisser son cuissard, et il a tout découvert : Pollentier avait une poire remplie d'urine propre dissimulée sous le bras, la poire reliée à un tuyau, le tuyau sous la bite. Voilà.

Hinault est abasourdi. Les journalistes, eux, sont

furieux : ils doivent refaire leurs papiers, les rédactions attendant le récit détaillé d'une affaire qui résonne comme un coup de tonnerre dans les hôtels où les équipes sont descendues...

On rira, à presse déployée, de Michel Pollentier. On racontera la nouvelle blague belge, celle de la poire, du pipi et du tuyau. On ne rate jamais l'occasion en France de se moquer d'un sportif. Et le milieu du vélo, comme à chaque fois qu'un coureur est pris la main dans le pot de soupe salée, sera sans pitié avec Pollentier. Une nouvelle blague belge ! Mais Pollentier n'est pas l'inventeur du système artisanal auquel il a eu recours. Que craignait-il Michel Pollentier au sommet de l'Alpe ? Que l'on trouve dans ses urines des traces d'Alupen[35], médicament améliorant la respiration connu des asthmatiques. Dans sa chambre, à l'hôtel des Cimes, Michel Pollentier est assis sur son lit, sa valise ouverte à ses pieds. Sur ses épaules, une veste de survêtement de l'équipe Flandria, son maillot de champion de Belgique. Ce maillot, contrairement au maillot jaune qu'il n'aura porté que deux heures, aucun commissaire ne lui demandera de le retirer. Au moment où Pollentier s'apprête à quitter le Tour pour, dit-il, n'y revenir plus jamais, à l'heure où, dans les pages sportives des journaux, on lui consacre des articles assassins, rigolards et dégoulinant de moraline[36], rappelons que le vilain petit canard au croupion d'acier a remporté, outre le championnat de Belgique, la Flèche de Sint-Pieters-Leeuw, le trophée Baracchi avec

---

35. Jean-Paul Vespini, *Le grand roman de l'Alpe-d'Huez*, page 65, Éditions Romillat, 1995.

36. Antoine Blondin refuse, lui, de participer à la curée : « Notre-Dame de Paris à connu son Quasimodo ; Notre-Dame des Neiges a vu le sien se faire sonner les cloches. Nous ne lui reprochons rien. Au-delà des adjuvants éventuels, la performance physique était superbe, d'autant plus qu'elle était inutile en fonction même des règlements qui la condamnaient. »

Freddy Maertens ou la course de côte de Montjuich, le Tour de Belgique, le Tour de Suisse, et le Tour d'Italie auxquels viendront s'ajouter, le critérium du Dauphiné Libéré et le Tour des Flandres.

Michel Pollentier prend le train pour la Belgique et Bernard le départ de la deuxième étape des Alpes, Grenoble-Morzine longue de 225 km proposant 7 ascensions pas piquées des hannetons :

- col de Porte
- col du Cucheron
- col du Granier
- col de Plainpalais
- col de la Colombière
- col de Joux-Plane

Le Tour pourrait se jouer sur ces pentes interminables. C'est sans doute ce que se sont dit ces Bretons venus en nombre encourager le môme d'Yffiniac. À chaque lacet claque le Gwenn ha du, le drapeau breton avec ses neuf bandes horizontales noires et blanches et son canton supérieur de couleur blanche parsemé d'hermines. Et sans doute le vent chante-t-il des chansons de Glenmor, de Gilles Servat ou d'Alan Stivell : « La voilà la Blanche Hermine vive la mouette et l'ajonc/ La voilà la Blanche Hermine vive Fougères et Clisson... » Oui, aussitôt le départ donné le vent dit à Bernard que la Bretagne est venue avec ses ports, ses vagues, ses arbres, ses pierres et tous ses habitants. Et tous ses habitants vont scander son nom, l'aider à monter jusqu'à Morzine, longue poussette exécutée à coups de glotte, autorisée celle-là par le règlement contrairement à la poussette manuelle[37].

---

37. Plusieurs coureurs de l'équipe Peugeot avaient été exclus du Tour pour « poussettes à répétition » dans la montée de l'Alpe-d'Huez : Jean-Pierre Danguillaume, Régis Ovion, Bernard Bourreau, de l'équipe Peugeot. Également Patrick Perret, de

On attend donc, entre Grenoble et Morzine, un duel au couteau entre Bernard et Joop. Mais c'est Hennie Kuiper qui, soucieux de marquer de son empreinte cette ultime étape alpestre, ouvre le feu le premier. Il franchit en tête le sommet du Cucheron, puis celui du Granier. Il a la socquette légère, Hennie. Il aura profité de l'étape de repos pour recharger les accus. Le voilà parti, Hennie, et le voici qui tombe dans la descente du col du Granier, se fracture la clavicule, monte dans l'ambulance et quitte le Tour.

Très vite, dans cet embouteillage de pentes, il n'y a plus de peloton, juste des grappes de coureurs, des petits paquets épars, chacun grimpant comme il le peut. Hinault et Zoetemelk, eux, figurent dans le groupe de tête. Très vite, l'on comprend qu'il ne se passera rien dans cette étape si dure. Zoetemelk, maillot jaune, attend qu'Hinault l'attaque, et Hinault garde à l'esprit ce que Cyrille Guimard lui a dit au départ : « Zoetemelk, tu ne l'attaques que s'il a un coup de moins bien. Y'a souvent des coups de moins bien un lendemain d'étape de repos. Si c'est le cas, tu le zigouilles. Sinon, rien : le maillot jaune c'est à Nancy que tu le prendras. »

Zoetemelk n'a pas de coup de moins bien. Tous ses Bretons seraient-ils donc venus pour rien dans ces cols redoutables ? Ces drapeaux bretons claqueraient-ils sans raison dans le vent de la montagne ? Nullement ! Car un Breton vient d'attaquer. C'est Christian Seznec, de l'équipe Miko-Mercier. Il est né à Brest, le 19 novembre 1952, Christian Seznec. Dans son patronyme, toute une affaire, l'affaire Seznec qui passionna la Bretagne et la France tout entière, celle de Joseph Marie Guillaume

---

l'équipe Miko-Mercier, Pierre Bazzo, de l'équipe Lejeune-B.P, Dante Coccolo, et Ferdinand Julien, de l'équipe Jobo-Superia. À la demande de Maurice De Muer, directeur sportif des Peugeot, ils seront tous repêchés par les commissaires.

Seznec, né le 1er mai 1878, à Plomodiern, dans le Finistère, reconnu coupable du meurtre de Pierre Quéméneur, conseiller général du Finistère, et condamné en 1924 aux travaux forcés à perpétuité. Joseph Marie Guillaume Seznec clamera toujours son innocence et refusera en 1933 la grâce présidentielle. Le Plainpalais, la Colombière, Joux-Plance, c'est pas Cayenne, OK, mais Seznec, « forçat de la route », pour reprendre l'expression fameuse d'Albert Londres, trime comme un galérien, tirant sur sa chaîne, se concassant les os. Et c'est au bout de 7 h 13'34" de selle que Christian Seznec l'emporte au sommet de Morzine. C'est bon pour sa pomme. C'est bon pour sa formation Miko-Mercier qui conforte sa place de leader au classement par équipes. Il faudra attendre 9 bonnes minutes pour voir arriver, roue dans roue, Bernard Hinault et Joop Zoetemelk. Derrière Joop et Bernard se pointe ce cher Joachim Agostinho. La troisième place au général est pour lui. Et Philippe Tesnière, de l'équipe Fiat et lanterne rouge de son état, dans quel état est-il ? Il a connu des jours meilleurs sur son vélo Mercier, le mec Tesnière. Il franchit la ligne en dernière position avec un retard de 52'30" sur Christian Seznec[38].

Alpes et Pyrénées passées, le maillot jaune se conquerra à Nancy lors du contre-la-montre individuel Metz-Nancy, long de 72 km. Assis sur son lit, Bernard

---

38. Durant sa chevauchée, Christian Seznec est accompagné de René Bittinger, coéquiper au sein de l'équipe Velda-Lano-Flandria, de Freddy Maertens et de Joachim Agostinho. Après avoir passé en tête les cols de Plainpalais et de la Colombière, il perd pied dans la montée de Joux-Plane, victime d'une terrible fringale. Il franchit la ligne d'arrivée avec un retard de 12'16" sur Christian Seznec.
Né à Villé, dans le Bas-Rhin, le 9 octobre 1954, René Bittinger est professionnel de 1977 à 1985. Vainqueur d'une étape du Tour d'Autriche en 1977, il remporte l'étape Fleurance-Luchon (225 km) du Tour de France 1979. À son palmarès également le Tour du Limousin en 1980 et, en 1982, l'étape Grenoble-Voiron du critérium du Dauphiné Libéré.

feuillette un mag. On frappe à la porte, il dit Entrez : c'est Jacques. Jacques Anquetil. Comme à Ostuni, lors du premier championnat du monde sur route auquel Bernard participait, Jacques s'assied au pied du lit. Et Bernard aussitôt de s'asseoir par terre, face à lui, adossé au mur.

— Tu gagnes aujourd'hui, môme. Aujourd'hui, c'est toi...

— Y'a Joop, tu sais. Il a le maillot et il part après moi.

— Tu l'auras, tu l'auras.

— Je l'aurais... C'est surtout lui qui m'a eu dans le chrono du Puy-de-Dôme.

— C'était son terrain, plus que le tien, en tout cas ce jour-là... Joop tu vas le dévorer. N'oublie pas les temps.

— Quels temps ?

— Les temps du contre-la-montre de Saint-Émilion, pardi. Il a dû te les redonner, Guimard, je pense. À Saint-Émilion, en 59,3 km tu lui mets 59 secondes dans la vue. Et là, il n'a que 14 secondes d'avance, et y'a 72 bornes. Et je pense que tu es plus frais que lui. Et puis, tu n'as aucune question à te poser, môme. La tactique, c'est pas compliqué, y'en a qu'une, môme.

— C'est quoi, la tactique, Jacques ?

— Tu la connais aussi bien que moi : dans un contre-la-montre, il faut partir à fond, accélérer au milieu et finir au sprint.

Tous deux éclatent de rire.

Maintenant le Tour, je vais le gagner, ici, à Nancy. Le maillot, je vais le prendre ici, à Nancy. Ça fait deux ans que je me prépare à ce rendez-vous, deux ans que je ne pense qu'à ça. Tous les cols que j'ai escaladés, tout le ruban que j'ai bouffé, toute la pluie qui m'a frigorifié, tout le vent que j'ai affronté, toutes les pâtisseries dont je me suis privé, tout le soleil qui m'a matraqué, tous les maillots que j'ai mouillés, tout ça c'était pour être au top à Nancy. Pour m'élancer de Nancy avec un braquet de 56-12. Moi qui, à Ostuni, en 1976, avais été époustouflé par le 53-12 qu'utilisait Freddy Maertens, je me pointe au départ avec un 56-12. Qui peut enrouler un truc pareil ? Moi Hinault, moi le Blaireau, le mec qui, à Yffiniac, sprintait dans les côtes pour distancer les camions. J'en ai cassé du poids lourd, moi, à Yffiniac. Leurs leviers de vitesses vibraient, ils lâchaient de la fumée noire, et moi je m'en allais, et j'étais heureux. Plus fort que les camions, plus fort que les autos, plus fort que tous les mecs à dossard à Planguenoual, ailleurs, partout !

Je pars, les gens m'applaudissent, applaudissent ce maillot bleu blanc rouge que je porte depuis le départ du Tour, ce maillot de champion de France sur lequel glissera tout à l'heure le maillot jaune.

Je pars à fond comme a dit Jacques, enroulant mon braquet monstrueux. Les tendons sont OK, les cuisses sont OK, le dos est OK, ça tourne, ça envoie, j'ai du feu dans le buffet, mes dents déchirent la peau du vent, mon œil fixe le goudron rêche et j'avale tout : l'asphalte, les graviers, les virages, les portions de droite, les minces bosses, les panneaux de signalisation, l'herbe des talus, la poussière, les baguettes de bas de caisse des voitures garées le long de la route , les rétroviseurs extérieurs, les enjoliveurs, les gens autour des voitures, les casquettes qu'ils portent, les cris d'encouragements qu'ils poussent, les banderoles qu'ils brandissent.

Je suis parti à fond, je roule et tout va se jouer, non entre Joop et moi, mais entre ma douleur et moi. Elle est déjà là, elle va peu à peu s'emparer de chaque parcelle de mon corps, de chacun de mes muscles, de chacun de mes tendons, de la totalité de ma gorge et de mes poumons. Quand elle sera vive, la tentation sera grande de lever le pied pour que le tourment diminue : je ne lèverai pas le pied. Je ne lève pas le pied, deux ans que je m'entraîne, que je roule pour enrouler ce braquet de dingue, et j'enroule ce braquet de dingue, je l'enroulerai jusqu'à la ligne d'arrivée. Elle est forte, ma douleur, mais je suis plus fort qu'elle, plus têtu qu'elle. Elle ne viendra pas à bout de moi, de Bernard Hinault d'Yffiniac. Aujourd'hui elle va découvrir qui je suis, la douleur. Elle va apprendre que je suis aussi résistant que les rails que mon père pose pour la SNCF. Je suis un rail, une traverse, et je résiste aux locomotives les plus lourdes, les plus nerveuses, ces BB lancées à fond les ballons sur la terre bretonne. Une locomotive ne me fait pas peur. Ce n'est donc pas une petite douleur qui va m'empêcher de faire mon boulot d'Hinault. J'ai parlé de locomotive, et je suis une locomotive. J'aimerais que mon père me voie rouler, secouer les aiguillages, filer vers la gare de Nancy. Il serait fier de moi, mon père. Je lui avais dit À toi les rails à moi les routes, et voici que je transforme les routes en rails, et que, stable sur ces rails lorrains, je file comme une flèche. Il serait fier de moi, mon père. Il soulèverait, du bout de son index la pointe de sa casquette, et ce petit geste vaudrait tous les bravos du monde. J'aimerais que mon père me voie faire vibrer les barrières des passages à niveau, remplir de souffle et de fureur les minuscules gares dans lesquelles aucun arrêt n'est prévu. J'aimerais que ma mère me voie. Elle sourirait du sourire de Planguenoual, le sourire de mon premier bouquet, le bouquet pour elle. Parce que ma mère, son fils, faut voir comme il pédale, le champion que c'est, son fils. Ma mère lavant mes maillots, les mettant à sécher sur l'étendoir, surtout celui du Premier pas Dunlop parce qu'il était bleu blanc rouge. Elle le lavait même quand il était propre, juste pour l'étendre et voir le facteur ralentir devant chez nous. Il ralentissait pour le regarder et maman, derrière la fenêtre, murmurait : « C'est le maillot de mon fils. »

J'appuie sur les pédales avec mes pieds, mes tendons, mes muscles, ma tête, toute ma viande, et dans toute ma viande y'a toute la sève des arbres de Bretagne, toute la fougue de la mer boxant nos vieilles roches, toute la résistance de nos vieilles roches, la solidité de nos phares.

Parti à fond, j'accélère au bout de 30 bornes, et les dix dernières, je les fais au sprint : j'ai le maillot.

Il faut maintenant donner la parole aux chronomètres. Hinault a roulé à 43,424 km de moyenne. Zoetemelk qui, au départ, avait 14" d'avance sur Hinault et le maillot jaune sur les épaules se classe 9e de l'épreuve à 4'10". Joseph Bruyère, qui portait le maillot jaune dans les Pyrénées, se classe second à 1'01".

Le dimanche 23 juillet, vêtu du maillot jaune et encadré par ses équipiers, Bernard Hinault roule sur les Champs-Élysées de Bretagne. Car les Champs-Élysées sont bretons. Ils sont venus, ils sont tous là. Ceux d'Yffiniac et de Saint-Brieuc. Ceux de Dinan et de Sain-Malo. Ceux de Lannion et du Cap Fréhel. Ceux de Pléneuf-Val-André et de Loudéac. Ceux de Plouaret, et tous ceux qui à Planguenoual l'ont vu remporter sa première course. Sur les Champs-Élysées, ce dimanche 23 juillet 1978, les drapeaux sont bretons. Dans les gosiers les chants sont bretons. Et breton le vin dans les gourdes. La Bretagne attendait ce sacre depuis le 14 juillet 1959. Ce jour-là, au sommet du col de l'Iseran (2 770 mètres), Louison Bobet, triple vainqueur du Tour (1953, 1954, 1955), descendait de son vélo, revêtait un imperméable et, escorté par Gino Bartali descendu de sa voiture, mettait un terme à sa carrière. Et la Bretagne applaudit le successeur de Bobet. Elle aura applaudi à tout rompre, depuis 1959, les coureurs bretons qui se sont illustrés sur les routes du Tour, les Jean Gainche, les Pipelin, les frères Groussard – Joseph et Georges –, les Jean-Pierre Genêt, les Cyrille Guimard. Mais ce qu'elle voulait, la Bretagne, c'est que déboule un mec dictant sa loi au peloton, régnant sur tous les sommets. Et ce mec, il est là, elle le voit, il lui donne de la joie.

Descendu de son Gitane, Bernard Hinault se dirige vers les gens d'Yffiniac qui, derrière les barrières, font un maximum de bruit. Il serre des mains, sourit, remercie. C'est tout son pays qui est venu à sa rencontre. Il s'est battu comme un beau diable pendant trois semaines, loin de sa terre, loin des siens. Et sa terre, et les siens, ils sont là. Ces visages qu'il connaît, tous inondés de joie, effacent sur le sien toute trace de fatigue. Ces gens-là lui massent le cœur comme Joël Marteil, dans quelques heures, lui massera les jambes, le cou, le dos. Maintenant, il doit les laisser : il est attendu par le protocole. Il les saluera du haut du podium. Il les quitte à reculons pour profiter le plus longtemps possible de leurs visages, pour entendre crépiter leurs applaudissements.

Sur le podium, Hinault lève les bras. Et, pendant qu'il salue la Bretagne et Paris, Pierre Chany tape sur sa machine à écrire : « La victoire de Bernard Hinault est également celle de toute une équipe et, plus encore, celle d'une méthodologie ouverte aux techniques de pointe, pour ce qui concerne la préparation physique et la mise en condition psychologique. On estimait que Guimard, imposant des stages à ses hommes, les plaçant sous le contrôle permanent de la Faculté, venait de donner une leçon aux empiriques et à ceux qui ne parviendraient peut-être jamais à sortir de leur train-train. Car le succès de l'ancien champion, par Hinault interposé, provenait tout à la fois de son savoir et des carences révélées par une partie de l'opposition[39]. »

Les maillots, les trophées, les bouquets ayant été remis, les discours ayant été prononcés, les louanges ayant été tressées, Bernard prend place, aux côtés de son cousin René, dans la Renault qui le conduit non pas chez lui, mais à travers la France, courir divers critériums. La liste des critériums auxquels Bernard, vainqueur du Tour, doit participer est copieuse. Elle a été montée par son agent Roger Piel[40]. Bernard remporte le critérium de Camors, de Hénon, de la Châtaigneraie, de Callac, de Plessala, de Plancoët, de Neufchâtel-en-Bray, de Lannion, de Saint-Gilles-Croix-de-Vie, de Maël-Pestivien, de Roanne, de Pontoise, du Creusot, et se classe second du critérium de Ploërdut, de Concarneau, de Lamballe, de Bain-de-Bretagne, de Poigny-la-Forêt, de Niort, quatrième du critérium de Brest, de Lampaul-Guimiliau, neuvième du critérium des Herbiers. Assis dans la Renault sur le siège avant passager, le vélo dans le coffre, sa valise sur la banquette arrière, il ne parle pas. Par la vitre de la portière, il regarde le paysage, les champs, les bosquets, les haies qui se succèdent, les collines, les bêtes qui paissent. Il se dit que dans sa vie il y a le vélo qui le comble de joie et la nature qui l'apaise.

Et la nature, c'est les Poteries, ces 3 600 m² de terrain qu'il a achetés, au Quessoy, avec Martine, et sur lesquels ils ont fait bâtir leur maison. Le Quessoy, c'est le village de Martine. Mais comment choisit-on un terrain ? En

---

39. Cité par Jean-Paul Ollivier, *Bernard Hinault*, collection « La Véridique Histoire », Éditions Glénat, 1998.

40. Roger Piel et Daniel Doucet sont les deux agents auxquels les coureurs confient leurs intérêts. Ils leur décrochent notamment des contrats d'après Tour, les coureurs leur reversant 10% de leur cachet. À l'époque le coureur et son agent ne sont pas liés par un contrat : la parole suffit. Un bon agent est celui qui décroche le maximum d'invitations.

consultant le père Hinault, chanoine de l'évéché de Saint-Brieuc, chargé par l'évêque, de l'entretien ou de l'acquisistion des biens de l'évêché. Longtemps Bernard l'a accompagné dans ses tournées, l'aidant lors de déménagements ou d'inventaires. Le chanoine, il sait reconnaître si une maison est saine, si une terre n'est pas trop humide. Bernard lui a montré divers endroits où il songeait acheter et s'installer. Et le chanoine a dit à plusieurs reprises : Là, n'y va pas... Là pas question. » Quand Bernard lui a montré les Poteries, il a marché sur la terre, tripoté l'herbe, regardé les arbres et dit : c'est parfaitement sec, pas de voisin, c'est parfait ! Et Bernard et Martine ont acheté. En 1976. Ils ont engagé un maître d'œuvre qui a bâti la maison : un grand sous-sol, lambrissé par Bernard, avec la buanderie, la cave à vin, une salle de massage servant également de bureau, et l'atelier de mécanique ; un rez-de-chaussée comprenant un salon-salle à manger donnant sur une terrasse, une chambre ; l'étage où l'on dort, et auquel on accède par un bel escalier en bois. Et sur le toit, fierté du vainqueur du Tour, des tonnes d'ardoises. Des tonnes d'ardoises d'Angers récupérées grâce au chanoine. Avant de les poser, le charpentier a dû renforcer la totalité de la charpente. Que toutes les pluies de Bretagne déversent leurs tombereaux de gouttes sur le toit d'Hinault, que tous les vents de Bretagne secouent le toit d'Hinault, le toit d'Hinault ne bougera pas. Le toit de la maison de Bernard Hinault est aussi costaud que Bernard Hinault lui-même. Si ça lui chante, si ça l'amuse, le vent, un jour de tempête, peut aussi boxer le portail en fer forgé de la maison du Blaireau. Chaque battant pesant près de 400 kilos, le vent, d'où qu'il vienne, et quelle que soit sa force, se verra contraint de jeter l'éponge.

9

Pendant que les Anglais – Madame Thatcher aménageant au 10 Downing Street –, se préparent à morfler, pendant que le Pape Jean-Paul II fait une virée au Mexique et que le prix du pétrole ne cesse de flamber, Cyrille Guimard continue de bousculer les habitudes, sinon du peloton, du moins de son équipe. Piel, l'agent de Bernard, c'est un gars bien, OK, mais l'équipe a-t-elle besoin de lui ? Pourquoi avoir recours à une personne extérieure à Renault-Gitane, pour s'occuper des contrats d'après-tour, des critériums ? Un agent, un manager est indispensable : choisissons-le nous-mêmes. Et qu'il s'occupe de chacun des coureurs. Car obtenir des contrats pour Hinault, ce n'est pas compliqué : tous les organisateurs de critériums le veulent sur la ligne de départ avec son maillot jaune. Mais les équipiers de Bernard, eux, qui les invite ? Le manager veillera à ce que tous les équipiers puissent courir les critériums. Et son discours sera : vous voulez Hinault, d'accord, mais Hinault viendra avec deux de ses équipiers, sinon, il ne viendra pas. René Hinault, le cousin de Bernard, ce cousin présent à ses côtés depuis Planguenoual, devient le manager de l'équipe Renault-Gitane. Il a un bureau à Temple de Bretagne, chez Guimard, et Josette, l'épouse de Cyrille, devient sa secrétaire.

Avec Guimard, tout a changé, tout change, notamment la manière de rémunérer les coureurs :

« Dans le cyclisme professionnel, chaque coureur a

trois sortes de revenus : son salaire, les gains obtenus dans les courses, la notoriété qu'il peut acquérir en se faisant remarquer et qu'il négocie quand sonne l'heure des critériums.

Dans ces conditions, le petit coureur trouve plus souvent avantage à travailler pour lui que pour l'ensemble.

« C'est ce que j'ai voulu éviter chez nous en créant un système assez révolutionnaire où toute l'équipe est intéressée directement au succès d'un équipier, qu'il s'appelle Hinault, Bertin, Berland ou Bernaudeau[41]. »

Ce qu'il veut Guimard, c'est disposer de la meilleure équipe, c'est-à-dire les meilleurs coureurs autour d'Hinault, le meilleur matériel – les tubes profilés des cycles Gitane –, la meilleure préparation. La Régie Renault met à sa disposition ses ingénieurs, notamment le professeur Ménard, ingénieur en ergonomie. On fait des essais en soufflerie. Ce qu'il faut trouver, c'est la position idéale sur le vélo. Elle doit être à la fois une position aérodynamique et, en même temps, une position de repos pour le cœur. Le Hinault, les ingénieurs et les experts, les ergonomeurs et les anatomistes, les spécialistes du mollet et de la cuisse, du bréchet et du gésier, des ailes et des poumons, tous l'examinent. Conclusion : tout est normal sauf les tibias. Chez un individu normalement constitué, le tibia et le péroné ont la même longueur. Pas chez Hinault. Comme chez le blaireau sans doute, les tibias d'Hinault sont plus longs que les péronés. Deux centimètres de plus. Deux centimètres dont il faut tenir compte lors de la fabrication du cadre. La machine sort des ateliers :

– hauteur du cadre : 53,5 cm
– longueur du cadre : 56,5 cm (au lieu de 53,5 cm)

41. Cyrille Guimard, avec Bernard Pasquito, *Un vélo dans la tête*, Éditions Solar, 1980.

– hauteur de selle : 73,4 cm

– recul de selle : 8 cm (8,6 cm pour un contre-la-montre)

La machine rutile, rugit. Il n'y a plus qu'à l'enfourcher. Et à gagner le Tour de France 1979.

Rien ne ressemble plus au Tour 78 que le Tour 79. Sur le podium des Champs-Élysées en effet les trois mêmes champions : Bernard Hinault, maillot jaune, Joop Zoetemelk deuxième, et Joachim Agostinho troisième.

Ceux qui, au sein de l'équipe Renault-Gitane, entourent Bernard Hinault, sont des costauds. Il y a – le mot est du Blaireau lui-même –, les « machines à rouler » : Maurice Le Guilloux, surnommé « La santé », plus résistant que lui tu meurs ; les Pyrénéens Hubert Arbes et Bernard Becaas[42] qu'aucun effort n'effraie ; André Chalmel, grand bouffeur de ruban devant l'éternel. Il y a ceux qui roulent et grimpent, Gilbert Chaumaz et Lucien Didier, capables de « faire le pied du col », c'est-à-dire de préparer l'attaque du Blaireau. Il y a Pierre-André Villemiane, authentique grimpeur, pouvant accompagner Bernard jusqu'au sommet. Et il y a Jean-René Bernaudeau, excellent lors des chronos, ultra bon en montagne, capable de prendre la course en main en cas de défaillance du leader.

Ce Tour de France 79, il a une drôle d'allure, en fait. Il part de Fleurance, dans le Gers, rejoint Bordeaux. À Bordeaux, on descend de vélo, on monte dans un train spécial à bord duquel on se restaure et l'on se fait masser, on rejoint Neuville de Poitou, puis la Bretagne,

42. Né le 23 mai 1955 à Oloron-Sainte-Marie, Bernard Becaas trouve la mort, près de chez lui, à Lasseube, lors d'un accident de moto, le 25 août 2000. Amateur de 1970 à 1977, il remporte pas moins de 80 victoires, notamment Paris-Rouen et le Grand Prix de Nice. Professionnel au sein de l'équipe Renault-Gitane, aux côtés de Bernard Hinault puis de Laurent Fignon, il remporte notamment Châteauroux-Limoges, ainsi que le contre-la-montre par équipes du *Giro* 1982.

Bruxelles, le Ballon d'Alsace, les Alpes, et remontée sur Paris par Auxerre.

Une drôle d'allure, car, au sortir du contre-la-montre individuel disputé à Fleurance, on attaque les Pyrénées. Dans le dur d'entrée. Les pentes sous les jantes tout de suite. Ce parcours original ne perturbe en rien Bernard Hinault qui, enfilant ses gants de course, lâche à la presse : « Je vais gagner, c'est tout. Si tu te dis que tu peux perdre, l'autre commence déjà à t'imposer sa loi. Mais je pars du principe inverse : je me dis que je suis le plus fort. J'agis et je parle en conséquence. »

Ayant parlé, il agit. Entre Fleurance et Luchon d'abord, dans les cols du Menté et du Portillon ensuite, rappelant aux grimpeurs comme Michel Pollentier qu'il est chez lui dans tous les lacets. Le maillot jaune, à Luchon, il est sur les épaules de Jean-René Bernaudeau.

Les Pyrénées encore : Luchon-Superbagnères, un contre-la-montre individuel en montagne, long de 23,9 km[43]. Et c'est Hinault qui s'impose et prend le paletot après avoir assisté au fléchissement de son principal rival Joop Zoetemelk.

Tout est clair. Hinault, il est terrible, intenable. Et il s'impose à Pau, après avoir durci la course dans le premier col, le Peyresourde. Dans Aspin, dans le Tourmalet, dans le col d'Aubisque, les grimpeurs, les rivaux – Battaglin, Baronchelli, Kuiper, Agostinho, Martinez et Pollentier – n'auront vu que sa roue arrière.

Et l'on se dit que le Tour est plié[44]. Et l'on se dit que

---

43. Luchon-Superbagnères, contre-la-montre, était au programme du Tour en 1962. Federico Bahamontès s'était imposé.

44. Hinault se paie même le luxe de n'en faire à qu'à sa tête. Lors de l'étape Neuville-De-Poitou-Angers, il attaque, alors qu'il porte le maillot jaune, il attaque au bout de huit kilomètres de course, obligeant les Ti-Raleigh de Jan Raas à se mettre à la planche. Cette fantaisie agace le peloton et Cyrille Guimard : « Bernard a été ridicule, insensé. Quand on est Maillot jaune, les fantaisies, on les laisse aux autres... » Celles et ceux qui l'applaudissent sur le bord de la route depuis Planguenoual l'aiment aussi parce

Hinault, comme Jacques Anquetil en 1961, va garder le maillot jusqu'à Paris. Mais la malchance, « La sorcière aux dents vertes » l'attend dans le Nord, entre Amiens et Roubaix, sur ces routes de l'Enfer du Nord qu'il ne porte pas dans son cœur. Il crève à l'entrée des secteurs pavés. Il peste : « Putain de pavés ! ». Il grogne : « Connerie de pavés ! ». Et il a la haine. La haine contre ce Dietrich Thurau, leader de l'équipe Ijsboerke-Warncke, et son équipier Ludo Delcroix qui profitent de sa crevaison pour attaquer. Pendant qu'un groupe au sein duquel figure notamment Zoetemelk s'échappe, Bernard Hinault est secouru par Lucien Didier qui lui passe sa roue. Pour Hinault la chasse commence. Elle dure pendant 30 kilomètres sur ces pavés à la con, et personne ne le relaie. Mais pourquoi irait-on relayer ce maillot jaune qui a secoué sans raison le peloton lors des premiers kilomètres de l'étape Neuville-de-Poitou-Angers ? Qu'il se démerde avec son maillot de leader, qu'il se débrouille tout seul pour le garder. Les fuyards, il les a donc rejoints, mais parmi eux, y'a pas Zoetemelk. Zoetemelk est dans un autre groupe sur lequel il va falloir maintenant revenir. Les mains serrant le bas du guidon, la figure couverte de poussière, mal partout, mal tout le temps, Hinault roule, roule, aidé par personne. Et si, cette fois, personne ne le relaie, c'est que personne ne peut tenir sa roue. C'est une moto jaune qui fonce vers Roubaix. Une moto jaune qui ne parviendra jamais à rejoindre Zoetemelk. Le retard du Blaireau dépasse les 3 minutes. Joop s'empare du maillot jaune. Hinault descend de son vélo et Jacques Anquetil s'empresse de le féliciter. Hinault disparaît. Les micros entourent alors Jacques Anquetil :

---

qu'il est « insensé ».

— Vous venez de féliciter Hinault, or il vient sans doute de perdre le Tour !

— Je crois surtout qu'il vient de le gagner.

— En concédant 3'24" à Zoetemelk ?

— En ne lui concédant que 3'24". S'il n'était pas un super champion, s'il n'était pas en super forme, dans de telles circonstances, son retard aurait été beaucoup plus important, à mon avis autour d'un quart d'heure. Et il n'est que de 3'24". Ce soir, à Roubaix, Bernard Hinault vient de remporter son deuxième Tour de France, croyez-moi.

C'est pour montrer que Jacques Anquetil a toujours raison que Bernard Hinault s'empare du maillot jaune dans la montée d'Avoriaz, lors du contre-la-montre individuel Évian-les-Bains-Avoriaz. À Avoriaz, le Blaireau fait son festival. Et pour ses rivaux, c'est l'horreur. Zoetemelk perd 2'37 et rend le maillot. Agostinho, troisième, concède 3'15. Van Impe, Battaglin et Kuiper sont à plus de 4 minutes. Thurau à 5'34". Le Blaireau continuera à mordre dans les Alpes, avant de l'emporter à Dijon, puis à Nogent-sur-Marne, puis aux Champs-Élysées. Hinault remporte son deuxième Tour de France et, avec son équipe, rafle tout. Sur 24 étapes les Renault-Gitane en remportent 8 : 7 pour Bernard Hinault[45], 1 pour Pierre-Raymond Villemiane[46]. Comme le maillot jaune ne lui suffit pas, Hinault s'empare également du maillot vert du classement par points. René-Bernaudeau se voit remettre à Paris le maillot blanc du meilleur jeune. Et les Renault-Gitane remportent le classement par équipes.[47]

---

45. Luchon-Superbagnères (23,9 km/contre-la-montre), Luchon-Pau (180,5 km), Évian-Morzine-Avoriaz (54,2 km/contre-la-montre), Dijon-Dijon (48,8 km/contre-la-montre), Auxerre-Nogent-sur-Marne (205 km), Le Perreux-Paris Champs-Élysées (180,3 km).

46. Metz-Ballon d'Alsace (202 km).

47. Notons que Bernard Hinault se classe second au classement du meilleur

Le Tour de France ayant été gagné, Bernard Hinault peut, à la fin de la saison, s'envoler pour l'Italie afin de régler quelques comptes, sur la route du Tour de Lombardie. Le Tour de Lombardie, il aurait dû le gagner en 1978. Au sprint. Mais les Italiens, Panizza, Baronchelli, Saronni, Ceruti, s'étaient ligués contre lui afin de permettre la victoire de Francesco Moser. Tous contre lui, et un coup d'épaule l'avait empêché de disputer le sprint. Tout ça, c'est dans la tête du Blaireau quand il se présente sur la ligne de départ à Milan. Y'a tout ça, mais y'a pas que ça. Y'a aussi les sifflets durant le Tour de France, lors de l'étape de Bruxelles, des sifflets et des crachats.

Le Tour de Lombardie, Milano-Como, c'est pas du gâteau : 249 km, de la pluie, des Italiens – Battaglin, Moser, Saronni, Panizza – qui sont chez eux, et des lascars – Vandenbroucke, Kuiper, Zoetemelk, De Vlaeminck – qui sont toujours devant. Que fait Hinault, ce 13 octobre 1979 ? Du Hinault. Il s'en va tout seul comme à Planguenoual. Il sort du peloton au sommet du Balisio. Il pleut et il lui reste 150 km à faire. Ni Saronni, ni Moser ne bougent. Ils se disent que c'est « insensé », ridicule pour reprendre les mots de Cyrille Guimard pestant contre Bernard, trois mois plutôt, durant le Tour de France, lors de l'étape Neuville-de-Poitou-Angers. Et Guimard le voici ! Il s'est porté à la hauteur de Bernard :

— Mais tu fais quoi, au juste ?

— Je fais ce que j'ai envie de faire.

Sortis du peloton, sept coureurs viennent se placer dans la roue du Blaireau. Parmi eux, son équipier Bernard Becaas. Les autres sont Gaëtano Baronchelli,

---

grimpeur, derrière Giovanni Battaglin, leader de l'équipe Inoxpran. Le prix de la combativité est attribué à Hennie Kuiper, quatrième au classement général à 28' 2" du Blaireau.

Ronald De Witte, Ludo Peeters, Silvano Conti, Pierino Gavazzi et Sergio Parsani.

Bernard Becaas lui demande On fait quoi ? Bernard Hinault lui répond On continue, on fait tout sauter.

150 bornes à fond, dans des bosses, sous une pluie qui tombe sans discontinuer. Ni Moser, ni Saronni ne parviennent à revenir. Dans l'échappée, le tempo infernal d'Hinault – plus il appuie, plus il a la haine –, les relais dévastateurs de Becaas font sauter Peeters et Baronchelli, perdre pied à De Witte et Parsani, et laminent Gavazzi. Dans la roue d'Hinault ne restent que Becaas et Silvano Conti.

C'est Côme, c'est la montée finale menant à l'arrivée. Becaas quitte la course et file à l'hôtel. Hinault est seul avec Contini, puis tout seul. C'est en levant les bras en signe de victoire qu'il remarque les barrières dominant la ligne d'arrivée. La ligne franchie, il monte jusqu'aux barrières et, de son promontoire, le sourire aux lèvres, regarde Moser et Saronni franchir la ligne avec un retard supérieur à 4'[48]. Un sourire carnassier, de blaireau. Les blaireaux ont le sourire d'Hinault quand ils regardent, à l'entrée de leur terrier, leurs proies déchiquetées.

---

48. André Darrigade : « Je ne suis pas surpris, j'étais persuadé qu'il allait faire un grand truc là-bas. Je l'avais vu à Biarritz, à l'occasion de l'Étoile des Espoirs où il était venu pour s'entraîner en vue de ce Tour de Lombardie. Il m'avait paru très fort, très déterminé aussi. J'avais discuté avec lui et il m'avait expliqué qu'il avait pas mal de petites péripéties à faire oublier. Mais je ne pensais quand même pas que les choses tourneraient de cette façon, et qu'il ferait le coup de force cent cinquante kilomètres avant l'arrivée ! L'autre jour, je lui ai rappelé que j'étais le dernier Français vainqueur du Tour de Lombardie. Il ne le savait pas. Il est vrai qu'à l'époque, il n'avait pas deux ans. »

10

Ce qu'il voudrait, Bernard, c'est un peu de rock à la télé, du bon vieux rock de derrière les menhirs. Il a beau changer de chaîne, dans le salon de sa maison du Quessoy, durant cet hiver 1979, il tombe, chaque fois, sur la canne à pommeau d'argent de Patrick Hernandez chantant *Born to be alive*. Il en a ras la casquette Gitane du disco, le Blaireau. Tous les artistes font du disco, même Dalida. Hinault, il est comme Johnny Halliday : il aime la musique « quand elle roule les épaules ». Rouler, stone, Rolling stones. Il voudrait un concert des Stones à la télé, Bernard et, comme à la télé y a pas les Stones, il écoute *Le Bagad de Lann Bihoue* d'Alain Souchon. Et cette mélodie, ces mots pleins de mélancolie sont en harmonie avec la pluie qui dégringole sur le toit, avec le vent qui masse la colonne vertébrale des arbres, leur nuque ornée de rares feuilles.

À la télé, quand Patrick Hernandez diparaît de l'écran, le monde reprend ses droits. Des manifestants incendient l'ambassade américaine en Lybie. Un séisme fait plus de 700 morts en Colombie. Mère Teresa quitte sa léproserie de Calcutta pour recevoir, à Stockholm, des mains de John Sanness, le président du comité Nobel norvégien, le prix Nobel de la Paix. Puis l'Union soviétique envahit l'Afghanistan.

Puis la télé, Bernard l'éteint. Puis la télé, il la rallume, le 22 décembre, pour regarder, avec Martine, le premier épisode des « Dames de la côte », série télévisée écrite et réalisée par Nina Companeez. L'histoire se déroule en Normandie au moment où éclate la Première Guerre mondiale. Le personnage de Fanny Vilatte est joué par Fanny Ardant. Nina Companeez a également fait appel à Francis Huster, Edwige Feuillère, Françoise Fabian, Michel Aumont. La musique est de Guy Bontempelli et de José Padilla. Et ils se souviennent de Guy Bontempelli chantant *Quand je vois passer un bateau* : *Quand je vois passer un bateau/J'ai envie de me foutre à l'eau/Et d'enjamber le bastingage/Et vivre entre le ciel et l'eau/Le reste de mon âge...*

Le ciel est clair, l'air vif, Bernard marche, les mains dans les poches de son caban. Il aime marcher de la sorte, sans destination particulière, à travers champs, sur les chemins troués d'ornières, longer les fosses, les clôtures. Une pie se pose sur le rebord d'une baignoire qui dans un pré tient lieu d'abreuvoir. Puis elle s'envole et disparaît derrière le bosquet. Le cri aigre des corbeaux et, très haut, le trait blanc d'un avion. Bernard marche. Il sait qu'il marchera longtemps encore, regardant l'horizon ou bien, la pierre grise, rose, juste devant ses pieds. Une pierre rose, ici, venue d'Erquy. Une pierre qui roule, comme les Stones, *jumping jack flash, it's a gas, jumping jack flash...*

Bernard marche, rejoint la rivière, s'arrête, regarde l'eau, et si l'alouette posée sur le piquet de la barrière lui jetait un coup d'œil, elle le verrait sourire. Il sourit parce qu'il se souvient. De l'école à Saint-Brieuc, de ce jour où, interrogé sur les rivières et sur l'eau par le père Leroux, relevant la tête, il avait bafouillé « ... L'eau, sur l'eau au Fraîche, y a des araignées d'eau ». Ces copains s'étaient mis à rigoler. Le père Leroux les avait fait taire et traités de sots. Bernard avait raison : les araignées d'eau élisent domicile à la surface de l'eau. Un des élèves avait lancé :

C'est pas beau, les araignées d'eau. Le père Leroux avait rejoint son bureau et avait regardé l'élève qui venait de parler. Il se trompait. Toutes les créatures de la terre ont leur beauté. Il suffit de bien les regarder. Les poètes, eux, savent regarder toutes les créatures, même les plus petites, même celles que l'on croit, à tort, disgracieuses. Et le Père Leroux s'adressant à toute la classe :

— Mes enfants, je connais un poète qui sait regarder les araignées d'eau dont parle Bernard. Ce poète s'appelle Robic. Il ne s'agit pas de Jean Robic, lequel est, vous le savez, l'un de nos plus grands champions, mais Paul-Alexis Robic, un poète que j'aime beaucoup. Vous voyez, la Bretagne nous donne des champions et des poètes. Eh bien, Paul-Alexis Robic, il leur parle aux araignées d'eau, vous entendez, il leur parle :

« Araignées d'eau, araignées d'eau,
Mon beau tailleur, mes beaux ciseaux,
Coupez la soie et le satin
De l'eau qui rit dans le matin.

Coupez la moire et le velours
Des humbles mares au printemps,
Coupez la bure des étangs
Dans les rousses forêts d'automne.

Et vêtez-en les pauvres gens
Qui ramassent des branches mortes
Sans oublier les mendiants
Qui vont chantant de porte en porte. »

C'est beau, n'est-ce pas, c'est pur. C'est un poème, croyez-moi, qui aurait plu à Saint-François. Et vous, quand vous regardez les rivières, les cours d'eau, tous nos étangs, vous penserez aux araignées d'eau de Paul-Alexis Robic.

Bernard regarde l'eau de la rivière. Les araignées d'eau sortiront leurs ciseaux en été. Maintenant c'est Noël, Bernard rend visite à ses parents. Les mains de sa mère sont dans l'évier, celles de son père sur la table en formica. Il vient de lire *Ouest-France*. Bernard est assis à ses côtés. Saronni, tu l'as bien mouché, lui dit son père. Puis :

— Il est comment, le prochain Tour ?

— On part d'Allemagne, on passe en Belgique, puis la Bretagne, les Pyrénées, et on finit par les Alpes, Pra-Loup, Morzine, puis le chrono de Saint-Étienne, et Paris... Mais je commence par le Tour d'Italie.

— Tu commences par le plus dur : le Tour d'Italie, c'est dur !

— Tu sais, tout est dur, papa.

— Tu as raison, mais l'Italie, y'a que des montagnes. C'est pas un pays, l'Italie, c'est de la montagne. Je me demande comment ils font pour tracer des étapes de plat, là-bas.

— C'est pas faux... On verra.

— Et le stage, vous allez dans le Sud ?

— Non, je bouge pas : Cyrille a choisi la Bretagne. On est à Saint-Malo. Au château des Briantais... C'est André Chalmel qui a découvert l'endroit. Il en a parlé à Cyrille. C'est un domaine d'une centaine d'hectares. Je sens que le matin, on va bouffer du cyclocross...

— Et quelques crêpes aussi.

— Des crêpes !!! Tu connais pas Cyrille.

— Non, c'est vrai, je connais pas Cyrille, mais je te connais. Et tu pourrais bien rouler avec tes gars jusqu'ici pour manger quelques crêpes.

— T'as raison. Saint-Malo-Quessoy, ce sera une bonne

sortie, un après-midi. Ça nous fera 160 bornes aller-retour... J'en parlerai à Martine.

— Et tu commences la saison quand ?

— À Paris-Nice... Ensuite, la Flèche et la Doyenne.

— Parfait, on te verra à la télé.

— T'avais bien fait de l'acheter, cette télé, tu vois...

— C'était mon idée, tu t'en souviens. J'avais dit : j'ai pas de voiture, alors je prends la télé...Et à la télé, y'a De Funès et y'a toi. Tu vois, tout va bien : on te verra tout le mois de juillet pendant le Tour.

— Tu me verras le 31 août aussi.

— Qu'est-ce que tu fais le 31 août ?

— Le 31 août, je suis champion du monde.

11

Ça caille trop sur Paris-Nice. « La course au soleil », tu parles, la course au blizzard, oui, la course aux flocons. Les trois cols de l'étape Villefranche-en-Beaujolais-Saint-Étienne sont escaladés sous une terrible tempête de neige. On en prend plein les yeux, les gencives, le froid glacial mordant les doigts, les orteils. Bernard Thévenet, Régis Ovion, Dietrich Thurau, Herman Van Springel descendent de vélo, s'engouffrent dans une voiture, abandonnent. Hinault continue, descend prudemment à cause du verglas. Du verglas dans la « Course au soleil » : mais on est où, là ? Ça va être comme ça jusqu'à Nice, bordel ! Bernard roule sur le bord de la route, se pose des questions : Pourquoi irais-je jusqu'à Nice dans de pareilles conditions ? Et puis, y'a ce mec qui m'a foutu un coup de guidon sur le genou… Et Thévenet, il a fait quoi ? Il a abandonné. Et Dietrich Thurau, il a fait quoi ? Il a abandonné. Et Herman Van Springel, et Régis Ovion, ils ont fait quoi ? Ils ont abandonné. Et moi, je fais quoi ? J'abandonne. Maudite neige, foutus flocons !

Bernard retire le dossard, direction Quessoy, Martine et Mickaël. Cyrille Guimard grimace et, ne parvenant pas à se taire :

— Tu abandonnes parce qu'il neige ou parce que tu ne t'es pas assez bien préparé, parce que tu n'as pas assez roulé ?

— J'abandonne parce que j'ai décidé d'abandonner[49].

De la pluie, de la neige et du verglas à Paris-Nice, en mars ?

Mais où peut-on trouver du soleil, en avril ? Le jeudi 17, en Belgique, au départ de La Flèche Wallonne !

Le soleil, c'est parfait pour le genou qui d'ailleurs n'est plus douloureux. Bon aussi pour les ischions, la crête iliaque, l'olécrane, les condyles fémoraux, le coccyx, les tibias, etc. Donc ça va, ça roule, et Bernard est devant. Avec Saronni. Tiens, il est là, celui-là. Il veut quoi, celui-là ? Le Tour de Lombardie, ça n'a pas suffi ? Il n'a pas compris ? Il veut quoi exactement : une raclée, une branlée, une peignée, une avoinée, une rouste carabinée ? Saronni, à Stockeu, je vais le dézinguer.

Sûr d'avoir des forces en stock, Bernard attaque à Stockeu. Mais du jus, tout à coup, il n'en a plus. Comme une panne. Comme si le braquet était trop gros. L'incident n'échappe pas à Saronni qui attaque aussitôt. Et s'en va. Saronni, lui, ne coince pas. Stockeu, il l'avale, et file, et gagne. Bernard se classe troisième[50] [51].

Du soleil, il y en avait au taquet au départ de la Flèche, mais, à Liège, 100 boulevard de la Sauvenière, dans les

---

49. Paris-Nice 1980 :
Partants : 126
Classés : 58
1 Gilbert Duclos-Lassalle
2 Stefan Mutter (Sui)
3 Gerrie Knetemann (Hol)

50. Bernard Hinault : « J'avais un braquet trop grand. D'une année sur l'autre, je remets les mêmes, mais j'avais oublié que le parcours de la course avait été modifié. »

51. La Flèche Wallonne 1980 :
Partants : 209
Classés : 47
1 Guiseppe Saronni (Ital)
2 Sven-Ake Nilsson (Sue) à 2''
3 Bernard Hinault à 1'40''
4 Guido Van Calster (Bel)
5 Jean-René Bernaudeau

fenêtres de l'hôtel Le Ramada où sont descendus Bernard et toute l'équipe Renauld Gitane, il n'y en a pas. Fouettant les vitres, il n'y a que le vent et la pluie : un temps pourri, un remake de Paris-Nice.

C'est revêtus de leurs imperméables que Hinault et ses équipiers se présentent au départ de Liège-Bastogne-Liège, le dimanche 20 avril, avec une envie de pédaler qui est loin d'éclairer leurs visages fermés. Maurice Le Guilloux se tient aux côtés de Bernard qui, tout à coup, esquisse un sourire.

— Ça te fait marrer à toi, ce temps.

— Je me marre parce que je pense au Tour des Flandres, y'a trois ans. J'avais roulé cent mètres, et j'avais tout de suite regagné l'hôtel. Je m'étais changé, j'étais rentré à Yffiniac, et j'avais regardé la victoire de Roger De Vlaeminck, à la télé... Je devrais lui refaire le coup à Cyrille...

— Fais pas le con...

— Je vais pas faire le con, non, mais Cyrille, parfois, il m'agace...

— La météo, je crois pas que c'est lui...

— Y paraît, ouais, mais il m'agace... Je vais pas rouler longtemps. Maurice, cette pluie, elle pue la neige...

Les 174 inscrits s'élancent, c'est parti pour 244 kilomètres, des milliards de flocons, et des tonnes de baffes d'un vent glacial.

Donc, il neige et caille et, dès le 5e kilomètre de course, des coureurs abandonnent. C'est pas dit que j'aille plus loin, souffle Bernard à Le Guilloux. Momo ne répond pas, pédale. Bernard pédale aussi. Il regarde autour de lui, les arbres, les talus. Jeudi, ils étaient verts, et le soleil les arrosait copieux. Aujourd'hui, c'est plus les mêmes arbres, les même talus. Ils sont blancs, alourdis par la neige, et ils semblent se les geler autant que Bernard et Momo.

Le vent mord les lèvres, les joues, le pif. La neige mitraille les yeux. La route est de plus en plus glissante. Au bout de trente bornes, une vingtaine de coureurs mettent pied à terre, descendent de leurs machines : ils abandonnent. Parmi eux, Lucien Van Impe. Il se dirige vers une voiture, cogne à la vitre et demande à ses occupants de lui faire une place, de le ramener à Liège. Le vainqueur du Tour de France 1976 n'est pas le seul lascar à renoncer. Oscar Panizza, Michel Pollentier, Pierino Gavazzi, le vainqueur de Milan-San Remo, Nilsson, Baronchelli se sont arrêtés : « Faut savoir dire stop ! »

Et qui descend de son vélo à son tour ? Et qui, à son tour, peste contre ce temps pourri, cette neige meurtrière, et ce vent salopard ? Guiseppe Saronni. Oui, le vainqueur de la Flèche, celui qui a fusillé Bernard dans Stockeu dit : « A ciao bonsoir ! »

De cet abandon qui pourrait lui donner le moral, Bernard n'est pas informé. Qui abandonne, qui n'abandonne pas ? Le Blaireau n'en sait rien. Les coureurs, engoncés dans leurs imperméables et coiffés de bonnets n'ont plus de visage. On ne sait plus à côté de qui l'on roule. Il fait tellement froid que la direction de course autorise les directeurs sportifs à fournir aux coureurs des boissons chaudes. Bernard se dit Je vais rouler jusqu'à Wielsam, jusqu'au « ravito », et au « ravito » je verrai.

C'est Cyrille Guimard qui, se portant à sa hauteur à l'approche de Wielsam, informe le Blaireau de l'abandon de Saronni. Hinault ne dit rien. Peut-être n'a-t-il pas envie de parler. Peut-être a-t-il la bouche givrée, des flocons sur la luette, le sang de la langue figé. Ce n'est pas ça. Il s'en fout, Hinault, des Saronni et des mecs qui ont bâché. Il s'en fout, d'eux. Son seul souci : le froid dont les morsures sont de plus en plus fréquentes. Et ses yeux en ont ras la paupière de la frénésie des flocons. Il s'arrête au ravito. On parle déjà d'une centaine d'abandons.

Bernard se dirige vers Guimard qui vient d'ouvrir la portière de sa voiture, et s'apprête à descendre.

— Il y en a encore de chez nous ?

— Y'a Momo.

— Momo est devant ?

— Oui, oui, c'est le seul.

— Bon, je change de vélo, j'enfile des vêtements secs, et j'y vais.

Ce qu'il veut, le Blaireau, c'est un braquet légèrement plus petit... Une dent de mieux derrière, ça va le faire. Le nouveau vélo est prêt. Débarrassé de son imperméable, une pile de maillots sur le dos, la tête protégée du froid par un passe-montagne, les mains enfouies dans des gants, du thé chaud dans le buffet, le Hinault, il repart.

Le vent glacial a vite fait de transpercer les maillots qu'il porte, de lui mordre la peau. Mais il préfère les maillots à l'imperméable. Pour se réchauffer, il accélère, appuyant plus fort sur les pédales. Tout à coup, c'est Momo. Les deux compères roulent un moment, épaule contre épaule, le temps que Momo dise à Bernard qui est devant. Devant, y'a un petit groupe et, devant le petit groupe, y'a Ludo Peeters, Thurau, Contini, Lubberding et Rudi Pevenage.

Et Bernard s'en va. Momo le regarde s'éloigner : c'est Hinault, c'est le Blaireau qui part pour le carnage. La morsure du froid n'est rien comparée à la morsure du Blaireau.

Au sommet de la côte de Wanne, Hinault a repris le petit paquet, également Peeters, Contini, Thurau et Lubberding. Seul Pevenage est encore devant.

Maintenant, c'est Stockeu. Bernard passe sur le

23 dents. Et tandis que la neige tombe de plus belle, mitraillant ses yeux, tandis que le vent, sibérien et de face, redouble de violence, Bernard s'en va.

Question pour un champion : à quel endroit Bernard Hinault a-t-il placé son accélération ? Exactement à l'endroit où Eddy Merckx attaquait lorsque l'envie lui prenait de remporter La Doyenne[52]. Ce qu'il fit à 5 reprises :

- le 22 avril 1969 (second : Victor Van Schil)
- le 25 avril 1971 (second : Georges Pintens)
- le 20 avril 1972 (second : Wim Schepers)
- le 22 avril 1973 (second : Frans Verbeeck)
- le 20 avril 1975 (second : Bernard Thévenet)

Personne ne peut tenir la roue de Bernard, excepté Lubberding et Contini. Ils restent avec lui jusqu'au sommet où la neige et le vent se déchaînent. Ils basculent ensemble dans la descente et, dans la descente, Thurau et Peeters les rejoignent.

Ils sont revenus : ils vont sauter. C'est ce qu'on peut lire dans les yeux de Bernard Hinault. Ils sautent en effet dans la côte de la Haute-Levée au pied de laquelle Hinault attaque comme il avait attaqué dans Stockeu. C'est dans la montée de la Haute-Levée qu'il rejoint, dépasse et dépose le courageux Rudi Pevenage.

Maintenant Bernard est seul sur la route blanche, dans les bosses blanches, au pied des arbres blancs, suivi par une voiture blanche, encouragé ou sifflé par des mecs tout blancs. Il reste 80 kilomètres de course.

80 bornes, la neige, le vent, le froid : on fait quoi ? On roule. C'est ce qu'il se dit, le Bernard dont les fins boyaux noirs tracent un trait noir sur la route blanche. Régulièrement, Cyrille Guimard se porte à sa hauteur

52. Liège-Bastogne-Liège est née en 1892.

pour le ravitailler. Que du liquide. Le reste, ça passe pas !

80 bornes, la neige, le vent, le froid : on fait quoi ? On ne pense pas. La tête, on ne l'écoute pas. Car, elle dit quoi la tête ? Elle dit Qu'est-ce que tu fous là, tout seul, y'a pas un chat, que du verglas ? Elle dit T'es fous, mon gars, n'insiste pas, fait comme Saronni et tous les gars, rentre chez toi ! Elle ne fait que répéter ça, la tête. La tête, Bernard, il la débranche. Il n'écoute que sa viande. La seule parole qu'il convient d'écouter, c'est la parole de la viande. La viande parle sur le vélo. Oui, la viande parle, les os parlent, les veines, les artères parlent.

La peau, les doigts, les orteils parlent : « Tu veux qu'on résiste au froid : on résistera. »

La charpente, la caisse, les côtes parlent : « Tu veux qu'on tienne jusqu'à Liège : on tiendra. »

Le cœur parle : « Tu veux du sang, du sang chaud qui bouillonne : on te l'envoie ! »

Les orbites, les mandibules, les clavicules, le coccyx, les tarses, les métatarses parlent : « Tu nous veux sur le pont : on y restera ! »

Les veines – la poplitée, la fémorale, la branchiale, la basilique –, les artères – la carotide, la radiale, la sous-clavière, l'ulnaire – parlent : « Tu veux de l'oxygène, du jus, du carburant, la chaleur de tous les radiateurs de Liège : on t'envoie ça ! »

Les muscles – le grand fessier, le tibial antérieur, le long fibulaire, le court fibulaire, le pyramidal, le petit oblique –, parlent : « Tu veux de la force, du punch, des tonnes de joules, la foudre : t'auras tout ça ! »

Les tendons – le grand palmaire, le petit palmaire, les fléchisseurs profonds, le long fléchisseur du pouce – parlent : « Tu nous veux aussi résistants que les cordes de la guitare d'Hendrix : on l'est, tu peux sans crainte jouer ton long solo dans la neige ! »

Et les arbres, et le ciel, et le goudron de la Doyenne parlent aussi : On n'a jamais vu ça, jamais, ou alors il y a longtemps, en 1957. Cette année-là, frigorifié, Georges Impanis qui venait de remporter la Flèche Wallonne, avait abandonné son vélo sur le bord de la route avant d'entrer dans une maison et de plonger ses pieds dans un bassin d'eau chaude. Cette année-là de nombreux coureurs s'étaient précipités dans les bistrots pour boire de la gnole. Cette année-là, des coureurs pissaient sur leurs doigts pour les réchauffer. Cette année-là, Louison Bobet qui avait terminé l'épreuve parmi la vingtaine de rescapés, avait rejoint son hôtel en marchant à tout petits pas, le corps cassé, le visage meurtri par le froid. Et Antonin Magne, qui l'attendait à l'hôtel, avait exigé de ses coureurs qu'ils se lèvent : « Debout, messieurs, voici un champion[53] ! »

Hinault ne pense pas, il roule. Le froid n'existe pas, le vent n'existe pas, la neige n'existe pas. N'existe que le vélo sur lequel il est assis. N'existent que ses mains serrant le guidon du vélo, et la route qu'il ne quitte pas des yeux. Et les côtes innombrables de ce final terrible qu'il escalade une à une.

Et derrière que fait-on ? On s'organise, on se relaie, on voudrait revenir. Il y a Kuiper. Il y a Pevenage. Il y a Peeters. Il y a Van Springel, avec tous ses Bordeaux-Paris[54] et ses 37 balais. Il y a le néo-pro, Ronny Claes, ancien

---

53. Liège-Bastogne-Liège 1957 :
1 Germain Derijcke et Frans Schoubben.
3 Marcel Buys.
Frans Schoubben et Marcel Buys sont arrivés avec 2'46" d'avance sur Germain Derijcke. Schoubben dépose une réclamation : Derijcke, Bobet, Ranucci et Miserocchi ont franchi un passage à niveau fermé, ce qui est interdit en Belgique (mais permis en Italie et en France). Par décision des commissaires, Schoubben est classé 1er ex aequo avec Derijcke.
Sur les 135 partants, seuls 27 coureurs franchissent la ligne d'arrivée.

54. Sept victoires dans Bordeaux-Paris : 1970, 1974, 1975, 1977, 1978, 1980, 1981.

1

2

Het Volk
Renault

Renault
gitane - Campagnolo
TOTAL
MICHELIN

FIAT
TI-RALEIGH
McGREGOR
VELDA
LANO
FLANDRIA
Renault
gitane
LEJEUNE
TOUR DE FRANCE
1978
PHOTO-FILM
6

Le Parisien
MERLIN
L'ÉQUIPE
MÉDITERRANÉE
CRÉDIT LYONNAIS
MICHELIN

4

La Gazzetta dello Sport

Renault

LIBÉRE
FRANCE
inter

5

6

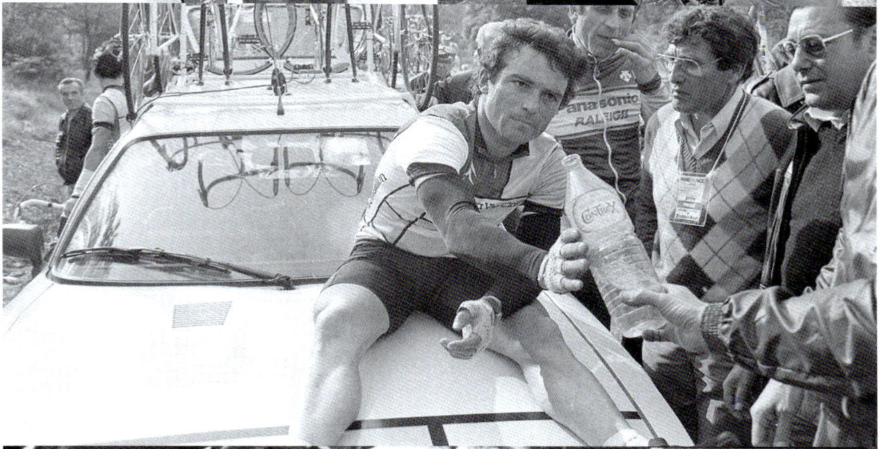

7

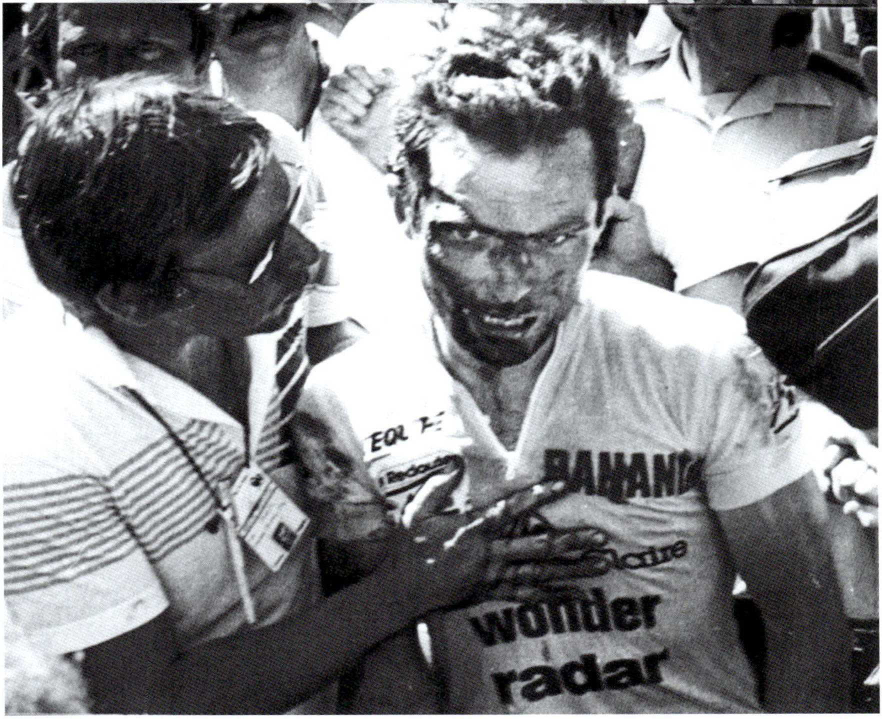

Crédits photographiques :
Page 1 : coll. BH. sauf photo n°2 Icon Sport / Page 2 : Icon Sport 3 ; Presse sport 1, 2, 4, 5 /
Page 3 : Icon Sport 1, 2 ; Presse sport 3, 4 / Page 4, 5, 6 : Presse sport /
Page 7 : Presse sport 1, 3 ; Icon Sport 2, 4 / Page 8 : Presse sport 1 ; Icon Sport 2 ; coll. BH. 3

facteur, qui fait sa tournée dans la neige. Hennie Kuiper avait la socquette légère, jeudi, à la Flèche. Aujourd'hui, il fait ce qu'il peut, Kuiper. Et ce qu'il peut c'est énorme, mais c'est insuffisant, car Hinault creuse l'écart régulièrement : deux minutes aux Rosiers, cinq à Mont Theux, huit à la Redoute. Les rescapés s'accrochent. Tous se battent, mais il les tue tous !

Deux voitures suivent Bernard Hinault. La première est pilotée par Cyrille Guimard, Eddy Merckx a pris place dans la seconde. Quel âge a-t-il, Eddy, à cet instant ? Onze ans de moins. Car ce champion qu'il suit, qu'il considère comme son successeur, ce mec vêtu de jaune, qui roule sur son vélo bleu et se joue de la neige blanche, lui fait revivre sa premiere victoire dans la Doyenne. C'était en 1969. Et il sourit, Eddy, dans sa caisse. Onze années retirées au compteur, l'horloge du temps qui s'arrête entre Liège et Liège : quel cadeau merveilleux !

C'est Liège maintenant, la ville des braquets, de la Meuse, du Standard de Liège, des joueurs au maillot rouge. Pour rejoindre l'arrivée, on emprunte le boulevard de la Sauvenière. Bernard, glaçon jaune sur son vélo bleu, passe devant son hôtel, Le Ramada. Maurice Le Guilloux, Jean-René Bernaudeau, Roland Berland, tous ses équipiers, douchés, restaurés, sont aux fenêtres. Et de toutes les fenêtres de toutes les chambres de l'hôtel Ramada lui parviennent des cris de joie, des hourrahs, des applaudissements, tous ces sifflets de fans que l'on entend dans les concerts des Rolling Stones lorsque s'élèvent les premiers accords de *Satisfaction. I can't get no...*

Bernard franchit la ligne. On l'aide à descendre de son vélo comme, en 1956, deux carabiniers italiens avaient aidé Charly Gaul à descendre du sien, au sommet de

Monte Bondone qu'il avait escaladé, lui aussi, sous une tempête de neige.

Bernard a mal partout, au dos, aux bras, aux jambes, à la bouche. Il peut à peine marcher. Il rassemble le peu de forces qui lui reste pour saisir et soulever au-dessus de sa tête le bouquet du vainqueur.

Seuls vingt coureurs franchissent la ligne après lui. Voici les noms, voici les écarts :

1 Bernard Hinault, les 244 km en 7 h 1'42"
2 Hennie Kuiper (Hol) à 9'24"
3 Ronny Claes (Bel)
4 Fons de Wolf (Bel) à 10'34"
5 Pierre Bazzo (Fr)
6 Ludo Peeters (Bel)
7 Herman Van Springel (Bel) à 12'05"
8 Guido Van Calster (Bel) à 12'35"
9 Johan Vandevelde (Hol)
10 Eddy Schepers (Bel)
11 Gilbert Duclos-Lassalle (Fr)
12 Silvano Contini (Ital)
13 Henk Lubberding (Hol) à 16'03"
14 Stefan Mutter (Sui)
15 Pascal Simon (Fr)
16 Jan Jonkers (Hol) à 17'59"
17 Bert Oosterbosch (Hol) à 18'35"
18 Paul Wellens (Bel)
19 Frits Pirard (Hol)
20 Jean Toso (Fr) à 24'06"
21 Jostein Wilmann (Nor) à 27'

Maurice Le Guilloux récupère Hinault dans le hall de l'hôtel Ramada, l'accompagne jusqu'à sa chambre.

— (Maurice désignant la baignoire) : regarde Bernard, on t'a fait couler un bain.

On aide Bernard à se déshabiller. Certaines parties de son corps sont rouges, d'autres bleutées. Il entre la pointe de son pied dans l'eau, la ressort aussitôt en sifflant de douleur :

— Ça fait trop mal, les mecs. Il me faut un bain froid[55].

55. Bernard Hinault : « Quelle course ! Aujourd'hui encore, j'en garde dans ma chair un souvenir douloureux. Dès qu'il fait froid, mes deux majeurs gèlent et je ne peux plus les utiliser. »

12

Jean-René Bernaudeau a le cœur coupé en deux : son jeune frère vient de se noyer. En mer. Il arrive à Milan avec, dans sa valise, tout son chagrin. Comment ne pas sombrer ? En continuant. En faisant ce que l'on sait faire. Ce qu'il sait faire, Jean-René, c'est pédaler. Il pédalera donc, durant ce *Giro*, entouré par toute l'équipe Renault-Gitane, par Bernard, son leader.

Le père de Bernard l'avait dit : l'Italie, plus qu'un pays c'est de la montagne. Des montagnes sans arrêt. Des cols partout. Et Vicenzo Torriani, le directeur du Tour, s'applique à en glisser un maximum, chaque année, sous les jantes du peloton. Les cols, Le Guilloux s'amuse à les compter : 18. Parmi eux, le Stelvio. « C'est fou, lâche-t-il après avoir consulté l'itinéraire, y'a pour ainsi dire une montagne tous les deux jours. J'ai bien fait de venir. »

Il n'y a pas que la montagne, il y a aussi les coureurs italiens. Ils sont plusieurs à pouvoir remporter le *Giro*, des coureurs de classe que l'on ne connaît pas car ils ne viennent jamais disputer le Tour de France. Tous, de Giuseppe Saronni, vainqueur de l'édition précédente, à Gianbattista Baronchelli, d'Alfio Vandi à Mario Beccia, de Giovanni Battaglin à Pierino Gavazzi en passant par Wladimiro Panizza, sans oublier Francesco Moser ou Roberto Visentini, roulent au sein d'équipes très solides. Oui, beaucoup d'Italiens sont en mesure de s'emparer du maillot rose et de le conserver. Quant aux coureurs étrangers que Bernard Hinault aura sur le dos, ils sont tout sauf des seconds couteaux. Le Belge Fons de Wolf est le leader de l'équipe Studio-Casa-Fin-Italcasa-Colnago. Et l'Espagnol Angel Arroyo, qui n'a pas peur des cols, est au départ avec quelques-uns de ses compatriotes lesquels ont pour habitude de se faire remarquer dans les lacets, comme Miguel Maria Lasa, Juan Fernandez, ou Faustino Ruperez.

En sus des cols innombrables, des coureurs italiens et des grimpeurs espagnols, il y a le public italien. Est-il chauvin ? Non, seul le public français l'est. Le public italien, c'est pire : il se mêle de la course elle-même. Jacques Anquetil n'a-t-il pas vu, en 1960, les tifosi pousser Gastone Nencini, son rival, dans les cols les plus durs, lui permettant ainsi de franchir bien des sommets sans avoir à donner le moindre coup de pédales[56] ? Le combat, durant le *Giro*, ne se dispute pas toujours à armes égales, et si, en 1964, Raymond Poulidor a pu mettre Jacques Anquetil en difficulté, c'est aussi parce que ce dernier venait de disputer (et de remporter) cet épuisant *Giro*.

Ces tifosi, toujours prêts à secourir un de leurs champions, que pensent-ils de Bernard Hinault ? Ils lui reprochent d'avoir dénoncé, en 1978, à l'arrivée du Tour de Lombardie, les irrégularités dont il aurait été victime, les « combines » des leaders italiens qui se seraient ligués contre lui, dans le seul but de faire triompher l'un des leurs, en l'occurrence Francesco Moser. Comment peut-on affirmer des choses aussi fantaisistes ? Pour qui se prend-il donc, ce Bernard Hinault ? Un geste de Bernard Hinault va obliger les tifosi à porter un regard différent sur ce Français un peu trop fort en gueule qui

56. Giro 1960 :
1 Jacques Anquetil
2 Gastone Nencini
3 Charly Gaul

vient de remporter – et de quelle manière – un Liège-Bastogne-Liège d'anthologie : quelques heures avant le départ du *Giro*, le champion breton se rend dans le petit village de Castellania afin de se recueillir sur la tombe de Fausto Coppi.

Donc, entre les tifosi et le Blaireau y'a plus de lézard. Reste les cols à escalader et les coureurs italiens à surveiller. Pour contrer les Saronni et autres Panizza, le Blaireau peut compter sur une équipe solide.

Qui est assis à table, avec lui, à l'hôtel, à Gênes ? Il y a bien sûr Maurice Le Guilloux, l'ami de Bretagne. Du solide donc. Tout ce qui ressemble à du ruban, il le bouffe. N'a-t-il pas remporté la première étape du Dauphiné Libéré, Thonon-les-Bains-Mâcon (246 km) en 1978 au terme d'un raid solitaire de plus de 200 km[57] ? Il y a Hubert Arbes, le meilleur dans les contre-la-montre par équipes, capable, à tout instant, de rouler très vite et très longtemps. Pour Hubert, équipier fidèle, y'a Bernard Hinault, et c'est tout. Originaire des Pyrénées, comme Arbes, y a Bernard Becaas, capable de faire sauter le peloton, et de fatiguer les adversaires du Blaireau dès l'attaque d'un col. Qui, en sus de Becaas, peut prêter main forte à Bernard dans les cols du *Giro* ? Jean-René Bernaudeau et Lucien Didier. Quand un premier nettoyage a été fait par Becaas, ce sont ces deux lascars qui épaulent le Blaireau. Jean-René Bernaudeau a beaucoup de talent. Si le Blaireau était défaillant, l'équipe pourrait, à la demande de Guimard, rouler pour lui. Et c'est un boute-en-train, Jean-René, top à la bonne humeur. Mais son jeune frère vient de se noyer. Le Luxembourgeois

57. Critérium du Dauphiné Libéré 1978 :
1 Michel Pollentier
2 Mariano Martinez
3 Francisco Galdos

Lucien Didier est un admirateur du Blaireau, un fan. Champion du Luxembourg de 1977 à 1981 – il s'adjugera le Tour du Luxembourg en 1983 –, Didier est un coriace. La forme est là, Hinault peut compter sur lui. Dans cette équipe, il n'y a pas Chacha mais il y a Kiki. Chacha, c'est Chalmel, et Kiki, Bernard Quilfen, grand avaleur de bornes devant l'Éternel. Également dans l'équipe Pierre-Raymond Villemiane. Lui, il sait gagner. Qu'il soit dans une échappée, que l'échappée aille au bout, et la victoire est pour lui[58]. Pierre-Raymond gagne, Yvon aussi, plutôt au sprint. Yvon, c'est Bertin, vainqueur du Grand Prix d'Isberghes en 1976, et du Tour du Tarn en 1979. Un ami de Bernaudeau, vendéen comme lui, est de la partie : Claude Vincendeau.

Que fait Hinault en ce début de *Giro* ? Il regarde les Italiens se disputer le maillot rose lequel passe des épaules de Moser à celles de Visentini après avoir fait un saut sur les siennes[59]. En queue de peloton, le cœur brisé par le chagrin, pédale Bernaudeau. Jusqu'à la septième étape, Castiglione della Pescaia-Orvieto, longue de 199 km, jusqu'à l'ascension du Mont Amiata (1920 m) qu'il franchit en tête. Le cœur cicatrise, les jambes reviennent. Et toute l'équipe se réjouit de la victoire d'Yvon Bertin au terme de la douzième étape Villapiana Lido-Lecce.

Roberto Visentini roule en rose d'Orvieto jusqu'à la quatorzième étape. Longue de 186 km, quatre cols au menu, elle mène les coureurs de Foggia au sommet du Roccaraso. Hinault s'impose à l'arrivée, et Oscar

---

58. Pierre-Raymond Villemiane, qui a remporté le Tour du Tarn en 1978 et sera champion de France sur route en 1980, a aussi gagné des étapes sur le Tour : Fleurance-Auch (237 km) en 1977 ; Metz-Ballon d'Alsace (202 km) en 1979 ; Saintes-Bordeaux (147,2 km) en 1982.

59. Bernard Hinault s'empare du maillot lors du contre-la-montre Pontedera-Pisa, remporté par Jörgen Marcussen, et le perd, le surlendemain, à l'arrivée de l'étape Castiglione della Pescaia-Orvieto, remportée par Silvano Contini.

Panizza ravit le maillot à Visentini. Bernard Hinault, qui a montré ses talents de grimpeur[60], accuse, au classement général, un retard de 2' sur Panizza.

Panizza garde le maillot rose, les Renault-Gitane – Bertin, Villemiane, Hinault, Bernaudeau – sont souvent devant, présents dans les échappées, les coups, mais le retard du Blaireau au général est toujours le même : 2'. C'est ce que constate Cyrille Guimard, à l'hôtel, la veille de l'ultime étape de montagne, laquelle, placée à deux jours de l'arrivée à Milan, doit mener les coureurs de Cles à Sondrio, en passant par le col du Stelvio, un des cols les plus redoutables du massif des Dolomites.

— Il reste quoi pour gagner ? demande Guimard. Et de repondre : Je ne vois que le contre-la-montre de Turbigo.

— Mais il est plat comme la main, objecte Hinault. Je ne vais pas reprendre 2 minutes à Panizza sur 50 bornes de plat.

— Exact. Donc il reste quoi : le Stelvio !

— Le Stelvio, c'est bien pour frapper. Mais, dans l'étape de demain, il est placé très loin de l'arrivée à Sondrio. Même si je sors, même si je creuse un bon écart, les Italiens vont revenir.

— Ou alors tu attaques dans le premier col, le Palade, et tu attaques une seconde fois dans le Stelvio, et tu m'éparpilles tout ça.

— On verra.

Départ de l'étape Cles-Sondrio, 221 km : il pleut. Une pluie violente et froide. Les coureurs disparaissent sous les impers. C'est comme à la Doyenne, on va bouffer de la

60. Étape Foggia-Roccaraso. Passages au sommet des cols.
Crocella di Motta (791 m) : 1 Moser
Macerone (684 m) : 1 Baronchelli
Rionero Sannitico (1 052 m) : 1 Hinault
Roccaraso (1 236 m) : 1 Hinault

pluie et du froid pendant 200 bornes, peste Le Guilloux en remontant la fermeture Éclair de son imper.

Dans les yeux des coureurs, l'averse. Dans leurs socquettes et sous leurs roues, les flaques. Et c'est à deux à l'heure que le peloton escalade le col de Palade dans lequel Hinault était censé frapper une première fois. Tout le monde caille, et personne ne songe à se tirer. On monte vraiment à deux à l'heure. La preuve : Le Guilloux est en tête du peloton. Certes il a fait des progrès en montagne, Momo, mais pas au point de faire le malin dans les Dolomites.

Dans les derniers kilomètres du col de Palade, Claudio Bortolotto, de l'équipe Mobilificio San Giacomo-Benotto, ayant accéléré, trois impers se placent dans sa roue : un imper bleu, un imper vert, un imper rouge. Bortolotto franchit le sommet en tête. L'imper rouge finit le col dans sa roue, bascule aussitôt dans la descente, et se met à rouler à bloc, suivi de l'imper bleu et de l'imper vert. C'est, sous la pluie, une descente de dingue, et l'on ne voit que du rouge, du vert et du bleu filant dans les lacets.

La descente terminée, la pluie cesse, et les coureurs de tête, parmi lesquels Attilio Rota, Annunzio Colombo et Guiseppe Fatato, retirent les impers. Sous l'imper rouge, Le Guilloux. Sous l'imper vert, Bernard Becaas et, sous l'imper bleu, Jean-René Bernaudeau. À cet instant, Le Guillou et Becaas pensent la même chose et, cette chose, ils la disent à Jean-René Bernaudeau : « Voilà ce qu'on va faire. On roule à bloc jusqu'au Stelvio. Toi, tu restes derrière nous, tu bois pas un pic de vent et, au pied du Stelvio, tu gicles. »

Et c'est parti pour un contre-la-montre à deux avec Bernaudeau sur le porte-bagage. Plus de 60 bornes à fond. Becaas, Le Guilloux : deux machines à rouler, deux mecs qui savent dire à la douleur de la fermer ! Ils sont là pour envoyer la foudre : ils l'envoient. Dans leurs roues, parfaitement protégé, merveilleusement abrité, Jean-René Bernaudeau fume la pipe. Dès que le trio arrivera au pied du Stelvio, Le Guilloux et Becaas s'écarteront, se relèveront, et Jean-René Bernaudeau, attaquera.

Derrière que se passe-t-il ? Le peloton roule avec, à sa tête, les équipiers de Wladimiro Panizza, maillot rose. Dans la roue de Panizza, Bernard Hinault. Bernard sait ce qu'il a à faire : laisser les équipiers de Panizza et Panizza lui-même mener la chasse et s'user, et ne passer en tête du peloton que pour casser le rythme.

Ça roule, mais ça ne revient pas. Les Italiens connaissent Hinault : ils découvrent Le Guilloux et Becaas, deux locomotives dont les pistons luisants s'en donnent à cœur-joie. Devant elles, non une route, mais deux rails parallèles, interminables. Aucun arrêt n'est prévu avant le Stelvio. Éloignez-vous de la bordure du quai, s'il vous plaît !

Non seulement ça ne revient pas mais, au contraire, l'écart se creuse : une minute, deux minutes, trois minutes. Bernard Hinault regarde les Italiens et rit sous cape. Rien n'était prévu, mais tout est clair : il y a ce que Becaas et Le Guilloux font subir à Panizza et autre Saronni, ce que Bernaudeau leur réserve, et ce que lui, le Blaireau, va leur mettre dans la tronche. Et il rit sous cape : qu'est-ce qu'on s'amuse, mais qu'est-ce qu'on s'amuse !

Au pied du Stelvio, Le Guilloux et Becaas s'écartent, Bernaudeau gicle, l'avance sur le maillot rose est supérieure à 6'.

À toi, Jean-René, appuie, vole, broie ton malheur à coup de pédales, chasse le visage de ton frère noyé et retrouve, dans l'exploit, son visage émerveillé. C'est quand tu attaquais qu'il t'aimait le plus : attaque pour le retrouver ! Tu viens d'attaquer : il est là.

Jean-René grimpe comme grimpe un coureur fait pour la montagne : en souplesse, en relançant régulièrement.

Le Stelvio dans lequel Jean-René relance est la « Cima Coppi ». Chaque année, depuis 1965, les Italiens baptisent de la sorte le col le plus haut que le peloton emprunte. Le Stelvio, quand il figure sur l'itinéraire, se voit automatiquement paré de ce titre glorieux. En effet avec ses 2 758 mètres, il est le col le plus haut d'Italie[61] [62].

Le Stelvio, c'est 26 bornes à 7,7% de moyenne. Les bornes, Jean-René n'y pense pas : il est là pour appuyer, il appuie. Il se dit que Bernard doit être maintenant au pied du col. Bernard est en effet au pied du col, dans la roue du maillot rose, Wladimiro Panizza. Et tout de suite Bernard attaque. Et tout de suite, ils sautent tous. Il s'agit bel et bien d'un démarrage de Bernard Hinault, c'est-à-dire non d'une accélération, mais d'un direct, d'un crochet, d'un uppercut, un truc à la Marcel Cerdan, ce champion du monde de boxe dont Bernard affiche, sur son propre visage, dès l'instant qu'il fournit un violent effort, le terrible rictus : boxe, boxe, boxe !

Les Italiens sont chez eux, unis, groupés sur la route ritale, mais aucun ne tente quoi que ce soit. Ils n'ont plus d'essence, plus de cuisses, plus de cœur, plus de

---

61. Il est le second plus haut col des Alpes, juste après le col de l'Iseran (2 770 m).

62. Ils ont franchi en tête la cima Coppi :
1965 Col du Stelvio (800 mètres sous le sommet, à cause d'une avalanche) Graziano Battistini
1966 Col Pordoi (2 239 m) Eddy Merckx
1967 Tre Cime di Lavaredo (2 320 m) Felice Gimondi
1968 Tre Cime di Lavaredo (2 320 m) Eddy Merckx
1969 Col Sella (2 214 m) Claudio Michelotto
1970 Col Pordoi (2 239 m) Luciano Armani
1971 Grossglockner (2 506 m) Pierfranco Vianelli

poumons. Cette fine roue qu'ils voient s'éloigner et qui ne va pas tarder à disparaître est celle d'un Géant. Tous savaient qu'il régnait sur le Tour de France, qu'il pouvait s'adjuger n'importe quelle classique. Mais aucun n'imaginait qu'il pût frapper, dans le *Giro*, à l'endroit où seul un campionissimo peut faire son numéro : sur les pentes de la cima Coppi. Ils pouvaient d'autant moins l'imaginer que, durant les premiers jours du *Giro*, le Français ne s'était guerre montré dominateur, et son équipe pas davantage. Mais là, c'est une autre histoire, une autre paire de manches.

De chaque côté de la route raide sur laquelle, mains en haut du guidon, rictus aux lèvres, Bernard creuse l'écart, des arbres, de l'herbe gorgée de neige fondue, des tifosi. Les arbres semblent indifférents. Ils ont d'autres chats à fouetter sans doute. Les tifosi, eux, fixent le Blaireau, incrédules. Et cette incrédulité fait place à de l'inquiétude, de l'angoisse lorsque leurs yeux, Bernard Hinault passé, regardent la route que le Blaireau vient d'avaler. Sur cette portion de route, il n'y a rien, hormis la voiture de Cyrille Guimard. Sur cette portion de route, il n'y a pas Panizza, aucun coureur italien. Tous devinent que les cris enthousiastes, les cris de victoire qu'ils se préparaient à pousser dans cette cima Coppi vont demeurer au fond de leurs gosiers. Demain, ces cris devenus périmés, ils pourront les jeter.

Les arbres sont-ils si indifférents ? Non. S'ils font mine de ne pas s'intéresser à la course, c'est pour ne pas faire de peine aux tifosi qui attendent Panizza désespérément. Ils regardent ailleurs, leur signifiant de la sorte qu'il ne se passe sur la route rien d'important. Cette attaque du Français n'est qu'une péripétie, un truc sans importance, rien. Le Stelvio est très dur, très long, et placé, cette fois, si loin de l'arrivée. Et puis Panizza va se refaire la cerise, et l'inconscient Français aura bientôt la meute italienne à ses trousses. Et le maillot qu'il revêtira sera celui de la défaite. Voilà ce que les tifosi peuvent lire sur l'écorce des arbres immobiles. Oui, ils regardent ailleurs les arbres, le ciel par exemple. Mais tous savent, au fond de leur sève, que le Tour d'Italie est en train de se jouer, là où il doit se jouer, là où la légende s'écrit, là où les Géants rappellent ce qu'ils sont : dans la cima Coppi. Le vent pourra se lever, souffler comme un malade pour freiner le Français : rien n'y fera. Il y des plans écrits nulle part contre lesquels il est vain de tenter quoi que ce soit, même si l'on s'appelle le vent ou la neige. Et le vent gifleur du Stelvio arrivera à la même conclusion que la neige boxeuse de Liège-Bastogne-Liège : ce Bernard Hinault est de la famille.

Bernard Hinault rejoint Becaas. Au moment où Hinault le double, Becaas sourit. Il sait qu'il n'a pas bossé, bouffé du vent pour rien. Il s'est torturé la caisse, massacré tous les muscles, mais c'est une fusée qu'avec l'aide de Maurice, il a mis sur orbite. Et la fusée se glisse entre les derniers arbres, disparaît entre les premières congères. Bernard Hinault grimpe comme il a l'habitude de le faire : assis. Hercule n'avait pas de reins plus costauds. Il ne se met en danseuse que rarement, plus pour changer de position et soulager le dos que pour relancer. Pas besoin de relancer, la machine tourne à plein régime, la turbine à l'abri au fond de la viande, tourne à fond les ballons, sans hoquet ni raté.

Maintenant, la neige. Les congères sont garées de chaque côté de la route comme des bus. Devant le Blaireau, y'a Momo. On est à six bornes du sommet. Bernard revient sur Le Guilloux comme il est revenu sur Becaas. Et comme Becaas, Le Guilloux peut être fier de lui : le boulot a été fait, bien fait. Et maintenant c'est à Hinault de jouer, c'est-à-dire au meilleur, au plus fort, au plus vaillant, à celui qui a la troisième jambe. Hinault double Le Guilloux, et Le Guilloux le regarde s'éloigner. Dans la roue du Blaireau, la voiture du Guimard et, le buste hors de la voiture, un vélo de rechange sur l'épaule, prêt à bondir hors de la caisse en cas d'incident mécanique, Jean-Pierre Le Goadec. La route est étroite et, à chaque virage, le vélo tenu par le mécano vient heurter les flancs des congères.

La route est noire et mouillée et, sur la route noire et mouillée, Hinault avance sans faiblir. Jean-René Bernaudeau franchit, seul, le sommet de la cima Coppi. À peine a-t-il entamé la descente que la voiture de Guimard se porte à sa hauteur : « Bernard arrive, lève le pied ! ». Jean-René lève le pied, Bernard est dans sa roue. Ils auront accumulé les efforts, brûlé de l'énergie et leur avance, le Stelvio franchi, dépasse à peine les deux minutes. Derrière un groupe de dix s'est constitué autour du maillot rose, Panizza, groupe au sein duquel figurent Saronni, Prim, Battaglin, Baronchelli, Beccia. Seul dans le Stelvio, si loin de l'arrivée, c'était une folie. Se battre à deux contre dix Italiens lancés à leurs trousses, c'en est une autre. Résister au retour de dix locomotives italiennes lancées à plein régime pour sauver, en Italie, le maillot italien, c'est impossible. Sur le papier, c'est impossible. Mais l'on n'est pas ici sur le papier : on est dans la descente dangereuse du Stelvio avec deux trompe-la-mort, gorgés d'énergie et de joie. Gorgés de joie : oui. La joie qui pousse à l'exploit. L'accomplissement de l'exploit qui entretient la joie : yes !

Ils descendent. Ils descendent le Stelvio comme des dingues. À toi ! À moi ! À fond ! La descente terminée, l'avance, au lieu d'avoir diminué, a, au contraire, augmenté, passant de 2', à 2'30", puis 3'30".

Maintenant, il faut rejoindre Sondrio, bouffer 30 bornes de ruban. Bernard et Jean-René se disent alors qu'ils vont rouler comme s'ils disputaient le Trophée Barrachi, cette course contre-la-montre italienne qui se disputait par équipes de deux coureurs. Il y aura eu de sacrés duos au fil des éditions : les victoires de Fausto Coppi et Riccardo Filippi, celle de Jacques Anquetil et de Jean Stablinski, celle d'Eddy Merckx et de Ferdinand Bracke, celle de Luis Ocaña et de Leif Mortensen, celle de Francesco Moser et de Gianbattista Baronchelli. Il faudra y ajouter désormais celle de Bernard Hinault et de Jean-René Bernaudeau, disputant l'épreuve entre le pied du Stelvio et Sondrio[63]. Jean-René Bernaudeau franchit la ligne le premier. L'étape est pour lui et le maillot rose de leader pour Bernard Hinault. Et les chronos que disent-ils ? Ils disent que l'avance des deux lascars est de 4' 22". La presse loue l'exploit de Bernard Hinault, les qualités de tacticien de Guimard. Elle ignore que le coup du Stelvio est avant tout le fruit de l'improvisation géniale de quatre coureurs : Le Guilloux, Bernaudeau, Becaas et Hinault.

Il reste maintenant un contre-la-montre de 54 km, disputé entre Saronno et Turbigo : Saronni l'emporte avec 45" d'avance sur Bernard Hinault.

Il ne reste plus que l'étape de Milan, longue de 114 km : Pierino Gavazzi s'impose devant Prim.

Bernard Hinault remporte le Tour d'Italie.[64]

---

63. Signalons que Laurent Fignon et Thierry Marie ont remporté le Trophée Barrachi en 1989.

64. Tour d'Italie 1980 :
1 Bernard Hinault
2 Wladimiro Panizza à 5' 43"
3 Giovanni Battaglin à 6' 03"
4 Tommy Prim à 7' 53"
5 Gianbattista Baronchelli à 11' 49"

13

La Bretagne, la baie de Saint-Brieuc, Quessoy. Martine, Mickaël, la maison. Quelques jours avec les siens. Pas assez de jours. Il en voudrait d'autres. Martine aussi. Et les arbres que le vent lèche le regardent et lui demandent : mais qu'est-ce tu fous ? Et le vent le rouspéterait presque. Ne me dis pas que tu trouves ailleurs un vent aussi complice. C'est pas moi qui soufflerais sur tes doigts pour les faire geler. Et je n'ai jamais arraché une ardoise de ton toit, moi. Je glisse sur elles, et ça fait de la musique. Tu le sais bien, toi : dans ta maison y'a les Rolling Stones, et sur ton toit y'a moi. Tu me diras, les Stones, tu peux les écouter n'importe où, et tu montes le son, dans la voiture, quand ils passent à la radio. D'accord, on est d'accord. Mais moi, mes solos à moi, mes rifs à moi, ma voix à moi, y'a qu'au Quessoy. Au Quessoy, je suis là pour toi, et je sens, je sais quand il faut que je souffle. La douche la plus délicieuse que tu puisses prendre, c'est moi, moi quand je souffle sur toi et nettoie ta carcasse de toutes les crasses de la course, quand je loge dans ton cœur, la douceur de l'air d'ici, léger comme les plumes éparpillées, courant sur le rocher, des oiseaux qui séjournent ici, en pension ou en demi-pension dans la baie. Ils font comme toi, tu vois, ils reviennent. Mais toi, pourquoi tu ne restes pas ?

Tu ne serais pas mieux, ici, dans ta maison, plutôt que sur ton vélo à te faire engueuler par Guimard. Dis donc celui-là, quelle autorité ! C'est vrai qu'on l'appelle

Napoléon ? C'est vrai qu'il décide de tout ? Il doit y avoir des clashs, parfois, n'est-ce pas, dis-moi ? Je te connais depuis toujours. Je t'ai vu dévaler les chemins d'Yffiniac, n'en faire qu'à ta tête, et je t'imagine difficilement le petit doigt sur la couture du pantalon de Guimard. Vous devez vous friter de temps en temps. Je n'ai jamais lu d'article à ce sujet, mais il est vrai que je ne lis pas la presse tous les jours, même durant le Tour. Avec moi, en tout cas, ici, au Quessoy, y'aurait pas de problème. Je te tiendrais compagnie dehors, quand tu sors, comme je l'ai toujours fait. Et la nuit, je resterais sur le toit, pendant que tu dors avec Martine. Je ne vous dérangerais pas tous les deux. Hé, dis-moi, puisqu'on parle de Martine, Guimard il n'en veut pas de Martine, y'paraît. Les épouses, il les éloigne, on dit. Elles n'ont pas le droit de venir vous voir à l'hôtel après la course, c'est ce que m'ont raconté des oiseaux pendant que je leur séchais les pattes. Vraiment ce Guimard, quel tyran !

Les Stones écoutés à fond, les poumons pleins de vents bretons, Bernard quitte Quessoy pour rejoindre les Échelles, commune savoyarde où va se dérouler le 69e Championnat de France sur route.

Pour quoi, ce nom, Les Échelles ? Fabriquerait-on, dans ce bourg qui eut pour maire un oncle de Stendhal, les plus belles échelles du monde. Le patelin aurait-il été batti par des Landais monté sur des échasses ? Nullement. Le village doit son nom au passage des Échelles, une gorge étroite et escarpée, un pur goulot que l'on franchissait, jadis, à l'aide d'échelles. Gorge dans laquelle le fameux Mandrin se sera sûrement planqué, lui qui séjournait aux Échelles pour s'adonner aux joies de la contrebande.

Le bourg s'appelant Les Échelles, Bernard Hinault, décide, au bout de deux cents bornes de course, de faire la courte échelle à son fidèle équipier Pierre-Raymond Villemiane lequel devient champion de France. Pierre-Raymond aura donc profité d'un coup de main décisif de son leader. Mais si Bernard Hinault a décidé d'épauler son équipier c'est bien parce que ce dernier avait les jambes et roulait devant. C'est ce que Bernard explique le soir à l'hôtel à quelques journalistes invités à fêter avec les Renault-Gitane la victoire de Pierre-Raymond. Et Bernard d'ajouter : « Et puis Pierre-Raymond, comme les autres gars de l'équipe, se mettent sans cesse à la planche pour moi. Le travail qu'ils fournissent est colossal. Sans le boulot de Becaas, de Momo et de Jean-René, il n'y aurait pas eu de victoire dans le *Giro*. Le maillot rose, comme le maillot jaune, je le leur dois. Il est juste qu'à mon tour je me mette à leur service quand l'opportunité se présente. L'opportunité n'est pas toujours là, vous savez. En tout cas, ce soir, ce qui est là, c'est la joie de Pierre-Raymond, ma propre joie et celle de toute l'équipe. »

La joie de Pierre-Raymond, elle se lit dans son regard quand il porte à ses lèvres la flûte de Champagne. C'est qu'il a galéré, Pierre-Raymond. Né à Pineuilh, en 1951, en Gironde, ce qu'il voulait Pierre-Raymond, c'est devenir un grand joueur de rugby. Le sport, quand on vit dans ce triangle formé par l'Atlantique, la Garonne et les Pyrénées, c'est le rugby. Mais, en jouant au rugby, Pierre-Raymond se blesse gravement. Fini le ballon ovale. Commence la longue rééducation. Rééducation sur un vélo. Retrouvailles avec son corps, découverte d'une machine fabuleuse, et direction la bande à Hinault[65][66].

---

65. En 1977, Pierre-Raymond Villemiane, avait remporté la première étape du Tour, Fleurance-Lectoure-Auch, longue de 237 km.

66. Championnats de France sur route 1980 :
1 Pierre-Raymond Villemiane, les 260,810 km en 6 h 37' 36''

14

Favori du Tour 80 : le Blaireau. Tout le monde est d'accord là-dessus, le peloton, la presse, la télé, les anciens coureurs et le populo. Bernard lui, calmement, consulte l'itinéraire. Il n'y a pas moins de trois contre-la-montre individuels. En clair, trois coups de masse à donner sur la tête des principaux rivaux. Il devrait les estourbir tous : Joop Zoetemelk qui, à 33 ans, a rejoint la surpuissante équipe Ti-Raleigh et ses bouffeurs de vent, de ruban, de pluie, de pavés, de tout ce que l'on peut glisser sous leurs jantes de guerriers. Des guerriers capables de s'escagasser toute la viande et d'imposer des tas de torticolis à tous leurs os pour gagner. Donnons des noms, tremblons : Gerrie Knetemann, Henk Lubberding, Bert Oosterbosch, Jan Raas, Cees Priem, Bert Pronk, Johan Van der Velde, Leo Van Vliet, Paul Wellens. Des mecs qui mettront tout à droite, entre Compiègne et Beauvais, lors du contre-la-montre par équipes : 65 km de bec de selle, ça leur fait pas peur à ces pirates. Y'a donc Joop et les siens, et il y a aussi Dietrich Thurau qui songe sans doute à faire un coup chez lui, puisque le Tour de France s'élance de Francfort, sa ville natale. L'équipe de « Didi », la Puch–Campagnolo, est solide. En son sein, Joachim Agostinho, toujours portugais, toujours solide, flanqué

---

2 Bernard Hinault à 2' 09"
3 Raymond Martin à 2' 11"
4 Maurice Le Guilloux à 7' 30"
5 Bernard Vallet

d'un autre Portugais, Marco Chagas. Il y a Hennie Kuiper chez Peugeot et, chez Splendor-Admiral TV-Ekspres, Michel Pollentier qui, quel que soit le col, quels que soient les lacets, sera devant. Il y a l'équipe Miko-Mercier de Christian Seznec et de Raymond Martin, il y a l'équipe La Redoute de Mariano Martinez et de Bernard Vallet, et tous les Espagnols de l'équipe Kelme qu'il va falloir secouer avant que les montagnes ne se radinent. Il y a du boulot à faire. Le boulot, il le fera.

Un truc le chagrine, l'agace : ces foutus pavés. Il a fallu qu'ils remettent des pavés, cette « cochonnerie » de pavés. Tu peux tomber et tout perdre. Les pavés, ça me tue. C'est pas du vélo, les pavés : c'est la roulette russe. C'est ni la course ni tes jambes qui font la loi, mais le hasard. C'est pas du vélo, les pavés : c'est le cirque. Et le Blaireau n'aime pas le cirque : il préfère le ring.

Les Pyrénées, c'est quoi, cette année ? Pau-Luchon Pau-Luchon, par les quatre cols, Aubisque, Tourmalet, Aspin, Peyresourde. Pau-Luchon, la bataille de... paulu-chon : ça me va.

Les Alpes, c'est quoi, cette année ? Arrivée à Pra-Loup, à Morzine, Morzine, le Galibier, La Madeleine, Joux-Plane, la Colombière, le Fayet, la Croix de Cham-bouret. Ça me va. Tout ça, ça me va.

Donc, y'a que cette cochonnerie de pavés qui m'ennuie. Mais pourquoi foutent-ils des pavés, dans la Grande Boucle ? Les pavés, c'est pas le Tour, c'est Paris-Roubaix. Paris-Roubaix, c'est pas une course. Si, c'est une course, une course à la con. Mais un jour, cette vache-là, je vais me la faire !

Donc Francfort ? Le prologue. 7,6 km contre-la-montre. Francfort, ville natale de Didi Thurau . Qui l'emporte et s'empare du maillot, à Francfort ? Thurau ? Non, le Blaireau :

On t'aime bien Didi
On t'aime bien Thureau
Mais le Boss sur le vélo
C'est Bernard Hinault
Yo.

Ce maillot jaune gagné à Francfort[67], il faut maintenant s'en débarrasser au plus vite. Pas question de demander à l'équipe de le défendre pendant trois semaines. L'équipe, la voici, alignons les noms des gonzes qui vont bosser :

- Hubert Arbes
- Bernard Becaas
- Jean-René Bernaudeau
- Yvon Bertin
- Patrick Bonnet
- Jean Chassang
- Maurice Le Guilloux
- Bernard Quilfen
- Pierre-Raymond Villemiane.

Tel est le team, tel est le crew, tel est le gang !

Hinault est-il content de les avoir tous dégommés ? Oui. Il est content, mais inquiet. Parce que son genou le fait souffrir. La douleur, il l'avait ressentie avant de s'élancer de Francfort, mais elle avait disparu dès que les jambes s'étaient mises à tourner. Maintenant, sur la table de massage, la voici qui revient, plus vive qu'au départ. Son genou s'apprêterait-il à lui jouer un mauvais tour ?

67. Classement du Prologue de Francfort (7,6 km) :
1 Hinault en 9' 13"
2 Knetemann, à 5"
3 Oosterbosch à 17"
4 Peeters à 21"
5 Thurau à 22"

Celui qui n'a pas mal au genou, c'est Philippe Tesnière. Tesnière n'est pas un crack. Il n'est pas membre d'une de ces équipes puissantes qui contrôlent le peloton. Il court au sein de la formation Boston-Mavic-Les-amis-du-Tour qui regroupe des coureurs sans contrat, autorisés à disputer la Grande Boucle. Tesnière, le 27 juin, entre Francfort et Wiesbaden, il sort du paquet sans rien demander à personne, et se met à rouler comme un forcené. Il reste seul pendant 106 km, mais quand les équipes de sprinteurs se mettent à rouler, il voit son avance fondre. Il est repris à 27 km de la ligne d'arrivée, rincé, mort de chez mort, déshydraté, désossé, déglingué, dépeçé, tous les -é qu'on voudra. Il finit avec 7' de retard sur le vainqueur, Jan Raas, de la Ti-Raleigh. Mais Tesnière a fait du bon boulot : son échappée rapporte 11 000 francs à son équipe[68].

Maintenant, c'est le chrono par équipes, le rendez-vous tant attendu par les furieux de la Ti-Raleigh. Hinault sait qu'il va – et c'est tant mieux –, perdre le maillot. Mais il doit veiller à ce que l'écart ne soit pas trop grand avec une formation au sein de laquelle figure Joop Zoetemelk, son plus dangereux rival.

Les Ti-Raleigh roulent à bloc. Les relais passent, tout est fluide. C'est un train qui passe, un train rouge, noir et jaune. Il y aura toujours sur le Tour un train qui ne ralentit pas, que les gens et les vaches regarderont passer, éberlués. Il y aura le train blanc de la Banesto d'Indurain, le train jaune de la Once de Jalabert, le train rose de la Telekom de Jan Ullrich, le train bleu de l'US Postal de Lance Armstrong. Ces trains filent dans

68. Donnons les noms de ces coureurs sans contrat courant au sein de la formation Boston-Mavic-Amis du Tour :
Paul De Keyser (Belg), Philippe Durel (Fra), Erich Jagsch (Aut), Ferdinand Julien (Fra), Jacques Osmont (Fra), Philippe Tesnière (Fra), Patrick Thévenard (Fra), Benny Vermeulen (Bel), Alain Vigneron (Fra).

la campagne, traversent à bloc les gares, se disloquent aussitôt la ligne d'arrivée franchie.

Le train rouge, jaune et noir de la Ti-Raleigh roule pendant 45,8 km, à 51,459 km/h de moyenne, ce qui, à la SNCF, incitera les conducteurs de trains à grande vitesse à la ramener un peu moins. Certains raseront les murs lorsqu'ils apprendront que Bert Oosterbosch, champion du monde de poursuite, a assuré le tempo pendant 44 km. Sur le museau des locomotives, longtemps on a pu lire : BB. À la gare de Francfort, le 27 juin 1980, sur ces mêmes museaux, l'on lit BO : Bert Oosterbosch.

Il y a le train rougeoyant des Ti-Raleigh, et celui, jaune et zébré de noir, de la bande à Hinault. Ça appuie. Ça envoie. Ça ne chôme pas. Et Hinault n'a plus mal au genou. La douleur s'est tirée, tout est huilé, ça baigne. Donc Hinault, il est souvent devant, imposant un train d'enfer. De même que, chez les Ti-Raleig, Wellens et Pronk ont sauté, incapables de tenir la roue d'Oosterbosch, de même, chez les Renault-Gitane, Jean Chassang et Bernard Quilfen lâchent prise. Deux équipiers relaient Hinault jusqu'à l'arrivée : Yvon Bertin et Hubert Arbes. Objectif : se classer second de l'étape derrière les Ti-Raleigh. Objectif atteint. Retard sur la bande à Raas : 44'. Le maillot jaune est pour Jan Raas. Il possède 25" d'avance sur le Blaireau. Tout est clair, tout est OK.

Débarrassé du maillot jaune, de retour à l'hôtel, Hinault n'a qu'une envie : confier ses jambes, son dos, aux mains de Patrick Lemonier, dit Lucky Luke. Le masseur doit ce surnom, non à son talent de pistolero, mais à sa passion pour les chevaux et l'équitation. Pendant que Lucky Luke, les mains huilées masse les muscles endoloris du Blaireau, le Blaireau parle. Des fois, il ne parle pas. Mais là, à Wiesbaden, aux termes de ce chrono épuisant, il parle. De quoi parle-t-il ? De la course ? De son genou ? Des équipiers ? Des braquets ? Non. Il parle de la Bretagne. De la pêche dans la baie de Saint-Brieuc. Des ardoises de sa maison du Quessoy. De l'angine de Mickaël. De la ponette. Du courrier qu'il reçoit. De toute la paperasse dont Martine s'occupe. Des Rolling Stones. Et puis de la mer. Et puis des oiseaux. Et puis des chevaux. Et puis, il se tait. Il s'est endormi.

Pendant que les mécanos finissent de nettoyer et de régler les vélos[69], Bernard et ses équipiers passent à table. D'abord, un potage de légumes, une assiette bien remplie sur laquelle chacun verse une ou deux poignées de gruyère. Viennent ensuite les crudités, carottes râpées, betteraves, tomates assaisonnées avec de l'huile d'olive et du citron. Les bouteilles d'eau minérale se vident à la vitesse grand V. Maintenant, c'est le poisson, cuit au court bouillon. Poisson ce soir et, demain, viande grillée. Et chaque fois, des pâtes, des tonnes de pâtes. Le fromage, souvent, il est des Pyrénées, le pays d'Hubert Arbes et de Bernard Becaas. Au dessert, des yaourts, des tartelettes. Ensuite, dans l'heure qui suit le repas, infusion pour tout le monde, verveine ou menthe. C'est comme ça, c'est toujours comme ça, c'est jamais autrement, c'est voulu par Guimard. Qui menace : « Si tu prends la moindre liberté, tu rentres à la maison ! » Jacques Anquetil, adepte du Champagne, et prompt à profiter d'un de ces « dégagements » que lui organisait Raphaël Géminiani, son directeur sportif, n'aurait pas supporté un tel régime. Bernard s'y plie, lui qui, sans doute, est le plus gourmand de l'équipe. Ah, les

69. « Sur le Tour de France, « Renault-Gitane » dispose de 26 vélos, 20 en 5/10 (9 kg 100) et 6 en 3/10 (8 kg 500). Bernard en a 6, ce qui est peu par rapport à Thévenet (12) et encore moins par rapport à Eddy Merckx (au minimum 20). Dans les camions de matériel, sont également rangées 30 paires de roues (20 paires à 32 trous et 10 légères), 200 boyaux (150 à 250 grammes et 50 à 85 grammes). À cela s'ajoutent tous les outils et un camion atelier. » Jean-René Godart, in *La bande à Hinault*, Éditions Alta, 1980

pâtisseries ! Ah, les glaces ! Lui qui, à l'entraînement, ne peut passer devant une boulangerie-pâtisserie, sans s'arrêter et déguster un éclair au café, doit résister à la tentation pendant trois semaines. Trois semaines sans glace à la vanille, sans cornet à la pistache, sans crème au chocolat, c'est épouvantable. D'autant plus épouvantable qu'il faut également se priver de steak frites ou de cassoulet. Ah, le cassoulet ! Foutre Saint-Georges, comment peut-on faire courir des champions du côté de Toulouse ou de Castelnaudary et leur servir le soir au dîner du poisson bouilli et non du cassoulet ? Anquetil devait de temps en temps déguster un cassoulet. N'avait-il pas un jour savouré du homard sous l'œil épouvanté de Louison Bobet ? Jacques Anquetil estimait que les excès, il fallait les commettre, non durant les périodes de repos – ce que font tous les coureurs –, mais durant les compétitions. Durant les périodes de repos, le coureur stocke et grossit, alors que durant la saison cycliste il brûle les calories, élimine les toxines. C'est la théorie particulière de Jacques Anquetil, champion particulier.

On traîne un peu devant l'hôtel, des autographes à signer, puis la chambre. À Francfort, Bernard partage la sienne avec Hubert Arbes. La veille, à Wiesbaden, son voisin, c'était Le Guilloux. À Metz, ce sera Jean Chassang. Cela étonne Anquetil :

— Pourquoi tu changes tout le temps ? Bobet ne partageait sa chambre qu'avec Barbotin. Et Poulidor avec Jean-Pierre Genet. Merckx, lui, ne voulait personne d'autre que Bruyère...

— Moi, je crois à l'égalité. Et puis, ça soude l'équipe, tu comprends.

— Je comprends, mais ça a un inconvénient, il me semble.

— Lequel ?

— Le Tour c'est long, et il me semble qu'un leader a besoin d'un confident. Tous les gars ne peuvent pas être ton confident. Moi, mon confident, c'était Darrigade, ensuite Stablinski. Y'a des trucs qui ne concernent pas forcement la course, des trucs que tu as envie de confier, et que tu ne peux confier qu'à un ami, un confident... Enfin, il me semble.

— Je le sens pas comme ça, tu vois. Et puis les gars, y'a des trucs qu'ils ont peut-être envie de me confier, à moi. Des trucs qu'ils ne confieraient pas aux autres, à Guimard non plus...

Sur les routes lisses ou granuleuses, les Géants du Tour filent parfois comme des mobylettes, ces mobylettes bleues que l'on retrouve sur la couverture de *Tendre rock*, le roman de Philippe Lacoche. Des mobylettes, que dis-je, des F1, Prost. C'est sans doute pour cette raison que le Tour et les grandes compétitions cyclistes empruntent volontiers les circuits automobiles. Le championnat du monde sur route remporté en 1934 par Georges Speicher ne s'est-il pas disputé sur le circuit de Montlhéry dont la côte la plus fameuse porte le nom d'un vainqueur du Tour : Octave Lapize ? Charly Gaul ne remporte-t-il pas un contre-la-montre individuel, lors du Tour 56, sur le circuit de Rouen-les-Essarts ? Jacques Esclassan ne s'impose-t-il pas au sprint, en 1975, sur le circuit Bugatti du Mans ? Bernard Thévenet, maillot jaune, ne bat-il pas Hennie Kuiper, en 1977, sur le circuit de Dijon-Prenois ? En 1980, c'est sur le circuit vallonné de Spa-Francorchamps, en Belgique, que les coureurs du Tour disputent le premier des trois contre-la-montre individuels. Bernard s'élance et, tout de suite, il sent que le genou va tenir, que la douleur ne se réveillera pas. Alors, il appuie le Blaireau, avalant dans un mélange de souplesse et de puissance, les bosses du circuit. Aussitôt les sommets atteints, il se lance dans les descentes, les effectuant, dans un souci de meilleure pénétration dans l'air, une main en bas du guidon, l'autre plaquée sur le dos. Jaune le haut du maillot, jaune la casquette, jaunes les gants, c'est un bolide jaune qui trace sa route jaune vers l'arrivée. L'étape est pour lui. Moyenne du prototype : 42,673 km. Qu'en est-il des machines rivales ? Joop Zoetemelk est relégué à 1'16", et Gerrie Knetemann à 1'25". Rudy Pevenage qui avait conquis le maillot jaune du côté de Metz conserve la précieuse tunique. Et c'est pour Hinault une bonne nouvelle : l'équipe de Pevenage, la Daf-Trucks-Lejeune va devoir, pour défendre et garder le maillot de leader, contrôler à son tour la course, surveiller la terrible équipe Ti-Raleigh dont quatre coureurs se sont glissés parmi les dix premiers au général.

Maintenant les pavés, ces cochons de pavés entre Liège et Lille : 249 km. Et le temps se fait complice des organisateurs qui rêvaient de loger l'Enfer du Nord sous les fines roues des lascars du Tour. Il pleut, il fait un froid de canard, et le vent est de face. On va chuter, on va percer. Percer, je verrai bien, mais chuter je vais éviter, s'encourage Hinault qui se place tout de suite en tête. C'est derrière que ça chute, restons devant répète-t-il, en mettant tout à droite. Et qui m'aime me suive ! Ils ne sont pas nombreux à pouvoir le faire dès le premier secteur pavé. Ils ne sont plus qu'une poignée dans son sillage de pluie et de boue lorsqu'il aborde le Carrefour de l'Arbre. On reconnaît, collés aux trousses du Blaireau, Hennie Kuiper, de l'équipe Peugeot, Ludo Delcroix et Gery Verlinden, de l'interminable Ijsboerke-Warncke Eis-Koga Miyata, Michel Pollentier, de la Splendor-Admiral-TV Ekspres, et deux grands calibres de la Ti-Raleigh : Jan Raas et Johan Van der Velde. Hinault qui n'a aucun équipier avec lui roule sans arrêt devant, sauf quand il crève. Il n'est pas le seul à crever, chacun subissant sa petite percerie sur les pavés pourris. C'est un à un que les coureurs vont lâcher prise, incapables de tenir la roue du Blaireau déchaîné. Seul Hennie Kuiper parvient à relayer Hinault dont les bras sont protégés du froid par des manches longues, dont les socquettes sont noires de boue, dont un casque de cuir enserre la tête. Les pavés qu'il maudit ayant été passés, il l'emporte à Lille avec une avance de 2'13" sur le peloton.

Bernard Hinault pourrait être content : il remporte l'étape et creuse l'écart sur les coureurs les plus menaçants. Mais content il ne l'est pas : la douleur au genou s'est réveillée. Qu'attend donc le soleil pour se montrer et ce maudit froid pour rentrer chez lui ? Et cette pluie, cette pluie qui tombe depuis le départ du Tour va-t-elle cesser de mitrailler les cuisses, les genoux, les tendons et la caisse ! La pluie dit : je reste. Tu n'en as pas fini avec moi, Blaireau. Tu ne m'aimes pas. Vous, les coureurs vous ne m'aimez pas. Charly Gaul, lui, il m'aimait. Et nous avons fait de belles choses ensemble dans les cols de la Chartreuse en 1958. Dans les cols, cette année-là, il n'y avait que lui et moi. Vous ne m'aimez pas, alors je vais vous mitrailler sans arrêt. Chaque fois que le vent se lèvera, je me mettrai à tomber, et ce sera sur vous des gifles d'eau, des flèches d'eau dans vos yeux, partout. Regarde, Blaireau, onze coureurs ont déjà abandonné. C'est presque tous des Espagnols. Ils voulaient le soleil, la canicule, et ils sont tombés sur moi. Vous ne m'aimez pas. Personne ne m'aime. À la télé, à la météo, quand il pleut, ils disent pas Il pleut, ils disent Il fait pas beau. Pour eux, pour vous, seul le soleil est beau. Alors je vais continuer de tomber, de vous cogner jusqu'à ce que vous abandonniez tous !

Dès les premiers kilomètres de l'étape menant les

coureurs de Lille à Compiègne, Bernard Hinault se place en tête du peloton. A-t-il l'intention d'imposer un rythme d'enfer, de tout éparpiller ? C'est le contraire. Préoccupé par son genou, Bernard souhaite imposer un tempo sage et sans à-coups. Et malheur à celui qui ne respecterait pas la loi imposée par le patron. Il y a toujours un patron dans le peloton – Anquetil, Merckx, Armstrong jouissent de ce statut –, et le patron, c'est le Blaireau. Il roule en dedans, prêt à griffer le coureur qui tenterait une échappée. La décision prise par Hinault ne sied pas qu'au genou d'Hinault : elle arrange tout le monde. Dans chaque équipe, en effet, un ou plusieurs coureurs se plaignent de douleurs au niveau des articulations, des tendons. Dans le peloton, c'est le Tendinite Day, l'Inflammation Week. De plus, la route glissante, la pluie, la boue, les pavés toujours présents provoquent des chutes, celle de Pierre Bazzo notamment, qui perd son maillot vert. Un bon de sortie est octroyé à cinq coureurs, à cinq costauds, membres chacun d'une grosse équipe : Gerrie Knetemann, de la Ti-Raleigh, Patrick Bonnet, du team du Blaireau, Bernard Bourreau, de la Peugeot, Gery Verlinden de l'Ijsboerke, et Jean-Louis Gauthier, de l'équipe Mercier. Les cinq coureurs s'en vont, se relaient, tandis que le peloton et le genou d'Hinault roulent à un rythme régulier. Jean-Louis Gauthier fausse compagnie à ses compagnons d'échappée à un kilomètre de l'arrivée et remporte l'étape[70].

Ce qu'il faudrait, pour le genou d'Hinault, c'est du repos. Mais le repos, c'est pas pour aujourd'hui, pas pour ce matin où doit se disputer le contre-la-montre par équipes : 65 km entre Compiègne et Beauvais. Au

70. Jean-Louis Gauthier portera le maillot jaune en 1983, lors de l'étape Soissons-Fontaine-au-Pire, longue de 100 km, disputée contre-la-montre par équipes.

saut du lit, la douleur se réveille, vive. Bernard ne peut ni poser le pied par terre, ni plier la jambe, sans qu'elle lui arrache une grimace. Cyrille Guimard ne dit rien. Les douleurs aux genoux, il connaît. Elles lui ont joué de bien mauvais tours sur le Tour quand il sprintait pour le gain du maillot vert ou du maillot jaune. Il ne dit rien. Il sait sans doute déjà que Bernard sera dans les jours prochains contraint d'abandonner. Philippe Miserez, le docteur de l'équipe Renault fait de son mieux, Lucky Luke pareillement, mais la douleur est de plus en plus vive.

Le Blaireau n'est pas bien. C'est ce que disent les journalistes qui suivent le contre-la-montre par équipes. Hinault en effet est dans l'impossibilité de prendre le moindre relais. Qu'une bosse se présente, et il manque chaque fois d'être décroché. Le Guilloux, Arbes et les autres s'organisent afin de maintenir un rythme à la fois soutenu et régulier. Régulier, il l'est. Soutenu, il l'est moins, bien moins que celui des Raas, des Zoetemelk, des Oosterbosch, des Knetemann, des furieux de la Ti-Raleigh qui se relaient à fond les ballons, envoient du lourd sur le plus grand braquet, s'assèchent le gésier, se pulvérisent le bréchet à chaque coup de pédale. C'est plié : Joop Zoetemelk reprend 1'35 à Bernard Hinault.

Plié ? C'est ce que pensent les Ti-Raleigh qui, l'après-midi, à peine digéré le contre-la-montre matinal, secouent le cocotier lors de l'étape Beauvais-Rouen, longue de 92 km. Ça bouge, ça accélère, ça gicle, et c'est au tour de Joop Zoetemelk de sortir. Mais qui va chercher Joop ? Le Blaireau en personne. Et Joop, il se calme aussitôt. Même blessé, le Blaireau mort méchamment.

Le soir, a Rouen, à l'hôtel, Lucky Luke masse le Blaireau, et le docteur Philippe Miserez lui fait une injection de cortisone dans le genou.

La cortisone et la Bretagne – le Tour fait étape à Saint-Malo avant de rejoindre Nantes – font du bien au tendon enflammé du Blaireau. Il souffre moins sur le vélo. Il ne songe pas à abandonner, comme au terme du contre-la-montre par équipes, mais il sait que l'amélioration ne durera pas : dès qu'il sollicite un peu trop durement son genou, la douleur se réveille. Que faire ? Attendre le contre-la-montre individuel Damazan-Laplume, dans le Lot-et-Garonne : 52 bornes, au pays du Buzet[71]. Ce chrono, au départ, devait lui dire si les jambes étaient bel et bien là, et donc s'il pourrait ou non répondre dans les Pyrénées aux attaques répétées des grimpeurs. Ce chrono a désormais une autre mission : lui indiquer s'il peut ou non continuer.

Depuis qu'il participe au Tour, Bernard a remporté tous les contre-la-montre individuels. Seuls des prologues – disputés eux aussi contre-la-montre mais toujours sur une distance ne dépassant jamais les 8 kilomètres –, auront pu lui échapper. Mais le chrono, le vrai chrono, celui que l'on dispute seul sur sa machine en bouffant du vent, en serrant le guidon et les dents pendant une bonne cinquantaine de bornes, c'est son affaire. Et les affaires du Blaireau, mieux vaut ne pas s'en mêler.

Il s'élance, il est parti, il roule. Mais il n'est pas au mieux. Il le sent et Cyrille Guimard le voit bien : la fluidité qui était la sienne sur le circuit de Spa n'est pas au rendez-vous. À plusieurs reprises, le genou douloureux s'ouvre, s'écarte du cadre bleuté du Gitane. Mais le Blaireau continue de rouler, de taper dedans. À l'arrivée, il est battu. Par Joop Zoetemelk qui n'est plus qu'à 21" de lui au général. Par Hennie Kuiper également. Mais

71. « Le Buzet, un grand vignoble grand comme la main », disent les vignerons.

c'est avec le maillot jaune sur les épaules qu'il rejoint son hôtel.

À l'hôtel, le soir, à Agen, Hinault ne parle guère. La douleur est trop forte. Repartira-t-il ? Abandonnera-t-il comme Hubert Arbes qui, victime lui aussi d'une tendinite persistante, est rentré chez lui, à Lourdes ? Il ne sait pas ce qu'il va faire. Il sait seulement que l'étape Agen-Pau sera dure. Parce qu'il y aura du vent. Parce qu'il y a des bosses partout. Parce que les Ti-Raleigh vont secouer le cocotier. La presse sportive n'a-t-elle pas titré : « Hinault en jaune et en péril » ?

Ce titre, il ne lui plaît pas à Bernard ! Il se dit, Ils me fatiguent. Il se dit, Ils m'emmerdent. Ils attendent quoi, au juste ? Que je m'arrête, c'est ça, que je m'arrête. Que je tombe de vélo et me mette à chialer devant leurs pointes Bic, leurs objectifs et leurs carnets. Et la télé, elle va faire quoi la télé ? Si entre Agen et Pau, je suis décroché, ils vont envoyer une caméra et sommer le cameraman de rester avec moi. Ils diront au cameraman, comme pour Merckx, en 1977, quand il était à la dérive entre Chamonix et l'Alpe-d'Huez : reste avec lui, filme, filme, il va abandonner. Si ça se passe comme ça, si je suis mal et que le mec me suive, je le cogne, je l'éclate, y'en aura partout.

Bernard est présent, sur la ligne de départ, à Agen. Il porte le maillot jaune. À ses côtés Hennie Kuiper, et Joachim Agostinho qui s'est classé troisième au contre-la-montre de Damazan-Laplume. Il espère bien, un fois encore, monter sur le podium, le champion portugais.

Le départ est donné. Agglutinés derrière les barrières, les habitants d'Agen applaudissent les coureurs, encouragent Bernard Hinault. Qui souffre. Très vite, ses équipiers l'entourent. Il roule avec eux, dans le premier tiers du peloton. Les coureurs atteignent le cinquantième kilomètre de course quand la voiture de Guimard se porte à hauteur de Bernard.

— J'ai trop mal, Cyrille, trop mal.

— Ok ! On fait comme a dit.

— Et on leur dit quoi ?

— Comme on a dit : rien.

Agen-Pau, c'est pour les baroudeurs. Et les baroudeurs sont Gerrie Knetemann, de la Ti-Raleigh, et Ludo Peeters, de l'Ijsboerke-Warncke Eis-Koga Myata. Ils faussent compagnie au peloton à 45 km de l'arrivée. Plus rouleur qu'eux, tu meurs. Plus résistants qu'eux, t'es mort. Morts, eux ne le sont pas. Ils se relaient parfaitement, se mettent régulièrement en danseuse pour soulager leur dos, pour relancer le braquet. Et ça avance, et ça fuse et ça file. Ils sont de la famille des jamais malades, ces deux pistoleros. Derrière ça ne bouge pas, ça capitule, sauf Gilbert Duclos-Lassalle, locomotive hors norme lui aussi, qui tente de revenir sur les deux fuyards. N'y parvenant pas, à 30 km de l'arrivée, il se relève. Il aurait bien aimé gagner chez lui, à Pau, Gilbert, mais le duo des branques roule trop vite. Il roule trop vite jusqu'à Pau où Gerrie Knetemann remporte l'étape. C'est, en quatorze étapes, la dixième victoire de l'équipe Ti-Raleigh.

Ayant confié son vélo au mécano, Bernard Hinault se dirige vers le podium pour recevoir un nouveau maillot jaune. Il le revêt, lève les bras, salue la foule rassemblée sur cette vaste place de Verdun qui, avant que les canons ne tonnent et les soldats ne meurent, s'appelait Place de la Haute-Plante. La Haute-Plante avec, à ses pieds, la Basse-Plante, et, entre les deux le château ou naquit Henri IV. Le château, Bernard n'a pas le temps de le contempler. Il est pressé de descendre du podium et de rejoindre l'hôtel Bristol, 3 rue Gambetta, où Martine, qui le suit depuis l'étape de Compiègne, l'attend, avec Mickaël. Au pied du podium, micros en main, caméra à l'épaule, la meute serrée des journalistes. Il se dirige vers elle. Elle l'entoure, l'encercle. Des tas de questions. Des tas de fois la même question : Allez-vous continuer ? Et le Blaireau, Le menton levé, le sourire carnassier :

— Tout s'est bien passé aujourd'hui... Demain, c'est les Pyrénées... J'attaquerai dans l'Aubisque !

Et il disparaît.

La voiture de Guimard dans laquelle Bernard a pris place s'immobilise devant l'hôtel. Dans le hall, parmi les badauds et les clients, Hubert Arbes, venu voir ses potes. Il a abandonné à Bordeaux. Il avait chuté à Dinan : ligaments de la main froissés. Ce qui l'avait obligé à changer sa position sur le vélo, provoquant un début de tendinite à une cheville. Hubert a suivi les conseils du Blaireau : « Abandonne maintenant, et la tendinite, c'est réglé en trois semaines. Sinon, t'en as pour plusieurs mois. »

Cyrille Guimard se précipite sur Hubert. Il lui dit Tu dînes avec nous ce soir. Ce soir j'ai besoin de toi. Lucky Luke se tient au pied de l'escalier : la chambre de Bernard est au premier. Il va le conduire. L'escalier est plus qu'un escalier : le Tourmalet, un jour de défaillance. À chaque marche, son genou le fait souffrir. Il ouvre la porte de la chambre. Elle donne sur le visage souriant de Martine, sur la frimousse de Mickaël. Pelles, bises, étreintes. Dans la pièce également, René Hinault, son cousin, chauffeur de Martine et de Michael. Ce qu'il veut, Bernard, c'est se doucher et confier tous ses muscles et son genou aux mains expertes de Lucky Luke. Après il verra le mec de RTL, pour l'enregistrement. Chaque matin, en effet, RTL ouvre sa page Tour de France par les impressions du Blaireau. Ça ne prend que quelques minutes, juste un bobino et basta.

À l'accueil, le téléphone n'arrête pas de sonner. La jeune femme décroche, et c'est toujours la même réponse : il n'y aura pas d'interview. Un photographe de la presse locale voudrait une photo du maillot jaune dans son hôtel. Une photo du Blaireau à Pau pour la une de son journal. La jeune femme regrette mais les consignes sont formelles : pas de photo, pas d'interview, pas d'images. Elle ne peut que répéter ça. Le photographe lui demande si Guimard est là, si on peut lui parler. Il est là mais il ne veut voir personne. Il a dit : pas de photo, pas d'interview, pas d'images. Le photographe de la presse locale sort . Il se rendra dans d'autres hôtels, voir d'autres champions, notamment le vainqueur de l'étape Gerrie Knetemann. Ils sont où les Ti-Raleigh, déjà ? Des gamins le bousculent sur le trottoir et ne s'excusent pas. Ils ont d'autres chats à fouetter, les gamins. Un stylo, un magazine à la main, ils galopent d'un hôtel à l'autre pour obtenir un autographe de leur champion préféré, d'une vedette du peloton. Dès qu'ils repèrent une voiture au toit hérissé de vélos et de roues, ils foncent vers elle en criant Y'a les Peugeot là-bas, les Mercier, c'est Pollentier, regarde, c'est Pollentier. Ils entrent dans la cour des hôtels, font cercle autour des mécanos qui nettoient les vélos. Parfois, l'un d'entre eux leur offre un bidon, le bidon de Jan Raas, le bidon de Bernard Thévenet, le bidon de Régis Ovion, le bidon de Sean Kelly, la casquette de Henk Lubberding, de Robert Alban. Autant de trophées qui trouveront une place de choix dans leur chambre, et auxquels viendront s'ajouter les magazines, les objets que la caravane du Tour sèmera demain dans les lacets du col d'Aubisque.

Dans la salle de presse, les machines à écrire crépitent, et les papiers qui s'écrivent saluent la victoire de Knetemann dans une ville où le Tour fait étape presque chaque année, et rassurent les supporters de Bernard Hinault : l'étape s'est bien déroulée pour lui, et c'est dans l'Aubisque qu'il donne rendez vous à son public et à ses principaux rivaux. Le public, il se lèvera de bonne heure, et les voitures, le coffre rempli de victuailles, quitteront Pau bien avant l'aube. Quand le jour pointera son museau rose, les cols seront pleins. Commencera alors l'attente et la ripaillerie dans un brouhaha de chants basques, de cris et de transistors.

Le repas pris, Bernard Hinault remonte dans sa chambre et, aidé de Martine, prépare ses valises. Il est un peu plus de 22 h lorsque Guimard vient frapper à la porte. On attend encore un peu et on y va, lui dit Guimard. Pendant qu'ils attendent et parlent, René Hinault, les bagages de Bernard à la main, suit Martine jusqu'à la voiture.

Il est 22 h 15 quand Guimard dit C'est bon on y va.

Jacques Goddet et la direction du Tour sont descendus à l'hôtel Continental, chez Jean Touyarot. Jean Touyarot, qui a pris la succession de son père, dirige l'hôtel depuis 1961. Le Continental est le plus prestigieux hôtel de Pau, et Jean Touyarot a cavalé toute son enfance dans ses escaliers, a passé des après-midi, loin de l'école, caché dans ses immenses greniers. Quand il quittait l'hôtel, il fonçait sur son vélo jusqu'à la place Clémenceau. Il était le seul gamin capable de faire deux fois le tour de la place sur une seule roue. Son idole s'appelait Roger Lapébie. Pendant la guerre, son père écoutait les prêches radiophoniques de « l'Abbé Bessé », et cachait dans son hôtel, des réfugiés, des juifs traqués par les nazis, puis les aidait à rejoindre l'Espagne avec la complicité du personnel de l'hôtel. Il continuera jusqu'à la Libération à cacher des « apatrides », des métèques » et des juifs à la barbe des autorités allemandes qui avaient réquisitionné deux étages du vénérable hôtel. Jusque dans les années 80, les vedettes de la chanson qui se produisaient au vieux Casino[72] descendaient toutes à l'hôtel Continental.

Bernard Hinault et Cyrille Guimard s'engouffrent dans le hall du Continental, demandent à voir Jacques Goddet. Jacques Goddet dîne en compagnie de l'invité du Tour, Georges Marchais. C'est Guimard qui parle. Qui dit que Bernard doit abandonner. Abandonner à Pau. À cause du genou. Il doit voir au plus vite le docteur Armand Mégret. C'est la seule façon de préserver la suite de sa carrière. Jacques Goddet en convient. Les mains ayant été serrées, on se sépare. Jacques Goddet regarde sa montre : 22 h 30. Les journaux sont bouclés. Bernard sort du Continental monte dans la voiture d'Hubert Arbes, garée le long de l'hôtel, rue Samonzet. La voiture démarre aussitôt. Hubert conduit Bernard chez lui, à Lourdes. Il a indiqué son adresse à René qui, au même instant, quitte Pau avec, à bord de la Renault TS, Martine et Mickaël.

Il est 23 h 30 lorsque Hubert Arbes se gare, le long du trottoir, juste devant chez lui, avenue Jean-Moulin, à Lourdes. Henriette, l'épouse d'Hubert, est sur le seuil. Bernard entre. La porte se referme derrière lui. Hubert attend dehors, que la voiture de René arrive. La voici. Hubert fait signe à René d'entrer dans le garage. C'est la voiture d'Hubert qui restera dehors.

On monte les valises, on s'installe dans le salon, Martine couche Mickaël. Hilda, la fille d'Hubert et d'Henriette réclame sa mère. Qui monte. La rassure. Les mômes endormis, on boit de la tisane. Bernard ne

72. Le vieux Casino est devenu le Palais Beaumont. Il abrite, en juillet, la salle de presse du Tour de France.

parle pas. Il sirote son infusion, des larmes dans les yeux. Hubert tourne la tête vers René : il faut parler. René lui dit « T'as commencé le vélo ici, je suppose ». Hubert lui répond que non. Il n'est pas de Lourdes. Il habite Lourdes, mais il est né à Lys, à coté de Nay, dans les Pyrénées-Atlantiques. Son club, c'était l'Union Sportive Coarraze-Nay, l'USCN. C'était le vélo où la terre. Et son père l'a poussé à choisir le vélo. René n'en revient pas. Hubert lui dit Je t'assure. Il a donc choisi le vélo, gagné toutes les courses de la région, brillé au Premier Pas Dunlop, à Martigues, remporté la Palme d'or Merlin Plage récompensant le meilleur Français de l'année, et Stablinski l'engage avec Bernard dans l'équipe Gitane. Il continue de parler, Hubert, de raconter des trucs, le bataillon de Joinville, le grand Prix de Pontacq, le plus dur du coin, avec sa côte à escalader douze fois, ce Grand Prix qu'il a remporté, comme avant lui Luis Ocaña. Duclos-Lassale a triomphé à Pontacq. Becaas aussi. Hubert parle afin que tout le monde l'écoute, et que personne ne regarde le Blaireau pleurer.

À deux heures du matin le téléphone sonne. Hubert descend, décroche. C'est Guimard. Y'a un problème avec RTL. Bernard ayant abandonné, il faut refaire le bobino de Pau. On va faire ça où, demande Arbes. À Lourdes, répond Guimard. Zanier va venir, il faut convenir de l'heure et du lieu, sachant qu'ils diffuseront à 7 h du matin. Hubert dit Ok. Tu dis à Zanier 5 heures, à la gare de Lourdes. On ira faire le son dans un coin tranquille.

L'enregistrement se fait dans une carrière désaffectée. À 6 h du matin, la famille Hinault quitte l'avenue Jean-Moulin. René est au volant. Lourdes. Tarbes. Bordeaux. Nantes. La Bretagne.

Quessoy. Plusieurs voitures stationnent le long de la route, devant leur maison.

— C'est quoi, ce bordel demande Bernard ?
— Les journalistes, j'imagine, répond Martine... Tu t'y attendais, non ?
— Je te parle pas des journalistes, je te parle du portail.
— Qu'est-ce qu'il a, le portail ?
— Regarde, ils ont mis une corde. Non mais, ils croient qu'ils vont m'empêcher de rentrer chez moi ! Attends !

Et Bernard de gicler hors de la voiture. Et de foncer vers les voitures, les journalistes, le portail. Les journalistes, il ne les regarde pas. Il ne voit que la corde. Et la corde, il l'arrache. Et le portail, il l'ouvre. Martine entre. Bernard referme aussitôt le portail derrière elle. Et sans les regarder, il dit aux journalistes qu'il n'a rien à leur dire. Ils peuvent rester là si ça les amuse, mais il ne parlera pas.

Le ciel de Bretagne, le vent, la famille, la maison, les animaux : tout ce qu'il faut pour l'apaiser, lui faire oublier cet abandon dans le Tour. Il écoute les Stones, regarde les nuages, puis téléphone au docteur Armand Mégret. Demain, ce serait bien. C'est possible : c'est parfait. À Lannion : pas de problème. À son cabinet : il y sera.

Bernard ouvre le portail, ils sont là, ils l'attendent avec les micros, les stylos, les caméras. Bernard s'installe au volant, sort doucement, passant doucement entre les deux rangées de journalistes et, l'obstacle franchi, écrase son pied sur la pédale de l'accélérateur. À fond sur les pédales, il sait faire le Blaireau. Aussitôt les journalistes sautent dans leurs propres véhicules, manœuvrent, s'élancent à sa poursuite. Volontairement, Bernard mord un peu sur les bas-côtés de la route, ce qui soulève un épais nuage de poussière. De temps en temps il jette un coup d'œil à son rétroviseur : pas de voiture, pas de poursuivants, juste de la poussière. Il continue d'accélérer, de rouler sur les bas-côtés. Il y autant de poussière dans le sillage de sa caisse que dans celui des chariots bâchés lancés à fond les ballons dans un western. Sur les lèvres de Bernard naît un sourire carnassier. Il les a semés.

Le docteur Mégret le rassure. C'est très douloureux, OK, mais ce n'est qu'une tendinite. Du repos, et l'on n'en parlera plus. Il est formel : sa fin de saison n'est en rien compromise. Qu'il se repose, qu'il reprenne ensuite l'entraînement, et il sera prêt pour le championnat du Monde.

Cela faisait belle lurette que Bernard n'avait pas suivi le Tour à la télé. Confortablement installé dans son salon, le magazine *Cheval* posé devant lui sur la table basse, il regarde Zoetemelk l'emporter. C'est un beau vainqueur, Zoetemelk. Cela fait bien des années qu'il fait la course en tête, toujours dans les coups, toujours devant, aussi bien lors les étapes de plat que dans les cols. Devant aussi, lors des chronos. Rien de surprenant donc à le voir monter sur la première marche du podium. Cette année, à 33 ans, il aura eu, à sa disposition, une équipe puissante[73]. Cette équipe, elle aura été sur le pont trois semaines durant. Hinault parti, elle aura fait le travail dans l'étape Serre-Chevalier-Morzine, en contrôlant les attaquants, les grimpeurs – Johan De Muynck, Jean-René Bernaudeau, Christian Seznec, Mariano Martinez, Christian Levavasseur – qui, des lacets du Galibier jusqu'aux rampes de Morzine en passant par celles

73. Créée par Peter Post, l'équipe Ti-Raleigh aura régné sur le peloton de 1973 à 1983, remportant pas loin de 1000 victoires. L'année 1980 est sa plus belle année : elle remporte le Tour de France avec Zoetemelk et, sur le Tour, onze victoires d'étapes. Durant la Grande Boucle, l'équipe Ti-Raleigh ne remporte pas seulement le contre-la-montre par équipes dont elle s'est fait une spécialité. Elle gagne aussi au terme de sprints ou de raids solitaires. Entre 1976 et 1983, elle s'adjuge sur le Tour de France 48 victoires d'étapes.

de Joux-Plane, multipliaient les assauts, harcelaient à chaque lacet Joop vêtu du maillot jaune. Le calme, la sérénité de Zoetemelk durant semblable orage était bel et bien celle d'un vainqueur du Tour. Loué soit ce vainqueur du Tour[74], qui deviendra champion du monde à 38 ans[75] et qui aura su se faire une place au soleil lorsqu'un Eddy Merckx puis un Bernard Hinault condamnaient les meilleurs coureurs à rester dans l'ombre ! Joop Zoetemelk-Duracel aura roulé longtemps en tête d'un peloton qui comptait dans ses rangs, outre Eddy et Bernard, Luis Ocaña, Bernard Thévenet ou encore Lucien Van Impe. Il y avait, on le voit, du monde au balcon du Soulor. C'est bel et bien en affrontant le gratin du braquet – dont on peut dire qu'il fait partie – que Joop Zoetemelk a remporté 195 courses et décroché à six reprises le seconde place sur le podium du Tour[76].

---

74. Tour de France 1980 :
1 Joop Zoetemelk
2 Hennie Kuiper à 6'55
3 Raymond Martin à 7'56
Maillot vert : Rudy Pevenage
Meilleur grimpeur : Raymond Martin
Classement par équipes : Miko-Mercier

75. Championnat du Monde sur route 1985 : disputé à Giavera de Montello (Italie).
1 Joop Zoetemelk
2 Greg LeMond
3 Moreno Argentin

76. Joop Zoetemelk se classe second du Tour :
- en 1970 et 1971 derrière Eddy Merckx
- en 1976 derrière Lucien Van Impe
- en 1978, 1979, et 1982 derrière Bernard Hinault.

15

La 47e édition du championnat du Monde sur route se dispute à Sallanches, au pied du Mont-Blanc, dans ce département de Haute-Savoie où Francis Cabrel connaît une dame.

Selon les érudits – les mecs qui passent leur vie le nez, non dans le guidon, mais dans le dico – Sallanches dérive d'un terme de l'époque post-glacière et pré-celtique, « salanca », désignant un ravin dans lequel coule un torrent. Le torrent en question, c'est la Sallanche qui conflue avec la Frasse. Sur le blason rouge de la ville, le chevron ondulé rappelle ces deux torrents.

Sallanches est une ville charmante qui prend feu facilement : elle a subi sept incendies, le dernier, le 19 avril 1840. Pas étonnant dans ces conditions que le Blaireau déboule à Sallanches, le 30 août 1980, avec la ferme intention de mettre le feu.

Lorsqu'il sort de son hôtel, suivi des autres membres de l'équipe de France, Bernard Hinault, s'arrête quelques secondes dans le hall et, planté devant le patron :

— Vous pouvez mettre le champagne au frais, ce soir on est champion du monde.

— C'est déjà fait, monsieur Hinault, c'est déjà fait.

On ne va pas lui apprendre son métier, au patron. Et puis, tout est si clair, si évident, si limpide, si loin des prises de tête. Qu'allez-vous faire aujourd'hui ? Je suis cheminot, je vais conduire mon train. Qu'allez-vous faire aujourd'hui ? Je suis maçon, je vais terminer les murs d'une maison. Qu'allez-vous faire aujourd'hui ? Je suis instituteur, je vais leur parler de la bataille d'Austerlitz. Qu'allez-vous faire aujourd'hui ? Je suis Bernard Hinault, je vais devenir champion du monde. Le champagne, le champagne, mais il est au frais depuis que la Fédération française de cyclisme et Richard Marillier ont retenu l'hôtel pour l'équipe de France !

On se souvient du championnat du Monde disputé en Italie, à Ostuni, en 1977, de la rage de Bernard Hinault qui n'avait pas bénéficié de l'aide qu'il était en droit d'attendre des membres de l'équipe de France. L'équipe de France, Marillier, il pouvait se la garder. Le Blaireau, on ne l'y reprendrait plus. Et Marillier avait réussi à calmer le Blaireau, ce qui n'a jamais été une mince affaire. Il lui avait dit, on s'en souvient : « Je te comprends, Bernard. Écoute-moi : en 80, le championnat du monde se déroulera à Sallanches et, à Sallanches, je te le promets, tu auras une équipe solide pour t'épauler. »

Et l'équipe, elle est là. Et elle est solide ! Elle est composée de coureurs qui viennent de briller durant le Tour de France. Parmi eux, Bernard Thévenet, deux fois vainqueur de la Grande Boucle, Jean-René Bernaudeau, André Chalmel, et Pierre-Raymond Villemiane, équipiers du Blaireau au sein de l'équipe Renault-Gitane. Ont également été retenus, Raymond Martin, 3e du Tour de France, et Christian Seznec, tous deux de l'équipe Miko-Mercier. Dans le gang également, Robert Alban, Mariano Martinez et Bernard Vallet, de l'équipe La Redoute, Régis Ovion, équipier durant le Tour de Joachim Agostinho et de Dietrich Thurau, et Bernard Bourreau, de l'équipe Peugeot. Tous sont des costauds, à commencer par ce bourreau de travail qu'est Bernard Bourreau. Certains d'entre eux – Alban, Martinez, Seznec – sont des grimpeurs. Leur aide sera précieuse sur un circuit sélectif[77] – 268 km de course –, avec l'ascension répétée de la terrible côte de Domancy. Tout est prêt, l'équipe c'est du sur-mesure. Il ne reste plus à Hinault qu'à rouler comme un surhomme.

Y a-t-il du monde en face ? Oui. Les Italiens débarquent en force : Gianbattista Baronchelli, présent et brillant sur tous les fronts depuis le début de saison, Wladimiro Panizza et Giovanni Battaglin, respectivement 2e et 3e du *Giro* remporté par Hinault, Mario Becchia, vainqueur du Tour de Suisse, et bien sûr ces deux champions que Bernard Hinault a toujours dans son sillage : Giuseppe Saronni et Francesco Moser. Les Ritals, c'est du lourd. Les Belges, aussi, avec Michel Pollentier, vainqueur du Tour des Flandres, et Claude Criquielion qui s'est classé troisième du Tour d'Espagne. Ces deux mousquetaires seront épaulés par Johan de Muynck, quatrième du Tour de France, et par Fons de Wolf et Daniel Willems. Chez les Espagnols, Faustino Ruperez, maillot amarillo de la *Vuelta*, peut compter sur Marino Lejarreta, vainqueur du Tour de Catalogne, et sur Alberto Fernandez, lauréat du Tour du Pays Basque. Les Hollandais n'ont pas envoyé à Sallanches des seconds couteaux. Joop Zoetemelk, Henk Lubberding, Johan Van der Velde, Jan Raas et Hennie Kuiper sont là, prêts à tous les barouds. D'autres coureurs, membres d'équipes moins bien charpentées, peuvent espérer tirer leur épingle du jeu, comme le jeune australien Phil Anderson, dit « Le Kangourou », ou encore l'Écossais Robert Milar, surnommé « la Ballerine des cimes ». Ce n'est certainement pas à ce

77. « Ajoutons que de mémoire de suiveurs, journalistes, inconditionnels de tous bords et champions de toutes générations, jamais peut-être, un championnat du Monde sur route n'avait et n'a, jusqu'alors, présenté un parcours aussi difficultueux, sélectif et piégeux que le parcours Haut Savoyard » Michel Crépel, *memoire-du-cyclisme.net*

Robert-là que la terrible côte de Domancy devrait poser le plus de problèmes.

Toute la nuit, il pleut, toute la nuit des bourrasques de vent. Pourquoi se déchaîne-t-elle de la sorte, la pluie ? Elle cherche quoi, au juste, la pluie, à provoquer des tendinites en série comme durant le Tour, en juillet ? Elle croit quoi, la pluie, qu'elle va réveiller la douleur dans le genou du Blaireau ? Si tel est le cas, elle peut aller se rhabiller, la pluie, aller frapper dans l'autre hémisphère si elle n'a rien d'autre à faire. Car le genou du Blaireau, il est guéri, la mécanique est huilée, la viande pleine de jus, les tendons aussi solides que ceux d'Hercule. Il faut dire qu'il a rechargé les batteries en Bretagne, le Hinault. Il a bu des bolées de vent iodé, sucé des bonbons au granit lors de ses longues promenades, siroté le soir des infusions à base de sève de bruyères et d'ajoncs. Il s'est fait masser avec de l'huile de cormoran. Il a même fait des inhalations d'haleine de korrigan. Il est prêt, le Bernard, aussi costaud qu'un chalutier. La mer, le combat, il n'attend que ça. La pluie peut continuer à tomber si ça lui chante, le soleil peut se mettre à cogner, comme en Castille, le vent à souffler comme chez les Flandriens, il s'en tape grave, le Blaireau : le champagne est au frais, il va gagner.

Ils sont 107, ils s'élancent, ça caille, la route est mouillée. Dès le premier tour un coureur se tire, Johan de Muynck, grand avaleur de bornes kilométriques devant l'Éternel – lequel s'intéresse aux courses cyclistes –, doué en montagne, et quatrième du Tour remporté par Joop. Qui va aller le chercher ? Un équipier de Bernard ? Non, Hinault en personne, pressé de savoir ce que raconte aux cuisses cette fameuse côte de Domancy, soucieux de savoir à quoi ressemble la descente qu'il faudra négocier sur route mouillée. Les deux se relaient, leur avance atteint les 20", et le peloton revient sur eux au bout de 20 bornes.

Va-t-on à cet instant rouler un peu en dedans ? Nullement. Kim Andersen et Ueli Sutter sortent aussitôt et, Mariano Martinez, membre de l'équipe de France, leur saute dans la roue. Il sait ce qu'il a à faire, à ne pas faire, Mariano : rester avec les échappés, ne pas quitter leur jante, ne jamais prendre le moindre relais. Il est là pour Hinault, Mariano. Il roule donc en danseuse, dans leur sillage, les lunettes sur le pif. Il appartient à la famille des binoclards des cycles, Mariano, comme Jan Janssen et Laurent. Par sa façon de se déhancher, presque de se tordre au-dessus du vélo, il a quelque chose de Pollentier, Mariano.

Les trois coureurs font la course en tête, du troizième au onzième tour. Et l'ascension de la côte de Domancy devient de plus en plus pénible, surtout pour Sutter qui se fait décramponner par Kim Anderson, par Mariano Martinez, frais comme un gardon. Et puis comment pourrait-il ressentir une quelconque fatigue, Mariano, lui qui ne prend jamais le moindre relais et, à l'abri, derrière ses compagnons d'échappée ne reçoit sur le pif aucune rafale de vent ?

Au douzième Tour, c'est terminé pour Anderson et Martinez. Le peloton les absorbe. C'est également terminé pour Francisco Moser et Joop Zoetemelk qui abandonnent. Abandonnent avec eux Jan Raas et deux équipiers de Bernard Hinault : Christian Seznec et Bernard Thévenet.

À peine le regroupement est-il effectué, à peine les échappés sont-ils avalés par le peloton, qu'une trentaine de coureurs se détache, s'en va, file. Les favoris sont dans ce paquet. Les favoris, c'est-à-dire les Italiens, ave Panizza, Battaglin, Visentini et Baronchelli. Les favoris, c'est-à-dire les Belges, avec Pollentier, Van der Velde et Johan De Muynck. Les favoris, c'est-à-dire les Français avec, entourant Bernard Hinault, Jean-René Bernaudeau, Bernard Vallet et André Chalmel. Y'a le mec Millar aussi, l'Écossais qui avale les cimes comme un Labrador ses croquettes. Mais y'a pas Saronni. Il n'est pas là, « Beppe » au moment où Hinault se met à envoyer du bois. Y'a trop de monde, ici, se dit le Blaireau qui appuie comme un dingue sur les pédales, imposant un rythme très soutenu, un truc qui tue. Et très vite ils sont nombreux à mourir. Hinault, il est survolté, c'est-à-dire parcouru de millions de volts, comme le ciel sur la lande bretonne une nuit d'orage. Ça tombe dans sa roue, ils meurent dans son sillage, il les tue tous dans Domancy. Seuls parviennent à s'accrocher à sa roue, Pollentier, Baronchelli et Van der Velde. Saronni, lui, abandonne. Au sommet de Domancy, Hinault passe en tête, suivi de Pollentier et de Baronchelli. Van der Velde a une cinquantaine de mètres de retard. Le groupe des trente, réduit à quelques unités – Kuiper, par exemple –, franchit le sommet avec 45" de retard. Il aura suffi d'une accélération prolongée d'Hinault pour que tout se brise, s'éparpille et s'écrase. Le Boss, c'est qui ? Le Boss, c'est lui !

Hinault se lance dans la descente, suivi notamment de Pollentier. La descente effectuée, ils se retrouvent à quatre : Hinault, Pollentier, Van der Velde, Baronchelli. Quatre lascars, quatre relais. Ça roule. Derrière, deux Italiens roulent de concert comme s'ils effectuaient un contre-la-montre, le trophée Baracchi : Panizza et Battaglin. Les tripes qu'ils ont, ils les mettent sur le guidon, et ils rentrent. Ils sont désormais 6 devant, dont 3 Italiens. Les six franchissent la ligne et attaquent le quatorzième tour de circuit. Derrière, des groupes se reconstituent au sein desquels roulent des coureurs dont le courage n'a d'égal que la puissance : Roger de Vlaeminck, Hennie Kuiper, Criquielion, Nilsson. Il faut coûte que coûte revenir sur le Blaireau.

Devant, le Blaireau lève un peu le pied, le temps de plonger les mains dans les poches du maillot, de s'alimenter. Cette baisse de rythme facilite le retour d'un groupe de 5 coureurs. Parmi eux Visentini. C'est donc un groupe de 11 coureurs, comprenant 4 Italiens, qui arrive au pied de Domancy. Aussitôt Hinault remet la gomme. Les Ritals, il faut les dégommer. Les Ritals, qui me préparent un truc vicelard, à 4 contre un, je vais m'occuper de leur cas, se dit Hinault. Je vais leur retendre le cuir, leur polir les rotules, leur pulvériser les omoplates, leur ratiner le caisson, leur essorer les poumons, leur retailler les côtes, leur concasser le gésier, leur estourniffler les ichions. Je m'occupe d'eux, tout de suite. Et tout de suite, Hinault accélère, demande à ses reins de faire le boulot. Le boulot, ils le font, ils s'y emploient, ça remue, ça secoue, les langues se plantent dans les guidons, et les Ritals, ils sont plus là. Y'a plus personne, juste Baronchelli et Millar.

Il y a donc le Blaireau qui appuie comme un dingue.

Il y a donc Baronchelli et Millar qui s'accrochent à sa roue.

Il y a donc les poursuivants qui se secouent la couenne et les ossements pour revenir sur les échappés.

Bref, y'a tout le monde, et tout le monde est à fond tout le temps.

De nouveau Domancy, toujours Hinault. Qui appuie méchamment. Et Millar le grimpeur, Millar qui, sur les grands Tours aime se gaver de lacets, saute. Il revient dans la descente et, la descente effectuée, le trio est de nouveau reformé. Le groupe des poursuivants au sein duquel roule Panizza accuse désormais un retard de 1'40'.'

De nouveau Domancy, Hinault toujours. Qui accélère. Impose un rythme asphyxiant. Millar saute de nouveau. Baronchelli reste dans la roue du Blaireau. Au Blaireau la puissance. À Baronchelli la souplesse. Un Baronchelli qui ne prend aucun relais. A-t-il la force de le faire ? Refuse-t-il de le faire ? Reste-t-il à l'abri dans le sillage du Blaireau qui abat seul tout le boulot, afin de le flinguer le moment venu ? Est-on vraiment à l'abri dans le sillage d'un Blaireau qui roule à fond les ballons ? Le cameraman de la télévision se porte à la hauteur du Blaireau pour le filmer en plein effort. Et, bien qu'en plein effort, le Blaireau fait un clin d'œil à l'objectif : soyez sans crainte, je ne suis pas tombé de la dernière pluie en Bretagne. Je ne vais pas l'amener dans un fauteuil, le Rital ! Je vais rouler à bloc tout le temps, et tout le temps il va souffrir, il va s'user, croyez-moi, il n'aura pas l'occasion de se refaire la cerise. Et je vais vous dire : je le sens là derrière moi, je l'entends, s'il tentait de sortir, je suis sûr qu'il coincerait, vous l'entendez, il coincerait. Je me marre, nom de Dieu, qu'est-ce que je me marre !

De nouveau un tour de circuit et, toujours amenant le duo, le Blaireau ! Deux cent cinquante bornes devant. Deux cent cinquante bornes à bouffer du vent et les pentes de Domancy. Vingt ascensions à fond les ballons déjà : voici la 21e ! Le Blaireau appuie. S'il a toujours autant de puissance, Baronchelli, lui, fait montre de moins de souplesse. Il commence à manquer de jus, le Rital. Ça se voit. Il ne grimace pas, certes, mais sa tête commence à se balancer, son nez à piquer vers le guidon. Il est élégant, Baronchelli, il a la classe, Baronchelli, mais il n'est pas bien. Et le Blaireau qui continue de boxer. Il ne grimace pas, le Blaireau, y'a juste ce rictus qu'il affiche lors des combats, ce rictus qu'on lui connaît, ce rictus qui était celui de Cerdan. Il cogne copieux, comme Cerdan et, comme Cerdan, sa réserve de coups est inépuisable. Il le sait, Baronchelli, il sait que les coups vont pleuvoir. La pluie du ciel, cette pluie qui a mitraillé les toits toute la nuit, c'est que dalle à côté de la pluie de coups qui s'abat sur lui, à côté de l'orage de pains qui se prépare.

L'orage, c'est maintenant, dans l'ultime ascension de Domancy. C'est d'abord le tonnerre, le nom d'Hinault hurlé par des centaines de gosiers, toute une flopée de luettes alignées de chaque côté de la route en pente, le long du goudron rugueux que coupent les noirs boyaux des deux champions arrimés l'un à l'autre.

Hinault monte en danseuse, c'est-à-dire en sollicitant ses reins, les reins des Tours de France déjà remportés, les reins de la Doyenne, les reins du Stelvio, les reins de Planguenoual. Le rythme imposé est infernal, Baronchelli s'accroche toujours. Frais, il ne doit plus l'être, se dit Bernard. Avec ce que je lui ai mis, il doit être sonné, le Rital.

C'est le moment d'en finir. Hinault augmente le braquet, le rythme devient plus élevé encore, plus asphyxiant. Baronchelli se porte à sa hauteur pour lui signifier qu'il a encore du jus. Alors le Blaireau de placer un terrible démarrage. Du jus, quel jus, t'as plus de jus, mon gars, t'es en carafe, t'es à sec, t'es mort.

Il reste 500 mètres à escalader : Hinault les avale seul, porté par la rumeur, les gosiers, les luettes. Cinq cents mètres, cinq cents mètres à bloc comme si le Blaireau n'avait pas plus de 200 bornes dans les pattes, comme s'il n'avait pas bossé comme un damné pour se débarrasser de tous ses rivaux. À bloc jusqu'au sommet ! En à peine 500 mètres Baronchelli concède plus de trente secondes. Il est à la ramasse le leader de la Squadra azura, un tas de miettes, un mort sur un vélo.

Hinault file vers Sallanches, vers la ligne, vers le maillot arc en ciel. Aux abords de la ligne la foule attend, compacte. Parmi elle, Bernard Vallet, équipier de Bernard. Il a abandonné lors du dernier tour pour pouvoir assister à la victoire de Bernard. Ce qu'il veut, Vallet, c'est voir son leader couper la ligne. Et Vallet voit Bernard lever les bras en coupant la ligne avec une avance supérieure à une minute sur Baronchelli[78]. Il a coupé la ligne et la tête de tous ses rivaux.

Ligne et têtes ayant été coupées, que retentisse la Marseillaise !

---

78. Championnat du Monde 1980
Sur les 107 inscrits, 15 coureurs franchiront la ligne :
1 Bernard Hinault (Fra) en 7 h 32'16"
2. Gianbattista Baronchelli (Ita) à 1'01"
3. Juan Fernandez (Esp) à 4'25"
4. Miro Panizza (Ita)
5. Jonathan Boyer (Usa)
6. Bert Pronk (Hol)
7. Roger De Vlaeminck (Bel)
8. Jorgen Marcussen (Dan)
9. Sven-Ake Nilsson (Sue)
10. Giovanni Battaglin (Ita) à 8'34"
11. Robert Millar (Gbr)
12. Johan De Muynck (Bel)
13. Jostein Wilmann (Nor) à 13'52"
14. Bruno Wolfer (Sui) à 20'00"
15. Gody Schmutz (Sui)

16

Qu'apprend-on lorsqu'on ouvre son journal, du *Courrier Picard*, à *Ouest-France* en passant par *La Nouvelle République des Pyrénées*, en ce mois de janvier 1981 ? On apprend que les 52 Américains détenus en otages dans l'ambassade américaine, à Téhéran, sont libérés au terme de 444 jours de détention. Ils sont d'abord conduits dans un hôpital militaire américain, en République fédérale allemande, à Wiesbaden. On les accueille, on les examine, on les soigne, et ils s'envolent enfin pour les États-Unis. Pendant qu'ils rejoignent leur pays, l'équipage français Metge-Giroux remporte le rallye préféré de Renaud[79], le Paris-Dakar, au terme de 9 500 km de course.

David Lynch reçoit le Grand prix du film fantastique, au Festival d'Avoriaz, pour *Elephant man*, la veuve du président Mao est condamnée à mort et, à Paris, le 31 janvier, le César du meilleur film est remis à François Truffaut pour *Le dernier métro*.

Le 28 mars 1981, la Caravelle effectue son dernier vol, sur la ligne Paris-Amsterdam-Paris, et Coluche est candidat à l'élection présidentielle : « La France est coupée en deux, je la veux pliée en quatre. » Il retirera sa

79. *« Cinq cents connards sur la ligne de départ*
Cinq cents blaireaux sur leurs motos
Ça fait un max de blairs
Aux portes du désert
Un paquet d'enfoirés
Au vent du Ténéré... »

candidature, et François Mitterrand, le 10 mai, sera élu président de la République.

Pendant que Pierre Mauroy conduit, à Matignon, la politique de la France, Madame Thatcher, de l'autre côté de la Manche, dans le terrible pénitencier de Long Kesh, fait couler le sang de Bobby Sands et de ses amis. Ils sont neuf à faire la grève de la faim, neuf à mourir pour l'Irlande. En Bretagne, le vent qui a une mémoire d'éléphant, se souvient d'eux, de leur martyre, récite au-dessus des toits, la litanie des noms[80].

Le vent, il fait comme nous. Souvent il pleure, parfois il est plein de joie. Et il est joyeux dès qu'il envoie des rafales du côté de Quessoy, sur le front du Blaireau dont les mains disparaissent dans la crinière de Pony, le poney de la famille. Quand il ne bataille pas sur les routes du Tour, Hinault arpente les champs et les chemins de Bretagne.

Il troque volontiers les chaussures de course pour les charentaises, Bernard. La maison, le toit, la cheminée, la bûche dans la cheminée. Heures qui s'étirent comme un chat, heures délicieuses auxquelles il faut mettre fin brutalement pour retrouver l'équipe, le dirigisme de Cyrille Guimard, le peloton, sa place – la première ! – dans la course.

L'équipe, elle perd Jean-René Bernaudeau qui a rejoint l'équipe Peugeot dont il espère devenir le leader. Mais deux coureurs ont rejoint la bande à Hinault : le

---

80. - Bobby Sands, 27 ans, mort le 5 mai 1981, après 66 jours de grève de la faim.
- Francis Hughes, 25 ans, mort le 12 mai 1981, après 59 jours de grève de la faim.
- Raymond McCreesh, 24 ans, mort le 21 mai 1981, après 61 jours de grève de la faim.
- Patsy O'Hara, 23 ans, mort le 21 mai 1981, après 61 jours de grève de la faim.
- Joe McDonnell, 30 ans, mort le 8 juillet 1981, après 61 jours de grève de la faim.
- Martin Hurson, 29 ans, mort le 12 juillet 1981, après 46 jours de grève de la faim.
- Kieran Doherty, 25 ans, mort le 2 août 1981, après 73 jours de grève de la faim.
- Thomas McElvee, 23 ans, mort le 8 août 1981, après 62 jours de grève de la faim.
- Michael Devine, 27 ans, mort le 20 août 1981, après 60 jours de grève de la faim.

Français Marc Madiot, et un jeune américain, un certain Greg LeMond, qui apprend la langue de Rabelais au sein du peloton.

La forme, en ce début de saison, Bernard va la chercher sur la Côte-d'Azur, remportant la Ronde d'Aix-en-Provence, secouant l'équipe Raleigh dans le Tour méditerranéen. Ah ! cette équipe Raleigh, elle est plus arrogante encore qu'elle ne l'était durant le Tour de France 80 ! Elle veut remporter le Tour médierranéen : elle ne le remportera pas, parole de Blaireau. Courir c'est gagner et, lorsqu'on ne peut y parvenir, l'on s'applique à empêcher son adversaire de le faire. Telle est la philosophie guerroyante du Blaireau qui, ceint du maillot de champion du monde, alors que le Tour méditerranéen bat son plein, se met à rouler comme un barje au pied de l'Esterel, éparpillant le peloton, ne gardant dans son sillage qu'une poignée de lascars. Il les règle au sprint à Fréjus. Un sprint à la Hinault, c'est-à-dire façon Planguenoual : je roule à fond, à fond vraiment, encore plus à fond, et le sprint n'a pas lieu, les mecs n'ont pas assez de jus, et comme moi j'en ai plein les cuisses et plein les tendons, je gagne. À Fréjus, la Raleigh, on ne la voit pas. La victoire finale revient au jeune suisse Stéfan Mutter[81].

Le Blaireau continue de chercher la forme en participant au Tour de Corse, puis au Tour d'Armor, avant de prendre le départ du Critérium international. Le

---

81. Tour méditerranéen 1981 :
1. Stefan Mutter (Sui) en 18 h 55'13"
2. Graham Jones (Gbr) à 16"
3. Marcel Tinazzi (Fra) à 9'31"
4. Bernard Hinault (Fra) à 11'10"
5. Stephen Roche (Irl) à 11'25"
6. Pol Vershuere (Bel) à 11'35"
7. Josef Fuchs (Sui) à 11'37"
8. Gerrie Knetemann (Hol) à 11'50"
9. Phil Anderson (Aus) à 11'57"
10. Gosi Schmutz (Sui) à 12'02"

Critérium, je le veux, il dit. Le Critérium, je l'aurai, il répète. Il l'a. Et de quelle manière ! Un grand numéro. SuperBlaireau ! Le Critérium international, qui se dispute du 28 au 29 mars, comprend une course en ligne – Cavalaire-sur-mer- Saint-Tropez (172 km), une course de côtes – Sainte-Maxime-Mons (91 km) –, et un contre-la-montre individuel – Draguignan-Draguignan (18,7 km). Hinault remporte les trois, la première devant Dominique Sanders, la seconde et la troisième devant Jacques Bossis[82]. Qui l'aura le plus attaqué durant ces deux jours de courses ? L'équipe Peugeot, celle de Jacques Bossis. Des attaques à répétition. Incessantes. Stratégie Orangina : secouez-le, secouez-le ! Mais les équipiers du Blaireau ont fait un boulot d'enfer, permettant à leur leader de faire parler toute sa classe. Donnons leurs noms : Bernard Becaas, Charly Bérard, Yvon Bertin, Patrick Bonnet, Jonathan Boyer, Lucien Didier, Jean-Paul Le Bris, Maurice Le Guilloux, Greg LeMond, Marc Madiot, Pascal Poisson, Jean-François Rodriguez, et Pierre-Raymond Villemiane.

La forme est là, et c'est au Tour du Tarn qu'il a envie de participer. Pousser le braquet du côté de Mazamet, ça l'amuserait. Il ne l'a jamais gagné, le Tour du Tarn : 2e en 1977, 9e en 1978, 3e en 1979, 7e en 1980. Ça l'amuserait, le Blaireau, d'aller gagner là-bas, dans cette

82. Critérium international 1981 :
1. Bernard Hinault (Fra) en 7 h 26′06″
2. Jacques Bossis (Fra) à 2″
3. Régis Clère (Fra) à 6″
4. Stephen Roche (Irl) à 17″
5. Pascal Simon (Fra) à 47″
6. Adrie Van der Poel (Hol) à 48″
7. Joseph Fuchs (Sui) à 1′05″
8. Peter Winnen (Hol) à 1′15″
9. Régis Ovion (Fra) à 1′19″
10. Patrick Bonnet (Fra) à 1′42″
11. Greg LeMond (Usa) à 2′00″

portion d'Occitanie où un gamin, qui fera parler de lui dans quelques années, l'admire tant : Laurent Jalabert. Non, vraiment, ça l'amuserait trop, mais il n'est pas là pour rigoler. Il est professionnel. Il a des obligations, et il est attendu, en Hollande, chez Raas & Co, au départ de l'Amstel Gold race.

Créée en 1966, remportée cette année-là par Jean Stablinski, l'Amstel Gold race est patronnée par une marque de bière hollandaise – Amstel –, dont les journalistes français s'interdisent de prononcer le nom en raison de la loi Évin. Durant la retransmission télévisée de l'épreuve les commentateurs s'obligent à dire « Gold race ». Il faut abroger la sinistre loi Évin que dégainent sans cesse les flics de tout poil dans le seul but d'ennuyer le peuple[83].

Nous sommes donc dans la province du Limbourg, et les coureurs escaladent toute une flopée de côtes. Toutes ayant un nom – Guipenberg, Keutenberg, Cauberg... – qui, n'en déplaise à monsieur Évin, pourrait être celui d'une bière, les as du peloton n'ont qu'une envie : se faire mousser. Hinault, lui, ne se met pas la pression : il pédale dans l'huile, observe. Il est là parce qu'il n'a pas le droit d'être ailleurs. Les bosses ont beau se multiplier, aucune échappée ne parvient à se constituer, et c'est un peloton compact qui, le Cauberg franchi, se dirige vers la ligne d'arrivée. Tous les costauds du braquet, les rois des classiques, les bouffeurs de ruban, les avaleurs de giboulées, de vent et de poussière, les sprinteurs sans

83. C'est au nom de la Loi Évin, laquelle prévoit l'interdiction de toute publicité directe pour le tabac, que des écologistes sont partis en guerre, en mars 2012, contre Albert Camus, contre son portrait, une photographie en noir et blanc, signée Cartier-Bresson, qui orne la façade de la Médiathèque de la ville de Clapiers, dans l'Hérault. Raison de leur courroux : Camus fixe l'objectif, la clope au bec, façon Jacques Prévert ou Blaise Cendrars. Et le mégot de l'auteur de « Noces » pourrait, aux dires des écologistes, inciter les jeunes à s'en griller une. Gino Bartali fumait. Allumons une clope et buvons une bière à la santé du Blaireau !

frontières sont devant. Il y a Jan Raas qu'aucun effort n'épuise. Il y a Sean Kelly auquel aucun sprint n'échappe. Il y a Roger De Vlaeminck, le plus capé, le plus robuste des Flandriens[84]. Il y a le puissant Fons de Wolf. Il y a également le sprinter Rudy Pevenage, sans oublier Phil Anderson et l'Italien Pierino Gavazzi. Et il y a Hinault, lequel, trouvant sans doute à Heerlen-Meerssen des airs de Planguenoual, s'arrache du paquet, tout à droite, tout en puissance, le rictus cerdanesque aux lèvres, la chaudière, les muscles en sur régime. Il s'arrache et, derrière, ça ne revient pas. S'observent-ils ? Non, ils manquent de jus. Tous, 237 bornes dans les pattes, manquent de jus. Kelly, le Blaireau, il l'aurait bien réglé au sprint. Mais pour qu'il en fût ainsi, il eut fallu que sprint il y eut ! Hinault remporte l'Amstel Gold race en avalant seul les 500 derniers mètres[85] [86]. Vite, une bière.

---

84. Roger De Vlaeminck, dit « Le Gitan », a gagné Paris-Roubaix à quatre reprises : 1972, 1974, 1975, 1977. Ce record ne sera égalé que par Tom Boonen : 2005, 2008, 2009, 2012.

85. Amstel Gold race 1981 :
1 Bernard Hinault, les 237 km en 5 h 57'49"
2 Roger de Vlaeminck
3 Fons de Wolf
4 Rudy Pevenage
5 Jan Raas
6 Sean Kelly
7 Phil Anderson
8 Pierino Gavazzi
9 Stefan Mutter
10 Roger De Cnijf

86. Jean Stablinski et Bernard Hinault sont les deux seuls champions français à avoir remporté l'Amstel Gold race.

17

— « C'est une course à la con, tu entends, une course à la con. Mais je l'aurai, cette vache ». C'est le Blaireau qui parle. La course à la con, c'est Paris-Roubaix, « la Reine des Classiques ».

Pour disputer Paris-Roubaix, on le devine, il faut s'être préparé physiquement et mentalement. En ce temps-là, il n'y a pas, dans les équipes cyclistes, de préparateur mental, de coach de l'âme et de l'esprit. L'équipe Renault Gitane se prépare, sous la houlette de Bernard Hinault lui-même, dans le bus garé sur le parking de l'hôtel, à Compiègne[87], rideaux tirés. Dans les fauteuils et la pénombre, loin des casquettes des fans et des micros des journalistes, Hinault et ses potes se concentrent, se préparent au rude combat avec les pavés en regardant la cassette-vidéo de « C'est à prendre ou à lècher », un film qui fait un malheur dans les salles spécialisées.

Paris-Roubaix, au départ, c'est-à-dire en 1896, c'est deux mecs, filateurs à Roubaix : Théodore Vienne et Maurice Pérez. À Roubaix, à l'époque, des filateurs, y'en a à la pelle. Le textile – laine, coton, lin, chanvre, soie – est le poumon de la ville. Les ouvriers bossent dix heures par jour, pendant 6 jours et, le septième jour, ils traversent le parc Barbieux et se rendent au vélodrome de Roubaix[88] voir courir les vedettes de la piste : George

---

87. Paris-Roubaix s'élance de Compiègne depuis 1968.

88. À propos du vélodrome : « Cette œuvre d'art, on peut la considérer comme telle, nécessitera un travail considérable. Une centaine d'ouvriers occupent en permanence

Banker, Edmond Jacquelin, Thorvald Ellegaard, et le fameux Major Taylor, champion noir et américain qui choisit le vélodrome de Roubaix[89] pour sa première prestation en France.

Donc, Théodore Vienne et Maurice Pérez se disent la chose suivante : nous avons le vélodrome, il nous faut la course. Il y a Bordeaux-Paris, il nous faut Paris-Roubaix. Avec arrivée disputée sur la piste du vélodrome. Au mois de mars 1896, les deux filateurs écrivent à Paul Rousseau, directeur du quotidien *Le Vélo* :

« Cher monsieur Rousseau,

Bordeaux-Paris approche, la grande épreuve annuelle a tant fait pour la propagande cycliste qu'il nous est venu une idée. Que penseriez-vous d'une course d'entraînement précédant Bordeaux-Paris de quatre semaines ?

Paris-Roubaix présente un parcours de 280 kilomètres environ, ce serait donc un jeu d'enfant pour les futurs participants de Bordeaux-Paris. L'arrivée s'effectuerait au Vélodrome Roubaisien par quelques tours de piste. L'accueil fait à tous sera enthousiaste, d'autant plus que nos concitoyens n'ont jamais eu le spectacle d'une grande course sur route, à ce sujet du reste nous comptons assez d'amis pour croire que Roubaix est véritablement une ville hospitalière.

Comme prix nous inscrivons d'ores et déjà un premier prix de 1000 francs au nom du Vélodrome Roubaisien et

---

le chantier, les uns à la confection de la piste, les autres à l'enlèvement des 6000 mètres cubes de terre, les menuisiers posent les barricades, les maçons empilent les 300000 briques nécessaires à la construction du bâtiment principal. » Pascal Sergent, in *100 Paris-Roubaix, Patrimoine d'un siècle*, Éditions Presses universitaires du Septentrion, collection « Sociologie », 2002.

89. « Sans aucun doute, le plus intéressant essai de décentralisation sportive qui ait été tenté depuis que le cyclisme est devenu le plus populaire des sports français, est celui du vélodrome de Roubaix. Fondé en 1895 à un moment où toute l'attention se concentrait sur Paris, seul foyer de la course cycliste, la piste roubaisienne n'a pas tardé à devenir, on peut le dire sans exagération, célèbre dans le monde entier. Son histoire est infiniment liée à celle du sport français. » Victor Breyer, *in La vie au grand air*, 1898.

allons nous occuper de le faire suivre d'une respectable série d'autres prix pour donner satisfaction à tous.

Et maintenant pouvons-nous compter sur le patronage du *Vélo* et sur votre concours pour l'organisation, le départ... »

Le projet séduit Paul Rousseau. Qui envoie Victor Breyer en repérage. À lui de faire la parcours à vélo. Il ne s'agit que d'un « jeu d'enfant », dixit, dans leur lettre, Vienne et Pérez. Victor Breyer, qui effectue sa reconnaissance, par temps de pluie, est effrayé par l'état des routes, la succession de pavés disjoints. Ce projet, il le juge « diabolique ». Mais très vite, il se laisse gagner par l'enthousiasme des *sportmen* qui l'accompagnent et l'entourent à Roubaix. Breyer est conquis, c'est OK pour Paris-Roubaix. Et le 19 avril 1996, dimanche de Pâques – d'où le premier surnom attribué à Paris-Roubaix : « La course pascale » –, les coureurs s'élancent de Paris à 5 h 30 et, à 14 h 40, Joseph Fischer fait une entrée victorieuse sur la piste du vélodrome de Roubaix. Il en a bavé, Fischer, Charles Meyer, second, aussi, et Maurice Garin, troisième, également. Et très vite, « La course pascale » va devenir « L'enfer du Nord[90] ».

Donc le Blaireau, il sort du bus et récupère son vélo. Aux journalistes qui lui demandent ce qu'il foutait dans ce foutu bus, il répond qu'il regardait des images

90. « L'origine exacte de l'expression s'est en effet avérée difficile à contrôler. Pascal Sergent rapporte cependant « [qu'en 1919, le] parcours a tellement souffert qu'après Doullens les coureurs vont emprunter un autre itinéraire menant vers Saint-Pol et Béthune. Lors de la reconnaissance de celui-ci, un journaliste parisien, effaré par l'état du paysage, affirme même que la course va traverser « l'enfer du Nord... » » Pascal Sergent, *Un siècle de Paris-Roubaix*, Éditions De Eecloonaar, 1996. Par ailleurs, le journaliste Henri Quiquéré propose une version plus nuancée : « Un journaliste de *l'Auto* qui a reconnu le parcours avant le départ en compagnie d'Eugène Christophe, s'est exclamé : « c'est l'enfer ». Pour toujours entre Paris et Roubaix, ce sera l'ENFER ! » *in Miroir du cyclisme* N°315, avril 1982, souligné par l'auteur. Il reste qu'on ne sait toujours pas qui est le journaliste en question, ni quelle est la formulation précise de l'expression.

d'archives de Paris-Roubaix, la victoire de Bobet, le dernier français à avoir triomphé dans l'Enfer du Nord. Les micros, les caméras le suivent jusqu'aux abords de la ligne de départ. Elle dit quoi, sa tête, au juste ? Elle ne dit rien de particulier, juste le rictus habituel, rictus qui signifie : « Faut pas me chercher ». Il y a donc sa tête et son granit, son buste et son maillot de champion du monde. Et autour, il y a quoi, il y a qui ? Il y a du monde. Et d'abord, les deux rois de la piste et des pavés : Roger De Vlaeminck et Francesco Moser. Le premier s'est imposé à Roubaix à quatre reprises – 1972, 1974, 1975, 1978 –, et le second à trois – 1978, 1979, 1980. L'enfer du Nord, c'est leur jardin. Aux côtés du Blaireau, Hennie Kuiper et Gilbert Duclos-Lassalle qui pense à Paris-Roubaix même lorsqu'il chasse la palombe dans le 64. Marc Demayer et Jan Raas sont là également. Dans tout enfer, y compris celui du Nord, souvent un ange passe. Celui de l'Enfer du Nord s'appelle Fons de Wolf. Il vient de remporter Milan-San Remo, et il est tellement beau, tellement un ange que toutes les filles de Belgique, quand elles rêvent, rêvent de lui. Dans le peloton, en sus des coursiers qui ont de la bouteille, il y a des mômes de talent : Greg LeMond, Marc Madiot, Stephan Roche.

C'est parti. D'emblée quelques escarmouches bien sûr, mais sans conséquence. Et c'est un peloton groupé qui se présente à Atres, à une centaine de bornes de Roubaix. Maintenant les lieux, les noms de lieux vont décider du visage de la course. Le patron, c'est eux. Ce sont des vieux noms, des vieux mots qui apparaissent sur les panneaux indicateurs, des mots que la terre et la pluie ont mis au monde, tout le contraire de ces mots morts dont les communicants se gavent. Ici, la terre parle et qui sait entendre sa parole augmente ses chances de gagner. Atres. À Atres, quatre coureurs s'empressent de montrer de quel bois ils se chauffent : Jean-René Bernaudeau, Frédéric Vichot, Gery Verlinden et Marco Cattanéo. Ils se relaient : à chacun sa bûche dans le foyer. L'écart se creuse jusqu'à atteindre la minute au ravitaillement de Valenciennes. Ça se désaltère, ça s'alimente, ça se débarrasse des musettes, et ça repart. Mais le feu faiblit, trop de goudron en lambeaux, trop de vent, trop d'ornières. L'écart se réduit, les routes deviennent de plus en plus étroites, et les chutes se multiplient, mettant hors course un champion que l'on attendait devant à Roubaix : Jan Raas.

Ça secoue, ça vibre, ça chute, ça bouffe de la poussière, ça s'effiloche, ça décroche, ça crève, ça brandit la roue percée, ça attend le mécano, ça peste contre le mauvais sort, les motos, les autos, l'organisation, et ça repart, seul, en se sortant les tripes pour recoller au groupe qui file vers l'horizon. Mais recoller, c'est au-dessus des forces de tant de coureurs.

Les quatre échappés sont repris et, la jonction à peine effectuée, deux types sortent et, tout de suite, se relaient : De Vlaeminck et Duclos-Lassalle. Difficile de trouver, en Belgique et en France, deux locomotives aussi puissantes. Le TGV c'est que dalle à côté. Voici deux locomotives d'enfer, deux G : le G du Gitan et le G de Gibus. Écoutez le bruit des roues, des essieux sur les rails, sur les pavés : gitan-gibus, gibus-gitan, gitan-gibus, gibus-gitan...

Sur la figure, sur le buste, sur les cuisses, dans la bouche, ils ont de la boue, la boue du Nord, la sueur de la terre, les expectorations des pavés, la suie du vent. Ces deux-là, les pavés, ils savent les franchir, roulant tantôt sur les pavés luisants, tantôt sur l'étroite bande de terre ou d'herbe le long de laquelle ils sont alignés.

Pendant combien de bornes roulent-ils de la sorte,

unis, vaillants, pistons jumeaux d'une seule et même machine ? Pendant 20 bornes. Jusqu'à ce que le Gitan connaisse un grave incident mécanique. Gibus continue seul. À lui toute la boue, toutes les ornières, tous les pièges. Mais, derrière, ça roule à bloc, et Gibus est repris à l'entrée du secteur pavé de Wannehain. À peine repris, il crève. Et c'est lui maintenant qui doit chasser, revenir sur le groupe qui l'avait pris pour cible. Il roule, recolle, et chute. C'est fini pour Gibus.

Devant, maintenant, ils sont six. Parmi eux, Bernard Hinault. Autour d'Hinault, Roger De Vlaeminck, Francesco Moser, Marc Demeyer, Hennie Kuiper, Guido Van Calster. Ils ont avalé les pavés de Troisvilles, et ils sont six. Ils ont avalé les pavés de Quivy, et ils sont six. Ils ont avalé les pavés de Quérénaing-Maing, et ils sont six. Ils sont sortis indemmes de la tranchée d'Arenberg, et ils sont six. Ils ont passé Mont-en-Pévèle, et ils sont six. Ils sont dans Camphin-en-Pévèle et ils sont six.

Hinault sait ce qui l'attend, sait ce qui l'entoure. Il n'y a, frôlant son guidon, rasant la courroie de ses cale-pieds que des rois du ruban et des pavés, des maîtres de la piste du vélodrome de Roubaix. Il sait surtout qu'il est le Blaireau, une bombe de viande giclant hors du terrier.

Voici le Carrefour de l'Arbre, 2 km de pavés. Il n'y a plus rien que la terre retournée par les obus du vent. Les arbres, ici, ont tous renoncé à pousser sauf un. Il aura donné son nom au carrefour. Il est là comme une sentinelle, comme un soldat remontant chaque jour à l'assaut, essuyant chaque jour la mitraille des giboulées. Il faut, pour gagner Paris-Roubaix, devenir cet arbre. Il vaut avoir dans les veines et les artères dilatées autant de sève que lui. Il faut être aussi opiniâtre que lui. Il faut comme lui demander à la douleur de se taire, de s'écraser, de fermer sa bouche. Le Blaireau se sent devenir un arbre.

Le Carrefour de l'Arbre, c'est un interminable faux-plat montant. C'est, d'abord, une série de virages, les pavés longeant le domaine de Luchin. Des pavés irréguliers, dangereux, un chapelet de pièges. On négocie ensuite un virage à angle droit, et c'est une longue ligne droite, avec des pavés plus réguliers, menant à la départementale 90. Puis encore des pavés, ceux de Gruson. De chaque côté de la sente, le populo, les plus chauds gosiers. Des mecs et des meufs que les vibrations des pavés préviennent de l'arrivée de la meute. Et ils crient avant même de les voir. Ils les applaudissent avant même qu'ils ne passent devant eux, le corps secoué.

Il y a le populo, il y a les pavés, il y a les six lascars, et il y a un chien. Et le chien, affolé, fait tomber Bernard Hinault. La chute au pire moment. La chute à l'endroit où Paris-Roubaix se gagne ou se perd. Bernard Hinault se relève, sans colère contre le chien. Le chien, il pense comme lui : « c'est vraiment une course à la con ! » Comment s'appelle-t-il ce chien qui, en giclant au Carrefour de l'Arbre, pensait sans doute remporter la reine des classiques ? Qu'est-il devenu, ce chien ? Qui se souvient de lui ? Donnera-t-on son nom à une portion de pavés ? Le Pavé du chien ! Il y aurait la Tranchée d'Arenberg, le Carrefour de l'Arbre et le Pavé du chien. Un panneau, un portique annoncerait le Pavé du chien rappelant aux coursiers que dans Paris-Roubaix, à tout instant, on peut tomber sur un os.

Plus Cerdan que jamais, Hinault, mètre par mètre revient sur ces cinq compagnons d'échappée. Le Carrefour de l'Arbre n'ayant pas donné le nom du vainqueur, la victoire maintenant va se jouer sur la piste du vélodrome de Roubaix.

Les six sont sur la piste. Sur le bord de la piste, y'a Louison Bobet, dernier vainqueur français de la course pascale. Bobet est là et Bobet balise, car il voit Hennie Kuiper préparer le sprint pour Roger De Vlaeminck. Le Gitan va gicler, et ce sera fini. C'est ce qu'il craint, Bobet. Mais tout à coup que voit-il ? Il voit Hinault frotter, et se placer devant. Le sprint dans un fauteuil, il peut se brosser, le Gitan : Hinault s'est arraché. Avec quoi s'arrache-t-il le Blaireau ? Avec ses reins. Avec son sang d'Armoricain. Il trouve en lui, sur la piste sacrée de Roubaix, une force, une puissance que De Vlaeminck, Moser, Kuiper, Demeyer, Van Claster n'ont pas, que le gratin des classiques n'a pas. Mais cette force, cette puissance l'a-t-il lui-même ? Il se dit qu'il l'a. Il l'invente, la fabrique, en use. Et il les rosse, gagne Paris-Roubaix avec, sur les épaules, le maillot de champion du monde[91].

Que dire ? Rien, sinon faire siens les mots des Flandriens : « Leur Hinault c'est rosse ! »

Il a gagné Paris-Roubaix et reçoit, sur le podium, comme chaque vainqueur de la reine des classiques, un pavé. Il le prend, sourit, descend du podium. Les micros se tendent.

— Que vas-tu faire de ce pavé, Bernard ?

— J'ai mon idée.

— Tu peux nous en dire plus ?

— Non ! Mais j'ai mon idée...

— Et que penses-tu de Paris-Roubaix maintenant que t'as gagné ?

— J'ai pas changé d'avis : c'est une course à la con !

— Vraiment ?

91. Les vainqueurs français de Paris-Roubaix : Maurice Garin, 1897, 1898 ; Albert Champion, 1899 ; Émile Bouhours, 1900 ; Lucien Lesna, 1901, 1902 ; Hyppolyte Aucouturier, 1903, 1904 ; Louis Trousselier, 1905 ; Henri Cornet, 1906 ; Octave Lapize, 1909, 1910, 1911 ; Charles Crupelandt, 1912, 1914 ; Henri Pélissier, 1919, 1921 ; André Leducq, 1928 ; Georges Speicher, 1936 ; Jean Forestier, 1955 ; Louison Bobet, 1956 ; Bernard Hinault, 1981 ; Gilbert Duclos-Lassalle, 1982, 1983 ; Marc Madiot, 1985 ; Frédéric Guesdon, 1997.

— Oui vraiment, une course à la con, une course faite pour le public et non pour les coureurs.

— Et l'année prochaine, tu la gagnes de nouveau ?

— Non, je ne disputerai jamais plus Paris-Roubaix.

La voiture qui le ramène à Quessoy roule toute la nuit. Il veut être là pour Martine qui vient d'entrer à la clinique. Alexandre naît le 13 avril. Bernard entre dans la chambre de la clinique avec, à la main, un sac en plastique. Dans la chambre, le sourire de Martine, les yeux fermés du bébé. Il se débarrasse de son sac. Embrasse Martine, regarde, émerveillé, le bébé. C'est juste du bonheur. Un bonheur qu'il met dans son cœur, avant de reprendre son sac en plastique. Il ne peut rester longtemps à la clinique. Il doit s'entraîner, disputer la Flèche Wallonne. Martine, tout ça, elle le sait. Mais elle ne sait pas ce qu'il y a dans le sac en plastique. Intriguée, elle interroge Bernard :

— C'est quoi, dans le sac ?

— Un pavé, répond Bernard. Le pavé qu'ils m'ont donné. Il pèse une tonne.

— Tu vas le mettre où ?

— Dans le salon ! Ensuite, j'ai mon idée. Je t'en parlerai[92].

92. Bernard Hinault se classera 42e de la Flèche Wallonne remportée par Daniel Willems, et 18e de Liège-Bastogne-Liège remportée par Josef Fuchs. Durant la Doyenne, il souffrira du manque d'équipiers. Il tentera vaillamment de revenir sur les échappés, mais aucun des coureurs placés dans son sillage n'acceptera de prendre le moindre relais.

18

Maintenant le Tour de France. Le gagner. Retrouver ma place – la première – et ma couleur : le jaune. Frapper tout de suite, et qu'ils oublient mon genou de l'an passé, mon abandon à Pau dont ils parlent encore dans leurs journaux. Moi, je n'y pensais plus, tant de choses se sont passées depuis, j'ai livré tant de combats, conquis tant de maillots et de bouquets. Eux, en revanche, n'ont pas changé d'encrier, c'est toujours les mêmes mots, les mêmes phrases, les mêmes interrogations, le même épisode qui revient. J'étais parti, il est vrai, sans les prévenir, ils doivent m'en vouloir, j'imagine. Je vois, je suis attendu et pas seulement par mes adversaires.

L'équipe du Blaireau est solide. Arbes bien sûr, également Becaas, Bérard, Bertin, Rodriguez, Vigneron, Didier, le fidèle Le Guilloux, et un jeune américain Jonathan Boyer. Boyer est le premier Américain à disputer la Grande Boucle[93]. Il retrouve, en France, son compatriote Greg LeMond, lequel vient de s'illustrer dans le Critérium du Dauphine libéré[94], remporté par Bernard Hinault[95].

---

93. Jonathan Boyer courra cinq Tours de France et se classera 12e en 1983.

94. Bernard Hinault, à propos de Greg LeMond : « C'est l'avenir, il sait tout faire. Il roule, il grimpe, il sent la course. C'est le futur patron du peloton... On vient de le voir dans les grands cols, il les passe tous dans le groupe de tête. C'est le jeune coureur le plus complet. C'est du très bon, Greg, du très bon. »

95. Critérium du Dauphiné Libéré 1981 :
1 Bernard Hinault
2 Joachim Agostinho
3 Greg LeMond

Le Tour démarre de Nice. *Nice, very nice, disent les vagues aux galets en glissant le long de la promenade des Anglais, Nice very nice, Nice... Et moi sur la plage de ta peau réglisse, face à la mer fleurie de lis, je t'ai dit tout bas comme pour faire un bis, Nice very nice, Nice...* Mais le Blaireau n'est pas venu à Nice pour fredonner une chanson de Claude Nougaro. Il est juste là pour remporter le prologue disputé sur la promenade des Anglais précisément. Un braquet d'enfer, 5,9 km à bloc, Il lui faut à peine 6'48" pour couvrir cette distance et revêtir le maillot jaune. Un retour fracassant, et Joop Zoetemelk, vainqueur du Tour 80, n'est pas dans les dix premiers. Il se classe 14e à 23". Un retour fracassant. Et la joie de René Vietto, héros du Tour 1934, venu assister au prologue ! Vietto. Il y avait du Cantona chez Vietto. Au journaliste qui lui demande s'il va abandonner, ne répond-il pas: « Un Vietto n'abandonne pas, il se retire ! » Vietto, un des plus époustouflants grimpeurs de l'histoire du Tour[96] ! Pour Vietto, enthousiasmé par le talent du Blaireau, y'a pas photo : Hinault va battre le record d'Anquetil et Merckx, et remporter plus de cinq Tours de France.

Ce maillot jaune gagné le premier jour, il faut s'en débarrasser *illico swingo*, le reconquerir plus tard afin de la ramener à Paris. Il atterrit donc sur les épaules de Gerrie Knetemann au terme du contre-la-montre par

---

96. *Le Miroir des sports* écrit en 1934 après l'exploit de Vietto dans les grands cols des Alpes : « Nous le tenons enfin, ce grimpeur que nous cherchions en vain depuis de longues années. Il s'appelle René Vietto. C'est un phénomène de la montagne comme on n'en a pas vu dans le Tour depuis Bottecchia, peut-être, et qui dépasse d'une classe les Nicolas Frantz, les Victor Fontan, les Benoît Faure, les Vicente Trueba, sur le compte desquels, à défaut de mieux, nous nous enthousiasmions naguère. Jamais il ne nous avait été donné d'assister dans le Tour de France à une si merveilleuse équipée. Vietto ne sait pas seulement réaliser, il sait aussi conclure. L'avance qu'il prend dans les cols, il l'augmente encore dans les descentes et, sur le plat, il sait la conserver. C'est là que l'on reconnaît le vrai grimpeur. »

équipes disputé entre Nice et Antibes. Gerrie Knetemann le conserve jusqu'au pied du Pla-d'Adet, terme de l'étape Saint-Gaudens-Saint-Lary-Soulan-Pla-d'Adet.

Le Pla-d'Adet, c'est du sévère, du hors catégorie. Cette pente qui détruit, Hinault la connaît parfaitement. Il l'a escaladée lors de son premier Tour de France, en compagnie de Michel Pollentier. C'est elle qui, avec les cols du Dauphiné Libéré, lui aura enseigné qu'il peut, dans les pires lacets, faire jeu égal avec les grimpeurs. Cette pente, un autre coureur la connaît bien : c'est Lucien Van Impe. Il s'est imposé au sommet du Pla-d'Adet, en 1976, année de sa victoire dans la Grande Boucle. C'est sans doute pour être seul avec ses souvenirs que le grimpeur belge surnommé « Le Ouistiti des cimes », attaque dès le pied de la montée. Hinault qui a troqué le maillot jaune pour celui, à pois, du meilleur grimpeur, ne répond pas à son attaque. Il monte à son rythme – soutenu -, avec, dans sa roue le jeune australien Phil Anderson, de l'équipe Peugeot. Ce qu'il veut, Hinault, c'est revenir au train, mètre par mètre, sur Van Impe. Si Phil Anderson le relayait, ce serait parfait. La collaboration serait des plus naturelle : les deux champions, en maintenant un tempo soutenu, creuseraient l'écart sur leurs rivaux au général, rivaux qu'ils ont déjà distancés. Mais Phil ne sort pas de la roue arrière du Blaireau. À aucun moment, durant les 10 km de montée, il ne se porte à la hauteur d'Hinault, jamais il ne l'aide dans sa tâche. Van Impe remporte l'étape, Phil Anderson revêt le maillot jaune[97] avec 17" d'avance sur le Blaireau. Et beaucoup de ceux

---

97. Phil Anderson est le premier Australien à revêtir le maillot jaune. Mais il n'est pas le premier coureur venu d'Australie à disputer la Grande Boucle. Ses compatriotes Don Kirkham et « Snowy » Munto s'étaient classés respectivement 17e et 20e du Tour de France 1914, remporté par le Belge Philippe Thys. De nombreux Australiens brilleront sur le Tour : Stuart O'Grady, Bradley McGee, Robbie McEwen, et Cadel Ewans, vainqueur du Tour de France en 2011.

qui songeaient au podium sont éparpillés. Jean-René Bernaudeau franchit la ligne avec 4'30" de retard, et Joop Zoetemelk concède plus de 6'.

Pau maintenant. Pour le contre-la-montre individuel. Nay-Pau, soit 27 km de bosses sèches – la montée de Pietat –, et des virages nombreux. Un truc qui dira qui est costaud. Et le Blaireau n'a qu'une envie : montrer qu'il est mégacostaud.

Pourquoi ce chrono part-il de Nay ? Pour saluer un de ses plus célèbres habitants : Victor Fontan, né le 18 juin 1892, d'un père sabotier et d'une mère tricoteuse, héros malheureux du Tour de France 1929[98]. Il avait la troisième jambe, cette année-là, Victor. Il avait distancé tous ses rivaux dans l'étape Bayonne-Luchon et revêtu le maillot jaune. Mais la fourche de son vélo ayant cédé durant l'étape Luchon-Perpignan, il avait été contraint à l'abandon. Une fourche qui n'a pas cédé par hasard : le vélo de Fontan aurait été saboté[99].

Après avoir pris un départ prudent *because* les virages, Bernard Hinault met tout à droite et laisse parler la rage, la puissance, la classe, ses os, sa viande dont chaque fibre bossse à mort. Et il ne lui faut que 35'52" pour rejoindre Pau et prendre le maillot[100].

Maillot jaune conquis et, aussitôt, sous son nez,

---

98. Tour de France 1929 :
1 Maurice De Waele
2 Guiseppe Pancera
3 Joseph Demuysère

99. Le recours à la scie était en ces temps-là assez fréquent dans les Pyrénées. En 1937, Roger Lapébie part s'échauffer quelques instants avant le départ de l'étape Luchon-Bayonne. Il finit sa séance d'entraînement dans le fossé : son guidon vient de céder. Le guidon avait été scié au niveau du cintre. L'incident ayant eu lieu durant l'entraînement, Lapébie est autorisé à user d'un vélo de rechange. Il remporte le Tour 1937.

100. Nay-Pau (contre-la-montre) :
1 Bernard Hinault
2 Gerrie Knetemann à 3"
3 Phil Anderson à 30"

objectifs, micros, stylos et carnets :

– Cette victoire à Pau, est-ce pour faire oublier votre fuite de l'an dernier ?

– Foutez-moi la paix !

Et le Blaireau de filer à l'hôtel. Et Maurice Le Guilloux d'expliquer aux journalistes rabroués comment fonctionne le Blaireau : « Vous savez, Bernard, la gloire, il n'aime pas. Il est comme moi, vous savez, Bernard, question origine. Lui aussi, il sort d'un trou au fond de la campagne, et son père, comme le mien, est un smicard, vous comprenez. Vedette, vous comprenez, c'est pas son truc. Les interviews, ça lui plaît pas, mais alors pas du tout. En fait, vous devriez pas l'interroger sur la course. Lui, il court, il gagne, il perd, il commente pas. Vous devriez lui poser des questions sur les chevaux, il a des trucs à dire sur les chevaux, et sur les bêtes en général. Demandez-lui des choses que vous demanderiez à un paysan, et vous verrez, ça se passera bien. »

Le maillot jaune, le Blaireau le garde à Bordeaux.

Le maillot jaune, le Blaireau le conserve à Nantes.

Le maillot jaune, le Blaireau le porte quand le Tour fait un saut sur les pavés de Paris-Roubaix, puis un saut en Belgique.

Le maillot jaune, il est une deuxième peau lors du contre-la-montre individuel de Mulhouse, chrono qu'il remporte haut-la-main en rejetant à 2'01" Phil Anderson[101].

C'est le maillot jaune sur le dos que Bernard Hinault traverse les Alpes, escaladant le col de Salève, La Ramaz,

101. Contre-la-montre de Mulhouse (38,5 km) :
1 Bernard Hinault
2 Gerrie Knetemann à 25"
3 Daniel Willems à 1'42

Joux-Plane, Joux-Verte. Les écarts sont déjà énormes, Phil Anderson, deuxième au général accuse un retard de près de 8'.

En jaune, le Blaireau, durant l'étape Morzine-L'Alpe-d'Huez. Dans La Madeleine, le Glandon, il abat le boulot tout seul. Tous derrière et lui devant. La presse – elle l'a écrit – voudrait qu'il gagne au sommet de l'Alpe-d'Huez, au motif que l'étape se dispute un 14 juillet. Mais qu'en a-t-il à foutre, le Blaireau, du 14 juillet ? Pourquoi un Français devrait-il gagner le jour de la fête nationale ? Ce qui compte, ce n'est pas le drapeau mais le maillot. Au sommet de l'Alpe, c'est Peter Winnen qui s'impose. Normal : il est hollandais. Normal : il n'est pas sorti dans les Pyrénées. Le Blaireau, lui, il bosse depuis Nice. Le 14 juillet pour lui, ce sera le 19 juillet, aux Champs-Élysées, quand le Tour sera gagné. Entre-temps, lors de l'étape Bourg-d'Oisans-Le Pleynet, maillot jaune et cuissard noir, il attaque dans le col des Mouilles et franchit en vainqueur la ligne d'arrivée qui se juge au sommet du Pleynet-Les Sept Laux, avec 32' d'avance sur Jean-René Bernaudeau et l'32 sur Fons de Wolf.

Jaune, le Blaireau est en jaune lors du contre-la-montre individuel – 46,5 km – disputé à Saint-Priest et qu'il remporte[102].

Et il est en jaune lorsque Freddy Maertens remporte la dernière étape Fontenay-sous-Bois-Paris, battant au sprint sur les Champs-Élysées Fons de Wolfs et Klaus-Peter Thaler, équipier de Bernard Thévenet au sein de l'équipe Puch-Wolber-Campagnolo[103].

---

102. Contre-la-montre individuel de Saint-Priest :
1 Bernard Hinault
2 Daniel Willems à 37'
3 Gerrie Knetemann à 1'03

103. Bernard Thévenet, vainqueur de la Grande Boucle en 1975 et en 1977, disputait en 1981 son dernier Tour. Il termine l'épreuve à la 37e place.

Quel Tour ! Du pur Blaireau[104]. Cinq victoires d'étape, 18 jours en jaune, la moyenne la plus élevée – 38,173 km/h[105] –, le record de Louison Bobet – trois victoires dans le Tour – égalé, et le record de Jacques Anquetil et d'Eddy Merckx – cinq victoires – dans le collimateur.

---

104. Tour de France 1981 :
1 Bernard Hinault
2 Lucien Van Impe à 14'34"
3 Robert Alban à 17'04"
Maillot vert : Freddy Maertens
Meilleur grimpeur : Lucien Van Impe (devant Bernard Hinault)
Meilleur jeune : Peter Winnen
Meilleure équipe : Peugeot. (Bernaudeau, Anderson, Duclos-Lassalle...)

105. Le Blaireau bat le record de Jacques Anquetil : 37,306 km/h, en 1962.

19

Le maillot arc-en-ciel de champion du monde, ce maillot conquis à Sallanches en 1980, ce maillot qu'il portait à l'Amstel Gold race et à Paris-Roubaix, ce maillot qu'il a troqué pour un nouveau maillot jaune, il doit maintenant le défendre. Le 30 août 1981. À Prague. Sur le circuit du Strahof, où se dispute la 48e édition du championnat du Monde sur route. Les adversaires sont les mêmes qu'à Sallanches – Saronni, Moser, Battaglin –, et les coéquipiers sont pour certains d'entre eux de nouveaux venus au sein de l'Équipe de France. Comme Dominique Arnaud. Le coureur de Tarnos vient de participer à son premier Tour de France, terminant à la 24e place. Il avait également remporté, en 1980, l'étape Ponterrada-Leon du Tour d'Espagne[106]. C'est un vaillant, Dominique Arnaud. Le Blaireau l'apprécie. Peut-être retrouve-t-il en lui un peu de sa fougue. Une fougue qui parfois l'agace. Arnaud en effet attaque à tout bout de champ. Une bosse, un changement de vent, un ralentissement, tout devient prétexte à une attaque. Il sort tout le temps, le mec Arnaud, même lorsque le peloton a décidé, dans l'intérêt de chacun de ses membres, de rouler en facteur. Il faut alors que quelqu'un sorte, multiplie les efforts

---

106. Tour d'Espagne 1980 :
1 Faustino Ruperez
2 Pedro Torres
3 Claude Criquélion

pour aller chercher le fuyard. Quand l'exaspération commence à s'emparer du peloton, c'est le Blaireau en personne qui se lance à la poursuite de l'abonné aux sorties permanentes. Un jour, étant revenu sur lui, Bernard, furibard, l'interroge : « Mais pourquoi t'attaques sans arrêt, ça marche pas et tu emmerdes tout le monde ? » La réponse d'Arnaud fait aussitôt s'évanouir la colère du Blaireau : « J'attaque parce que mon père est aveugle... La course, il ne peut pas la regarder à la télé, lui. Il l'écoute à la radio Alors j'attaque pour qu'il entende mon nom. Quand il entend mon nom, il est content. J'attaque pour qu'il soit content. » Le Blaireau, il dit plus rien. Le Blaireau, la confidence l'étreint. Puis le Blaireau, il reparle, parce que le silence, c'est pas toujours ce qu'il y a de plus facile à supporter. Alors il dit On va rouler jusqu'à ce qu'ils reviennent. Et ils roulent ensemble, et le peloton revient.

Dominique Arnaud maintenant, il est aux côtés de Bernard Hinault, à Prague, équipier du champion du monde en titre, comme Maurice Le Guilloux, Jean-René Bernaudeau, Marc Madiot, Serge Beucherie, Bernard Vallet, ou encore le puissant Gilbert Duclos-Lassalle.

C'est parti pour très exactement 281,4 bornes. C'est parti, et c'est pas top. Les spectateurs agglutinés à divers endroits du circuit s'ennuient grave, les téléspectateurs aussi, et sans doute Bernard Hinault également. La première véritable attaque est portée, au bout de 200 bornes de course, par Sven-Ake Nilsson, de l'équipe nationale de Suède. Le peloton se trouve, à ce moment-là, à un peu plus de 70 km de l'arrivée. Nilsson attaque dans la grande côte du circuit, principale difficulté de la course. Un groupe de coureurs le prend aussitôt en chasse, et le rejoint sur la route du plateau qui succède à la bosse. Les Italiens sont les plus nombreux au sein de ce groupe. Moser, bien sûr. Saronni, évidemment. Mais également Battaglin, Contini, Panizza et Masciarelli. Aux Italiens s'ajoutent deux Belges – Maertens et De Wolf –, deux Hollandais – Zoetemelk et Van de Velde –, et cinq Français : Jean-René Bernaudeau, Gilbert Duclos-Lassalle, Marc Madiot, Marcel Tinazzi et Serge Beucherie.

C'est l'échappée décisive, et y'a pas Hinault. *Where is the Blaireau ?* Il est seul au sein d'un peloton qui n'a pas envie de rouler. Les principales équipes ont leurs leaders dans l'échappée : pourquoi donc organiser la chasse ? Hinault est piégé, piégé de chez piégé. Et tout à coup il sort. Il s'arrache avec, dans sa roue l'Espagnol Ismaël Lejarreta. Ce qu'il affectionne, Lejarreta, ce sont les cols, les lacets fermés, les pentes sévères. Y'a pas de lacets, ici, juste le Blaireau qui, tout à droite, semble parti pour un contre-la-montre. Ismaël n'a pas pour habitude de sucer les roues. Mais, à Prague, sur le circuit du Stahof, il est incapable de prendre le moindre relais. Devant, 15 coureurs dont aucun n'est un manche. Derrière, un homme seul avec un invité sur le porte-bagages. La poursuite va durer 30 bornes et, au bout de ces 30 bornes, le Blaireau revient. Un truc à la Hinault. Mais un truc qui demande une terrible dépense d'énergie. Aura-t-il encore du jus pour le final ? Une chose est sûre : il a fait le show, et les Praguois l'ont applaudi durant sa folle poursuite. À tout rompre. Car le bagarreur, c'est lui. Le puncheur, c'est lui. Le lutteur, c'est lui.

Le sprint, il n'a plus d'essence pour l'animer. Impossible d'appliquer à Prague la stratégie destroy bretonne, dite « La Planguenoual », celle qui laisse loin derrière le peloton brouter le béton. Freddy Maertens, le plus rapide, devient champion du monde. Bernard se classe troisième, dans la roue de Saronni.

Le Blaireau, il descend de son vélo. Il se dit quoi, le Blaireau ?

Il se dit J'étais le plus fort, j'ai fait le spectacle, ce championnat du monde, j'aurais dû le gagner.

Il se dit La trouille, la trouille que je leur ai foutue à tous, aux Italiens en particulier quand je suis revenu, une trouille bleue comme leur maillot !

Il se dit aussi Je voulais gagner trente-trois courses cette année, et je n'en gagnerai sans doute que trente-deux.

Il se dit enfin Bon, c'est pas si mal, et la déception s'évanouit. Elle s'évanouit d'autant plus vite qu'il n'a qu'une envie : remercier les gars, remercier l'équipe. Quelle équipe ! Ce sont tous des bons, des très bons. Il le sait depuis le stage de préparation à Caudan-Lanester lorsqu'ils ont roulé tous ensemble sur les routes bretonnes avant de s'envoler pour Prague.

Hinault est-il joyeux, à Prague ? Non. Mais il n'est pas triste. Personne ne l'est à l'hôtel. Il y aura d'autres parties de manivelles, et l'équipe de France fera exploser d'autres pelotons. L'ambiance est détendue jusqu'à ce que Guimard, à la radio, fasse entendre sa voix. Il parle, il parle, il parle, et ses propos parviennent aux oreilles du Blaireau.

D'abord, Guimard, il met en cause Lucien Bailly, le directeur technique national. Il n'aurait pas dû laisser Bernard Hinault agir à sa guise. Il aurait dû laisser des équipiers avec Hinault dans le groupe de chasse. Relayé, il serait revenu sans avoir à puiser dans ses réserves.

Ensuite, Guimard attaque Hinault. Qui ne serait pas un grand stratège. Derrière lequel il faudrait être en permanence pour lui éviter de commettre des erreurs.

La bouche de Bernard se ferme. Guimard n'est pas là. Heureusement pour Guimard. Il y a beaucoup de fenêtres dans l'hôtel et Bernard ne lui aurait pas laissé le temps de choisir celle par laquelle il serait passé. Il n'a pas juste le rictus de Cerdan. Du champion du monde de boxe, il a aussi le tempérament et les poings.

Non, Bernard, il ne dit rien. Le Guilloux, lui, il parle. Il se prend pour qui, Guimard : pour Napoléon ? Napoléon, il l'est, c'est vrai, et c'est ainsi qu'on le surnomme dans le peloton. Mais quand on l'appelle ainsi, c'est pas pour rendre hommage à des qualités de stratège, juste pour souligner son autoritarisme, juste pour dire qu'il fait chier, chier tout le monde, du matin au soir. Stratégie, stratégie : il va bientôt nous faire croire que Bernard ne peut pas gagner sans lui. Bernard, il gagne tout seul, avec ses jambes, et celles de ses équipiers. Et ce que Guimard lui raconte durant la course, ça rentre par une oreille et ça ressort par l'autre. Bernard, il gagne parce qu'il a une puissance hors norme, un tempérament de feu, et une faculté incroyable de récupération. La stratégie, il n'y en a qu'une : Bernard, il attaque quand il en a envie. Et quand, sous l'œil épouvanté du directeur sportif, il attaque à 80 bornes de l'arrivée parce que ça lui chante, parce qu'il a des fourmis dans les jambes ou parce qu'il a décidé de battre les nuages au sprint, il va au bout. Et sa roue, personne ne peut la prendre, et tout le monde a des socquettes en plomb. Bernard c'est un roc, et c'est du rock. C'est comme un morceau des Rolling Stones : c'est à fond tout de suite, et tout de suite c'est gagnant. Le Guimard, vraiment, il commence à nous les briser menu.

Après Prague, y'a encore quelques courses, mais le Blaireau n'a plus envie de rouler. Il n'a plus cette envie dont parlait Le Guilloux, à Prague. Et le Grand Prix Eddy Merckx, Paris-Bruxelles, le Circuit de l'Aulne, le Grand Prix des nations, il n'est guère mordant, le

Blaireau, pas dans son assiette. Parler, se confier ? Non, il n'en est pas question, sauf à l'ami Jean-Paul Brouchon qui lui tend le micro de France Inter : « C'est fini, j'arrête ma saison. J'en ai ras-le-bol, j'ai un besoin urgent de vacances. Borg[107], il vient de dire qu'il va s'arrêter quatre mois. Eh bien moi, je vais faire comme lui. Cette année, j'ai gagné trente-deux courses, et parmi ces courses, y'a Paris-Roubaix et y'a le Tour. Et qu'est-ce qu'on a dit, qu'est-ce qu'on a dit ? On a dit que j'ai gagné le Tour parce que mes adversaires n'étaient pas à la hauteur. On a dit que le Tour que j'ai gagné n'est pas un grand Tour. Et maintenant, qu'est-ce qui se passe ? Il se passe que mon propre directeur sportif me critique ouvertement. Alors moi, je rentre chez moi. »

Et chez lui, y'a Martine, Alexandre et Mickaël.

Et chez lui, y'a le vent qui fait du skate sur le toit de la maison.

Et chez lui, y'a le poney Pony, toutes les bêtes.

Et chez lui, y'a les haies, les arbres, et « la géographie changeante des chemins ».

Et chez lui, y'a son père, sa mère, leur force, leur silence, leur socle.

Et chez lui, y'a les nuages qui sprintent dans le ciel, gonflés comme les édredons sur le lit des vieilles maisons.

Et chez lui, y'a la mer, sa longue lèvre bleue, les bateaux sur son dos, placides comme des chameaux.

Et chez lui, y'a les rochers, posés sur la terre comme des poings sur la table.

Et chez lui, y'a des crêpes, et c'est pas du folklore, du tourisme, de la carte postale, mais du chaud dans la

107. Björn Borg est un des plus grands champions de l'histoire du tennis. Il a remporté cinq fois le tournoi de Wimbledon (de 1976 à 1980), et six fois celui de Roland Garros (entre 1974 et 1981).

bouche, avec la bolée de cidre tandis que la tempête griffe toutes les vitres de toutes les fenêtres.

Et chez lui, il fait le plein de tout ça, le plein de lui-même.

20

Que font les Français en ce début d'année 1982 ? Le samedi, à 20h30, ils regardent *Champs-Élysées*, la nouvelle émission de Michel Drucker, retransmise en direct depuis le pavillon Baltard, à Nogent-sur-Marne. Ils peuvent entendre et voir Alain Souchon, François Périer, Michel Galabru, le groupe Police, et Ornella Mutti.

Le gouvernement instaure la semaine des 39 heures, la généralisation de la cinquième semaine de congés payés et, pendant que les frères Marreau gagnent le Paris-Dakar, Bertrand Tavernier et Claude Miller remportent, ex aequo, le Prix Méliès : le premier pour *Coup de Torchon*, le second pour *Garde à vue*[108].

Madame Thatcher qui s'ennuie ferme, 10 Downing street, envoie toute une armada libérer l'archipel des Malouines, territoire britannique depuis 1832, sur lequel l'armée argentine qui s'estime propriétaire des lieux vient de débarquer. La *Task Force* de la Royal Navy part de Portsmouth, ça va saigner, ça sent le sang écarlate et, le cœur plein de joie et de patriotisme, tout le monde applaudit et chante en chœur : *In the navy, yes you can sail the seven seas, in the navy, yes you can put your mind at ease, in the navy...*

Bernard Hinault, lui, en ce début d'année 1982, il est à Saint-Domingue, avec tous ses équipiers et Cyrille

108. Michel Serrault sera sacré meilleur acteur pour son rôle dans ce film, lors de la cérémonie des Césars.

Guimard. Il ne s'agit pas d'une expédition militaire, mais d'un stage dont l'objectif est double : oublier les griefs, les querelles, les fâcheries, les vacheries, les conflits, et fixer les objectifs de la saison.

S'agissant de Bernard Hinault, l'objectif est clair : il entend « poursuivre son surhomme de chemin », comme eût dit Antoine Blondin. Il est donc décidé que le Blaireau tentera de remporter le *Giro* et, dans la foulée, le Tour de France. Un doublé que seuls Jacques Anquetil et Eddy Merckx sont parvenus à réaliser. L'équipe est solide. Aux costauds de 81 s'ajoutent des jeunes coureurs bourrés de talent : Laurent Fignon, Pascal Jules, Martial Gayant. Bernard a l'équipe, l'envie, et c'est lui qui fixe le calendrier. Avec son agent. Car le Blaireau a désormais un agent qui s'occupe de ses intérêts. Et c'est avec lui qu'il a signé un nouveau contrat avec Renault. Directement. Sans passer par Guimard. Car on peut se passer de Guimard. C'est ce qu'il entend montrer, le Blaireau. Là est sans doute l'origine des griefs, des querelles, des vacheries, des fâcheries, du conflit. Guimard perd une partie de son pouvoir, de son prestige : il n'est plus le représentant de Bernard Hinault auprès de la Régie, il est juste un directeur sportif. Un grand directeur sportif, certes, mais rien d'autre.

— Le doublé *Giro*-Grande Boucle, c'est faisable, me semble-t-il, indique Guimard.

— Faisable ou pas, on le fera, assène le Blaireau.

Pour être OK pour le doublé, Hinault décide de faire l'impasse sur les classiques de printemps. Il s'entraînera comme il l'entend. Son absence aux grands rendez-vous du début de saison suscite les commentaires. Hinault a-t-il ses jambes de 81 ? Hinault a-t-il toujours son appétit de Blaireau ? Il veut quoi, Hinault, que cherche-t-il ? Aux questions de la presse s'ajoutent les commentaires de Guimard. Bernard a décidé de ne pas courir certaines classiques, c'est son idée. Mais pour compenser ce manque de compétition et atteindre les objectifs fixés, il doit s'entraîner plus dur que d'habitude, et ce n'est pas du tout ce qu'il semble faire. La trêve de Saint-Domingue est rompue, les bisbilles reprennent.

Il veut quoi, Guimard : des infos sur ma forme ? Je lui en donne, en Suisse, en mai, au Tour de Romandie, en remportant le contre-la-montre individuel disputé à Delemont. 27,5 km avalés en 36'29". Le moteur tourne à plein régime, je les éparpille tous. Je suis prêt pour le *Giro*[109]. J'ai la patate, j'ai la pêche, la troisième jambe, la socquette légère, du jus plein les veines, de la haine dans la tête. C'est quand ce *Giro* ?

Le *Giro*, c'est maintenant !

Il y a du monde au balcon : 18 équipes dont 13 italiennes. On part de Milan et l'on arrive à Turin. Bernard retrouve Fransceco Moser, Guiseppe Saronni, Gianbattista Baronchelli. Sont là également Silvano Contini, le Suédois Tommy Prim, Lucien Van Impe, et les Espagnols, avec Eduardo Chozas et Faustino Ruperez de l'équipe Gemeaz-Cusin-Zor, et leurs compatriotes de la Kelme, notamment Vicente Belda.

Qui entoure Bernard Hinault ? Les trois B – Becaas, Bérard, Bonnet –, Lucien Didier, Jean-Paul Le Bris, Jean-François Rodriguez, Alain Vigneron, et un certain Laurent Fignon.

Donc, départ de Milan. Un contre-la-montre par

---

109. Tour de Romandie 1982 :
1. Jostein Wilmann (Nor) en 21 h 34'55"
2. Tommy Prim (Sue) à 1'03"
3. Silvano Contini (Ita) à 1'33"
4. Bernard Hinault (Fra) m.t
5. Jean-Marie Grezet (Sui) à 1'34"

équipes. La canicule[110]. Et la presse. La presse italienne qui, dans ses colonnes, s'interroge sur la solidité même de l'équipe Renault, comme le faisait, en 1978, au départ du Tour, la presse française. Vous avez des doutes, dit le Blaireau, eh bien on va vous en débarrasser.

L'échauffement commence à 11 h pour un départ prévu très exactement à 13 h 54. C'est parti et, tout de suite, ça roule à bloc, c'est fluide, les relais passent merveilleusement bien, un train jaune et noir, de beaux wagons de chair luisant de sueur, le jeune Fignon en ligne, puissant. Que les Italiens le regardent bien, ce coursier avec ses lunettes d'étudiant qui appuie comme s'il y avait le feu à la Fac, ils ne vont pas tarder à le revoir sur les routes de leur pays !

Le train jaune et noir avale les 16 km en 19'09", remportant ce prologue avec deux secondes d'avance sur la Famcusine-Campagnolo, l'équipe de Francesco Moser. Les Italiens sont donc rassurés : l'équipe de Hinault roule du feu de Dieu. Elle est d'ailleurs la seule à franchir la ligne au complet. Quand les tifosi, le lendemain, ouvrent leur journal, ils constatent que les neuf premières places au classement général sont occupées par la bande à Hinault, lequel s'est emparé du maillot rose de leader. Où sont-ils les mecs du Blaireau ? Ils sont devant. Et les Italiens, derrière.

Ce maillot rose, il faut s'en débarrasser au plus vite pour ne pas avoir sur les épaules le poids de la course.

---

110. Raphaël Géminiani, à propos d'Hinault et de la chaleur : « Je le vois tout guilleret dans les plus chauds après-midi de course. Comme Anquetil, il est à l'aise, il frétille, alors que, çà et là, d'autres routiers sont à la peine. Non, je ne l'ai jamais entendu dire : « C'est dur ! » et cela, toujours à cause de cette force de caractère qui fait le champion. Il y a aussi le fait que Bernard sait se préparer, se soigner en fonction de la chaleur qui, au fil des étapes, devient plus néfaste pour ses adversaires que pour lui. » *in Mes Géants du cyclisme*, Éditions Calmann-Levy, 1982.

Donc Hinault s'en débarrasse lors de l'étape Parme-Viareggio, mais, surprise, c'est son équipier Patrick Bonnet qui le récupère.

Ce maillot rose, il faut s'en débarrasser au plus vite pour ne pas avoir sur les épaules le poids de la course. Donc Bonnet s'en débarrasse lors de l'étape Viareggio-Cortona, mais, patatras, c'est Laurent Fignon qui l'enfile.

Ce maillot rose, il faut s'en débarrasser au plus vite pour ne pas avoir sur les épaules le poids de la course. Donc Fignon s'en débarrasse lors de l'étape Perugia-Assisi, disputée contre-la-montre, mais, foutre Saint-Georges, c'est Bernard Hinault qui le revêt en mettant 11' dans la vue de Prim, 39'' à Moser, et plus d'une minute à Contini.

Ce maillot rose, c'est le sparadrap du capitaine Haddock. Cyrille Guimard se mettrait presque en colère : Vous allez le lâcher, ce maillot, mille sabords ? Obéissant, Hinault abandonne son maillot de leader, à l'arrivée de l'étape Castellamare-Diamante, pour une seconde.

Il fait de plus en plus chaud, le *Giro* traverse la Sicile, puis remonte vers la Calabre. Au général, pas de changement, le maillot est toujours sur les épaules de Moser.

À Silano, où se juge l'arrivée de la 11e étape – Palmi-Camigliatello Silano –, Bernard Hinault laisse éclater sa joie. A-t-il repris le maillot ? Mieux, son équipier, le valeureux Bernard Becaas remporte l'étape longue de 229 km. Qu'Hinault gagne, et il est heureux ! Mais qu'un de ses équipiers l'emporte, et il l'est tout autant. Et s'il faut se mettre à la planche pour permettre à un équipier de décrocher un bouquet, il le fait[111] [112].

Maintenant ça grimpe, c'est la douzième étape, avec une arrivée au sommet, à Campitello-Matese. 13 bornes sévères. Campitello-Matese est un centre touristique, mais Bernard Hinault n'est pas venu ici faire du tourisme, juste mettre une raclée à ses adversaires les plus dangereux. Une arrivée en altitude – la première ! –, c'est parfait pour les massacrer. Massacrer, il sait faire. Il imprime, dès le premier des treize kilomètres d'ascension, un rythme infernal. Objectif : éparpiller la Bianchi, l'équipe la plus menaçante, celle de Silvano Contini. Objectif atteint : y'a plus de Bianchi dans la roue du Blaireau hormis Contini. Maintenant il faut dégommer ce Contini. Donc, le Blaireau qui monte plus que vite, envoie un supplément de gaz, et Contini disparaît, asphyxié.

Reste-t-il encore quelqu'un dans la roue du Blaireau ? Oui, Lucien Van Impe. Le vainqueur du Tour de France 1976, à son tour, se gare.

Reste-t-il encore quelqu'un dans la roue du Blaireau ? Oui, le grimpeur Mario Becchia, de l'équipe Hoonved Bottecchia. Un grimpeur qui roule sur un vélo

---

111. Cette générosité, Raphaël Géminiani tient à la saluer : « Il est étonnant de constater qu'il ne lui déplaît pas de faire gagner un équipier. Je dirai même qu'il en recherche l'occasion. Il est fier d'être à la base d'un succès de l'un de ses hommes, et donc de son équipe. Sur ce point, ses aînés ont été plus personnels, plus égoïstes que lui ; à ce haut niveau de compétition, la générosité est assez rare. Or, Hinault ne lésine pas : il aime à faire gagner un inattendu, comme Villemiane, dans un championnat de France, et d'autres, en certaines occasions. À mon avis, Bernaudeau a perdu gros en quittant Renault-Gitane, car il aurait gagné davantage à rester l'équipier d'Hinault, qu'en courant contre lui. », in *Mes géants du cyclisme, opus cit.*

112. « Hinault vient au Tour du Luxembourg en 1979 pour aider son ami et équipier, le local Lucien Didier, à gagner l'épreuve. Mais au matin du dernier jour, notamment après son succès dans la troisième épreuve A, à Esch-sur-Alzette-Echternach, devant Van Vliet et le Russe Zagretdinov, il se retrouve, presque accidentellement leader ! Cependant, il laisse partir Didier en solitaire et le protège parfaitement. Le Luxembourgeois gagne finalement son Tour national pour dix secondes... devant Hinault. » Pascal Sergent, *Bernard Hinault, L'abécédaire*, Éditions Jacob-Duvernet, 2012.

Bottecchia[113] ça ne se lâche pas comme ça. Ça ne se lâche pas. Becchia s'accroche à la roue d'Hinault au prix d'une souffrance terrible. À aucun moment, il ne peut se porter à hauteur du champion français. À aucun moment il ne peut prendre le moindre relais. Hinault remporte l'étape et retrouve le maillot rose de leader. Francesco Moser et Guiseppe Saronni franchissent la ligne d'arrivée avec un retard dépassant les trois minutes.

Cette fois, c'est Ok, no souci : le maillot, on l'a, on le garde, on le défend. Cette tâche ne devrait pas être trop rude, trop épuisante. Déjà loin au général hormis Mario Beccia, les Italiens n'auront guère envie d'attaquer. C'est ce qu'Hinault se dit, et c'est le contraire qui se produit. Dans l'étape Campitelle Matese-Pescara, longue de 164 km et comptant trois ascensions, les Italiens de la Bianchi attaquent. Ils attaquent au pied de la première difficulté, la montée de Macerone. Ils sont trois qui sonnent la charge, trois de la Bianchi : Gianbattista Baronchelli, Tommy Prim et Silvano Contini. Les trois coéquipiers se relaient parfaitement et reçoivent l'aide de Fabrizio Velza, de la Gis-Gelati-Olmo, de Mario Groppo, de la Metauro Mobili-Pinarello, et de Vincente Belda, de la Kelme.

Et de ce groupe qui envoie les socquettes, Contini s'extirpe, désireux de creuser un bel écart sur Hinault. Hinault et les Renault sont à la planche, roulent, le menton sur le guidon. 130 bornes de poursuite, le Rionero Sannatico et le Roccaraso à escalader, un retard qui atteint les 3 minutes.

Les commentateurs italiens retrouvent leurs gestes, leur salive, leurs mots, leurs adjectifs les plus

113. Ottavio Bottecchia a remporté le Tour de France en 1924 (devant le Luxembourgeois Nicolas Frantz) et en 1925 (devant le Belge Lucien Buysse).

enthousiastes, les plus laudateurs. Ce *Giro* que l'on croyait perdu est en train de changer de visage. Hinault n'est pas invincible, l'attaque paie, Contini est un grand champion. Un grand champion qui remporte l'étape à Pescara, et se retrouve second au général, à 31" à peine de Bernard Hinault.

Y'a d'la joie chez les Italiens, y a pas d'angoisse chez Hinault. S'inquiéter : mais de quoi ? Contini a fait un truc, d'accord ! Il a surtout fourni beaucoup d'efforts. Des efforts qu'il va payer dans les Dolomites.

Dans les Dolomites, Contini marche et Hinault n'est pas bien. Personne chez les Renault n'a la troisième jambe. Baronchelli attaque, et Prim, Contini et Van Impe sautent dans sa roue. Et Hinault, incapable de combler l'écart creusé, perd son maillot rose pour une poignée de secondes. Silvano Contini est le nouveau leader du *Giro*. Les micros, les caméras, les calepins, les stylos l'entourent, filment, enregistrent, notent. Loué soit Silvano, héros de toute l'Italie.

Le Blaireau, il est calme, serein de chez serein. Ses pâtes, à l'hôtel, il les dévore avec appétit. Il a perdu le maillot rose, mais le *Giro*, il sait exactement où il va le gagner : sur les pentes de Monte Campione, 13 bornes d'une montée au sommet de laquelle est jugée l'arrivée de la 18e étape, longue de 85 km. Oui, juste 85 bornes. On prend le départ, on roule et, tout de suite, c'est la montée, une sacrée montée, un truc pour tout faire sauter.

La montée, raide à souhait, la voici ! 13 bornes. Premier kilomètre, ça roule vite mais groupé, tous les leaders sur la même portion de route avec, de chaque côté, un public nombreux qui donne du gosier.

Puis, Hinault s'en va. Il ne s'agit pas d'une attaque, d'un de ces bonds, d'un de ces sprints qui, en montagne, dans les lacets les plus fermés, demeurent l'apanage des seuls grimpeurs, mais d'une accélération terrifiante. Tout à coup, sans écarter les coudes, en gardant le buste parfaitement immobile, Bernard Hinault va beaucoup plus vite que les autres. Une différence de cylindrée. Un autre moteur.

Tous cèdent, Prim d'un coup, privé d'essence. Peut-être se refera-t-il la cerise. Peut-être reviendra-t-il dans le dernier tiers de la montée. Pour l'instant, il est à la ramasse. Tous cèdent, Baronchelli aussi, après avoir résisté un moment. Le grimpeur espagnol Belda est dans le dur. Il aurait bien voulu mettre la pastille, Belda, mais ce sera une autre fois.

Silvano Contini, porté par les cris des tifosi, s'accroche, au prix d'un effort terrible. Mais lorsque Bernard, comme s'il n'allait pas suffisamment vite, décide d'augmenter encore son allure, Contini cède, les rotules en os de mort. Seul Lucien Van Impe parvient à rester dans le sillage du Blaireau.

Il en a vaincu des pentes, Lucien, et celle-ci l'aurait-il sans doute maîtrisée, s'il n'y avait, devant sa roue, la roue d'Hinault, de plus en plus folle, cette puissante locomotive qui, sans jamais se retourner, se débarrasse un à un de tous ses wagons.

À 3 bornes du sommet, privé de jus et d'oxygène, Van Impe se gare.

Et c'est détaché que Bernard Hinault franchit la ligne d'arrivée. Le maillot rose est pour lui. Ils ne sont que trois, au sommet de Monte Campione à limiter la casse : Lucien Van Impe, qui concède 14", Marco Groppo à 26", et Tommy Prim qui, la cerise refaite, termine à 32". Les autres, ils sont loin. Francesco Moser, le jeune Moreno Argentin et Guiseppe Saronni accusent un retard supérieur à la minute. Silvano Contini se classe 30e de l'étape, à plus de 3' du Blaireau.

Le *Giro*, c'est plié, terminé. Il reste encore une étape de montagne, avec des pentes sur lesquelles des costauds pourraient porter des attaques et secouer le leader – Vars, Izoard, Montgenèvres, Sestrières -, mais costaud qui l'est encore, à part Hinault ?

Oui, le *Giro*, c'est dans la poche pour Hinault qui remporte l'ultime contre-la-montre[114] avant de revêtir, à Turin, un maillot rose tout neuf[115].

---

114. Contre-la-montre Pinerolo-Turin (42,5 km) :
1 Bernard Hinault en 51'14"
2 Francesco Moser à 10"
3 Urs Freuler à 14"

115. Tour d'Italie 1982 :
1 Bernard Hinault
2 Tommy Prim
3 Silvano Contini

21

Bernard Hinault et ses équipiers[116] sont à Bâle et à table. Le prologue de la 69e édition de la Grande boucle, long de 7,4 km et comportant l'ascension d'une bosse de 4e catégorie, se dispute dans les rues de la ville natale de l'actrice Marthe Keller. Bernard se souvient très bien de Marthe Keller. Elle joue, en mini-jupe et pieds-nus, la baronne de Coustines dans *Le Diable par la queue*, la comédie de Philippe de Broca.

Bernard à table avec ses gars. La course se gagne aussi à table. Pas de valse des socquettes sans java des fourchettes. Le vélo est affaire de tubes : les tubes du cadre et le tube digestif. Pour gagner, il faut manger. C'est l'avis de Firmin Lambot, vainqueur du Tour en 1919 : « Ceux qui ont exagéré en course, on les reconnaît le soir à l'hôtel. Ils sont inscrits sur la liste noire. Celui qui se lève après la soupe pour monter dans sa chambre est pratiquement condamné. Celui qui mange du bout des lèvres et abandonne entre deux plats est menacé. Les meilleures fourchettes sont aussi les meilleurs sur le vélo. Moi, je vais toujours au bout de mes repas. »

Sur la table, devant les assiettes, les bouteilles d'eau minérale et, devant l'assiette de Bernard, une bouteille de rouge. Hinault n'est pas Anquetil : il ne commande pas, à 8 heures du matin, comme pouvait le faire Maître

116. Les équipiers du Blaireau : Hubert Arbes, Charly Bérard, Patrick Bonnet, Lucien Didier, Maurice Le Guilloux, Marc Madiot, Pascal Poisson, Jean-François Rodriguez, Alain Vigneron.

Jacques, au départ du Tour du Var, des huîtres, de la blanquette et une bouteille de Gros Plant. Mais il aime bien boire un verre de rouge, durant le repas. Indurain fera comme lui : à l'hôtel, à Pau, avant l'étape des cols, il boira toujours un verre de vin de la Rioja.

Au moment où Bernard s'apprête à saisir la bouteille de vin, une main se referme sur le goulot et la bouteille disparaît. C'est Guimard. Guimard qui lâche : « J'avais dit pas de vin. » Guimard qui ajoute : « Ça commence à bien faire...Tu emmerdes tout le monde ! » Sans même attendre que Guimard ait fini sa phrase, Hinault s'est levé. D'un bond. Et la chaise de Bernard Hinault n'en mène pas large. Elle sait qu'elle pourrait, soit passer par la fenêtre, soit se briser en deux sur la tête de Guimard. Donc la chaise, elle s'écrase, se fait oublier. La chaise elle fait comprendre qu'elle n'est pas là. Elle n'a rien vu, rien entendu, la chaise. Elle dira rien, la chaise. Bernard bout, sa lèvre inférieure tremble, ses poings sont fermés. Elle est fou de rage. Il fixe Guimard, comme, jeune pro, il avait fixé Jean Stablinski, son directeur sportif, avant de le coller contre la fenêtre. Puis ses poings se desserrent, sa lèvre cesse de vibrer. Des mots jaillissent hors de sa bouche :

— Je cois que j'emmerde personne, mais toi, en revanche tu nous gonfles, parce que tu décides de tout comme pour les nouveaux cuissards... Je te rappelle que ces nouveaux cuissards, on les a jamais essayés, et t'as dit au fabricant qu'on n'en voulait pas... Mais maintenant il faut que tout soit clair (il s'adresse à toute l'équipe) : est-ce que je dérange quelqu'un ici ? Si je dérange quelqu'un ici, il me le dit, et je me barre ! Et je rentre tout de suite chez moi retrouver ma famille, ma maison et mon pavé de Paris-Roubaix. »

Personne ne lève le doigt. Hinault, saisissant le

dossier de sa chaise : « Ok, c'est bon, bon appétit. » Guimard disparaît.

Il n'était pas question, à Bâle, de boire comme un trou. Ce qu'il voulait, Bernard, c'est juste un gorgeon de rouge après avoir englouti les pâtes, un gorgeon et les blagues des amis. On n'aurait pas pensé à la course, il aurait parlé de la Bretagne, Le Guilloux également, et Hubert Arbes de ses chères Pyrénées. Il casse tout, Guimard, il casse tout.

Maintenant l'incident est clos, il faut faire son boulot, et le boulot d'Hinault, c'est de gagner. Alors, il gagne à Bâle, avalant les 7, 4 km du prologue en 9'31", rejetant Knetemann à 7". Le Blaireau, Guimard l'a énervé, et c'est Knetemann qui paie les pots cassés. Le maillot jaune, il est pour le Blaireau, lequel s'empressera de s'en débarrasser. S'en débarrasser afin de réaliser ce que seuls Fausto Coppi, Jacques Anquetil et Eddy Merckx ont réalisé : le doublé Tour d'Italie-Tour de France.

— Ce maillot-là, prenez-le, dit Bernard Hinault.

— Je le prends, dit Ludo Peeters en remportant la première étape, Schupfart-Möhlin–Schupfart-Möhlin, longue de 207 km. Je m'en empare : on aime le jaune chez Raleigh. Et nous, ce maillot, on va le garder.

— Ne te fais pas trop d'illusions, prévient Hinault, car à mon avis, ça va flinguer à tour de bras.

Ça flingue à tour de bras entre Bâle et Nancy. À la manœuvre, Bernard Vallet de l'équipe La Redoute. Il a des jambes de feu, le Vallet ! Ayant fait le meilleur temps dans la montée de la côte de Binningen lors du prologue, il porte le maillot à pois du meilleur grimpeur, et ce maillot, c'est comme du Kérosène. Vallet avale la côte de Chavigny et passe à l'offensive. Dans son sillage, Peter Winnen, de l'équipe Capri Sonne, Marc Madiot, équipier du Blaireau, Henk Lubberding de la formation

Raleigh, Michel Laurent et Phil Anderson, équipiers de Jean-René Bernaudeau chez Peugeot. Que remarque-t-on ? Que toutes les grandes équipes sont représentées au sein de l'échappée. Qui donc roulera sur les fuyards ? L'échappée va au bout, Phil Anderson remporte l'étape et revêt le maillot jaune. Ce maillot, en 1981, il l'avait décroché au sommet du Pla-d'Adet, mais ne l'avait conservé que 24 heures.

La presse sportive se pose des questions : qui est le leader chez Peugeot : Phil Anderson, maillot jaune, ou Jean-René Bernaudeau ? Et que dire de Michel Laurent qui passe souvent sa vie devant ? Phil, ces questions, il ne se les pose pas. Ce qu'il veut, Phil, c'est conserver le maillot jaune le plus longtemps possible. Ce maillot, qui pourrait le lui ravir ? Gerrie Knetemann et la Raleigh, le 7 juillet, entre Orchies et Fontaine-le-Pire, lors du contre-la-montre par équipes. Mais, ouf, le contre-la-montre par équipes est annulé. Les ouvriers d'Usinor Denain bloquent la route. Ils viennent d'apprendre que 1141 d'entre eux sont licenciés. Ils arrêtent le Tour, seul moyen de faire entendre, au cœur de l'été, leur colère, leur indignation. Les coureurs se montrent compréhensifs. Les spectateurs également. Parmi eux, combien de futurs chômeurs ? Seul Jacques Goddet, qui n'a jamais été progressiste, se fâche : « C'est une lâcheté et une erreur que d'exploiter pour la détruire une fête populaire qui obtient un consensus généralement unanime, qui n'a d'autre moyen de défense que de s'exposer sans recherche d'une quelconque protection matérielle. » Moyen de défense, moyen de défense : de quel moyen de défense disposent des ouvriers jetés avec une violence inouïe dans les griffes du chômage, monsieur Goddet ?

Phil, lui, dans sa chambre d'hôtel, étale, sur le dossier d'une chaise, son beau maillot jaune. Et s'interroge.

Où vont-ils m'attaquer, ils vont m'attaquer où : durant l'étape qui mène à Lille ? À Lille, c'est Jan Raas qui l'emporte, mais le maillot reste sur mes épaules.

Où vont-ils m'attaquer, ils vont m'attaquer où : durant l'étape qui mène à Concarneau ? À Concarneau, c'est Pol Verschuere qui l'emporte, mais le maillot reste sur mes épaules.

Où vont-ils m'attaquer, ils vont m'attaquer où : durant l'étape qui mène à Châteaulin ? À Châteaulin, c'est Frank Hoste qui l'emporte, mais le maillot reste sur mes épaules.

Où vont-ils m'attaquer, ils vont m'attaquer où : durant le contre-la-montre par équipes, disputé entre Lorient et Plumelec ? Les Raleigh vont-ils me plumer à Plumelec ? Ils remportent l'étape, mais le maillot reste sur mes épaules.

Où vont-ils m'attaquer, ils vont m'attaquer où : durant l'étape qui mène à Nantes ? À Nantes, c'est Stefan Mutter qui l'emporte, mais le maillot reste sur mes épaules.

Où vont-ils m'attaquer, ils vont m'attaquer où : durant l'étape qui mène à Bordeaux ? À Bordeaux, c'est Pierre-Raymond Villemiane, l'ancien équipier du Blaireau, qui l'emporte, mais le maillot reste sur mes épaules.

Maintenant, c'est le contre-la-montre individuel de Valence-d'Agen, où le peloton en 1978 avait manifesté sa colère. À Valence-d'Agen un autre Tour maintenant commence : celui du Blaireau. Les contre-la-montre individuels auxquels il a participé depuis 1978, il les a tous remportés. Aura-il ses jambes de Saint-Émilion-Sainte-Foy-la-Grande et de Metz-Nancy en 1978 ? Aura-t-il ses jambes de Luchon-Superbagnères et de Dijon-Dijon en 1979 ? A-t-il ses jambes de Spa-Francorchamps en 1980 ? Il dit je les ai. Il enroule, il appuie, s'arrache et les bat tous sauf un : Gerrie Knetemann. Knetemann, il l'a toujours battu, mais, à Valence-d'Agen, c'est le champion d'Amsterdam, le rouleur aux Ray-ban et au maillot Raleigh, champion du monde en 1978, qui remporte le chrono avec 18" d'avance sur le Blaireau[117]. Hinault, la ligne franchie, les temps connus, se refugie dans la voiture de Guimard, s'éponge le visage. Qui y'a-t-il dans son cœur ? De la rage et de la joie. La joie de retrouver le maillot jaune, la rage d'être battu sur le terrain qui est le sien : le contre-la-montre. Certes, Knetemann, il ne le verra pas dans sa roue dès que les cols seront là. Mais il n'aurait pas voulu le voir devant lui à Valence-d'Agen. Le Blaireau a la rage, et ce n'est pas le moment de loger un micro devant ses griffes et ses crocs. Anquetil vient de le rejoindre.

— Tu sais, Bernard, j'ai connu ça aussi, j'ai été battu contre-la-montre.

— Toi, t'as perdu un chrono, et quand ?

— En 58, à Châteaulin !

— Battu par qui ?

— Par Charly Gaul.

— Par Gaul ! Mais y'a pas de col à Châteaulin.

— Mais Gaul n'était pas exceptionnel que dans les cols. En 58, je te signale qu'il remporta les trois chronos individuels. Et le Tour.

— Knetemann ne gagnera pas le Tour. Le Tour, j'en fais mon affaire.

— Je sais. Et tu feras un truc à Martigues, et un autre à Saint-Priest.

---

117. Contre-la-montre de Valence-d'Agen :
1 Gerrie Knetemann, le 57,3 km en 1 h 17'29"
2 Bernard Hinault à 18'
3 Daniel Willems à 1'36"
4 Jan Van Houwelingen à 2'29"
5 Joop Zoetemelk à 2'33
Signalons que Phil Anderson concède plus de 3', et que Jean-René Bernaudeau, Hennie Kuiper, Peter Winnen et Johan Van der Velde terminent à plus de 4'.

Donc Hinault, il est en jaune au moment d'aborder les Pyrénées. La première étape n'est pas redoutable, juste le Soulor et le versant court d'Aubisque. Des cimes, qui plus est, loin de l'arrivée. Donc, ça revient dans les descentes, ça se regroupe dans la vallée, on est seize, ça roule, les relais passent jusqu'à Pau. À Pau, ça se règle au sprint, et le sprint est pour Sean Kelly. Kelly qui a la troisième jambe. Kelly qui vient de remporter Paris-Nice[118]. Sean Keely qui roulera toujours en tête, et remportera deux Milan-San Remo[119], deux Paris-Roubaix[120], deux Liège-Bastogne-Liège[121], et trois Tours de Lombardie[122]. Kelly, il a le maillot vert, vert comme son pays, comme le maillot du XV irlandais. Tout va bien pour Kelly au pays du Tour.

La seconde étape pyrénéenne est une véritable étape de montagne avec une arrivée au sommet. Et quel sommet : la Pla-d'Adet. Hinault connaît bien cette pente qu'il a découverte, en 1978, en même temps que le Tour lui-même. C'est du sévère, mais ce n'est pas à lui, porteur du maillot jaune, de placer des attaques. Les attaques devraient venir des prétendants au podium. Elles viendront des seuls grimpeurs. Du Suisse Beat Breu, surnommé la Puce de Saint-Grall, notamment. Des « puces », on en croise souvent sur la route du Tour, et de fameuses. Vicente Trueba, roi de la Montagne du Tour 1933, n'est-il pas la puce de Torrelavega. Lili Bergaud, qui en 1958, gagne à Pau, n'est-il pas la Puce du Cantal ? Tous des puces, car aucun ne pèse plus d'une

118. Sean Kelly remportera à sept reprises la Course au soleil, de 1982 à 1988.

119. 1986, 1992.

120. 1984, 1986

121. 1984, 1989

122. 1983, 1985, 1991

cinquantaine de kilos. Trueba, c'est 51 kg, casquette, musette et cale-pieds inclus.

La Puce de Saint-Grall se joue des lacets du Pla-d'Adet. Derrière les Puces, d'autres grimpeurs, Robert Alban, l'Espagnol Alberto Fernandez, Raymond Martin, et Bernard Vallet, maillot à pois sur les épaules. Qu'ils s'amusent, s'ébrouent, se tirent la bourre. Le Blaireau, il s'en fout : il monte à son rythme lequel n'est pas celui de tout le monde comme peuvent le constater des rivaux incapables de tenir sa roue. Hinault court très bien. Il n'a aucune raison de revenir sur des grimpeurs qui, à Martigues, lors du prochain chrono, prendront tous un coup de massue sur la casquette. Il monte comme Anquetil, le Blaireau, protégeant son maillot, mieux, le consolidant. Phil Anderson n'est-il pas déjà à plus de 3' ? Joop Zoetemelk n'accuse-t-il pas déjà un retard supérieur à 4' ?

Louison Bobet n'est pas de cet avis : Hinault dans le Pla-d'Adet n'est pas au mieux. Mais l'avis de Bobet, le Blaireau il s'en tape ! Le Blaireau, il n'écoute qu'Anquetil. Ne compte que ce que Jacques a dit. Et Jacques a dit À Martigues, tu vas faire un truc ! »

Voici Martigues, la « Venise provençale ». Mais le Blaireau ne songe, ni à Venise, ni à la chanson de Vincent Scotto : « *Adieu Venise provençale, Adieu pays de mes amours, Adieu cigalons et cigales, Dans les grands pins chantez toujours...* ». Vincent Scotto, c'est pas les Rolling Stones. Il ne songe à rien de tout ça. Il sait en revanche que de nombreuses stars ont tourné dans cette ville, Michèle Morgan, Jean Marais, Arletty, Marie-Josée Nat, Jeanne Moreau, Jean-Paul Belmondo, Lino Ventura. La star, aujourd'hui c'est lui. 32,4 km contre-la-montre. Quand le starter criera : Action !, il s'élancera pour un grand numéro d'acteur. Anquetil l'a dit : « À Martigues, tu feras un truc. »

Jacques a dit À Martigues, tu feras un truc.
Jacques a dit À Martigues, tu déchires tout.
Jacques a dit À Martigues, tu sors le grand jeu.
Jacques a dit À Martigues, tu estourbis tout.
Jacques a dit À Martigues, tu fais rougir le 12 dents.
Jacques a dit À Martigues, tu fais parler la classe.
Jacques a dit À Martigues, tu envoies les socquettes.

À Martigues le Blaireau fait un truc, déchire tout, sort le grand jeu, estourbit tout, fait rougir le 12 dents, fait parler la classe, envoie les socquettes et l'emporte en 45'12", rejetant Gerrie Knetemann qui l'avait devancé à Valence-d'Agen, à 1'10"[123]. Comment sont-ils tous ? Ils sont calmés. Et loin au général. Phil Anderson, second, pointe en effet à 5'17'. Zoetemelk, troisième, est à 5'26". Et le plus frais, c'est qui ? C'est le Blaireau.

Voici les Alpes. L'étape Manosque-Orcières Merlette. 206 km. Départ chez Giono, arrivée chez Luis. Luis Ocaña. Car la montée d'Orcières Merlette, c'est Luis. Depuis 1971. Depuis juillet 1971. Depuis le jeudi 8 juillet 1971. Ce jour-là, Luis Ocaña est aérien. Il y a des cols partout et, partout, il y a Luis. Et Luis est seul dans la montée d'Orcières Merlette. Il a attaqué et distancé Merckx que personne n'osait attaquer. La première place était pour Eddy, et tous ses adversaires se battaient pour la seconde, la troisième place. Tous sauf Luis. Luis visait la première place, pour le maillot jaune. Et le maillot jaune, il le revêt au sommet d'Orcières Merlette, ce 8 juillet 1974, après avoir dézingué Eddy, lequel franchit la ligne d'arrivée avec un retard de 8'42".

---

123. Contre-la-montre de Martigues :
1 Bernard Hinault
2 Jan Van Houwelingen à 49'
3 Daniel Gisiger à 53"
4 Joop Zoetemelk à 55"
5 Bernard Vallet à 59"

Dans cette étape d'Orcières Merlette, Bernard Hinault laisse les grimpeurs, les adeptes des raids en solitaire se prendre pour Luis Ocaña. Ils sont loin au général : qu'ils s'en donnent donc à cœur-joie ! Eric McKenzie, Pierre-Henri Menthéour et Pascal Simon, équipier de Bernaudeau et de Phil Anderson, se font la belle. Au pied d'Orcières Merlette, l'avance du trio est de 3'. C'est pas un problème pour Hinault, juste un casse-tête pour Maurice De Muer, le directeur sportif de l'équipe Peugeot. Qui, en effet, est le leader de l'équipe : Bernaudeau qui n'est pas au mieux, Phil Anderson qui a porté le maillot jaune, ou ce jeune Simon qui s'apprête à remporter l'étape ?

Les purs grimpeurs, les Alban, les Breu, les Martin, les Fernandez sortent dès les premières rampes d'Orcières Merlette : qu'ils s'en aillent tous ! Le Blaireau ne s'occupe pas d'eux. Le Blaireau, il se contente d'imposer à ceux qui s'accrochent à sa roue un rythme infernal : j'appuie, j'appuie, j'appuie. Phil Anderson est le premier à sauter : il prendra deux minutes dans les dents, le kangourou ! Bernard Vallet aussi lâche prise. Seuls Joop Zoetemelk et Hennie Kuiper parviennent à rester dans le sillage du Blaireau. Mission accomplie pour le maillot jaune : Phil Anderson accuse désormais un retard de près de 8' au général.

Le soir à table, les pâtes englouties, son verre de vin bu, Hinault fait le point avec ses équipiers : « Demain, c'est l'Alpe-d'Huez ? Il va se passer quoi ? Beat Breu va attaquer, à moins qu'il ait son jour sans. Si c'est pas Breu, ce sera Winnen, ou peut-être Vallet... Franchement, qu'est-ce qu'on en a à faire ?

Avant Breu, y'a les paysans. Qui manifestent et retardent le départ de l'étape. Ils manifestent contre leur ministre, Madame Cresson, dont ils ne supportent plus les salades. D'abord les ouvriers d'Usinor Denain, maintenant les agriculteurs de Pont-du-Fossé. Les ouvriers, les paysans, c'est-à-dire ceux qui morflent le plus. Et qui morfleront de plus en plus. Dans le peloton, un coureur comprend la colère des paysans, Régis Clère, le champion de France. Un micro s'approche de lui : « Les paysans, je les soutiens, et je vais vous dire pourquoi. Moi, au départ, je suis un paysan, mais à la ferme, c'était pas possible, je ne m'en sortais pas. Et c'est pour ça que je suis devenu coureur professionnel. Pour m'en sortir. Je le redis : je les soutiens. »

On attend Breu, voici Breu, avec son maillot rouge de l'équipe Cilo-Aufina. Il attaque en souplesse les rampes de l'Alpe-d'Huez, flanqué de Robert Alban qui, en 1981, se classait 3e du Tour. Ça monte vite, les jambes tournent. Alban paraît d'autant plus grand que Breu, qui monte à ses côtés, n'est pas plus haut qu'Astérix. Une puce, il est vrai. La Puce de Saint-Grall. Breu, avant d'être champion cycliste, était facteur et, sans doute, faisait-il sa tournée à vélo. De cet ancien boulot, tout à coup il se souvient. Il se met en danseuse, attaque, laissant Alban sur place. Oui il s'en va seul, Beat Breu : un pli urgent à remettre là-haut, une lettre d'amour ou de licenciement. Il doit s'agir d'une lettre d'amour car il monte très vite, Beat. Il ne pense qu'à la tâche qu'on lui a confiée, Beat. Et tant pis si son cœur morfle. Un cœur, là-haut attend sa lettre, le sien ne compte pas. Mission accomplie : l'étape est pour lui[124].

À l'Alpe-d'Huez, ce fut Beat Breu. À Morzine, ce sera donc Peter Winnen, le grimpeur qui, en 1980, s'était

124. Beat Breu met un terme à sa carrière de champion, non pour retourner à la poste mais pour embrasser le métier de clown. Ce choix n'indique pas qu'il serait timbré. Il rappelle simplement que les champions sont aussi des artistes. Roger Hassenforder qui avait plus d'un Tour dans son sac, ne s'est-il pas produit en costume de clown au cirque Medrano ?

imposé à L'Alpe, comme il sied à un Hollandais. Il grimpe et il descend, Winnen. C'est donc dans la descente du col de la Colombière qu'il se tire. Il se tire et, très vite, ils sont sept avec lui : Jean-René Bernaudeau et Marino Lejarreta, Sven-Ake Nilsson, Jacques Michaud, Hennie Kuiper, Johan Van der Velde et « Momo » Le Guilloux. L'avance sur le maillot jaune ne dépasse pas les 3 minutes quand les échappés se présentent au pied du col de Joux-Plane. Très vite, dans ce col dur, Peter Winnen se détache. Jean-René Bernaudeau prend sa roue. Van der Velde aussi. Mais Winnen monte trop vite. À trois bornes du sommet, Van der Velde et Bernaudeau se gare, et Peter Winnen file seul vers Morzine.

Les Alpes, c'est terminé. Le maillot jaune est vissé aux épaules d'Hinault. Lorsqu'il consulte le classement général, le soir, à l'hôtel, le Blaireau constate que les dix premiers sont loin, très loin, et que parmi eux, il y a trois Hollandais : Van der Velde, Winnen, et ce bon vieux Joop. Les Hollandais sont chez eux sur le Tour. À commencer par Adri Van Houwelingen qui, les Alpes ayant été franchies, se lance dans un raid solitaire de 72 bornes entre Morzine et Saint-Priest, et remporte l'étape. La 18e. Plus que deux jours de course avant l'étape des Champs-Élysées.

Ce que Bernard Hinault pourrait faire – les écarts étant ce qu'ils sont – c'est rouler en dedans jusqu'à Paris. Mais ça, il ne sait pas faire. Personne ne lui a enseigné la modération, ou bien il n'écoutait pas. Il n'écoute que rarement, le Blaireau, surtout quand c'est Guimard qui parle. De plus, Anquetil lui a dit : Tu feras un truc à Saint-Priest. Saint-Priest, l'on y est, et ce truc, il va bien falloir le faire.

À Saint-Priest où les collèges portent les noms de Colette, de Boris Vian et de Gérard Philippe, on est dans la banlieue sud-est de Lyon, au pays des bouchons sur l'autoroute des vacances. Les bouchons, c'est pas le souci du Blaireau : la voie sera libre, et son moteur puissant, granitique et souple, un turbo breton, des pistons iodés.

Dans les églises de Saint-Priest – église du village, église Sainte-Marguerite, église Notre-dame-de-la-Paix –, ne priez pas pour Bernard Hinault : priez pour ses adversaires ! Car il va les secouer, les tordre, les assommer, les essorer.

Le maillot jaune que porte le Blaireau est aussi fin que sa peau. Le maillot jaune du Blaireau est une seconde peau. Et le vent peut surfer sur elle. Le vent, les autres font avec. Le vent, Bernard le perce, le traverse, le découpe en tranches, façon jambon d'York, l'envoie bouler sur les bas-côtés où il enrhume les spectateurs en short qui applaudissent à tout rompre le navire glissant sur le bitume amer.

Il trace, Bernard. Muscles, tendons, articulations : tout le monde est sur le pont ! Le vélo est bleu comme les veines du champion, et dans les veines le sang sprinte, file bille en tête vers les aiguillages du cœur, se frotte à toutes les cloisons, alimente toute la viande, rugit dans tous les poumons. Le cœur du Blaireau est le plus grand réservoir de sang du monde.

Tu feras un truc à Saint-Priest, a dit Jacques, et ce truc, Bernard le fait, roulant à fond pendant 47 km, et encore plus à fond pendant le 48e et dernier kilomètre. Les horloges se regardent, éberluées. Les trotteuses disent c'est pas vrai, pas possible. Les trotteuses se regardent, comptent sur leurs doigts : c'est pourtant vrai ! C'est incroyable, c'est historique, c'est hystérique, c'est vrai : Bernard vient d'avaler le dernier kilomètre en 58". Allez tous vous rhabiller : j'ai gagné[125] ! Pascal Poisson, son équipier est fou de joie et d'admiration : « Au dernier kilomètre, j'avais une seconde d'avance sur Bernard. Je pétrolais sacrément, pourtant je pétrolais ! Et le Bernard qui sort le grand jeu. Une borne en 58" ! Pour la même borne, il m'a fallu 1'14". Et pourtant, je pétrolais sacrément ! C'est toute la différence entre le meilleur coureur contre-la-montre de tous les temps et moi. Le mal qu'il a dû se faire, la douleur, nom d'un chien, la douleur. Oui, un kilomètre en 58" après en avoir avalé 47, après en avoir bouffé quatre mille, après avoir grimpé les Alpes et les Pyrénées. Non, vraiment, le Blaireau, chapeau[126] ! »

Maintenant on roule vers Paris, vers les Champs-Élysées. Les classements sont établis, le podium, c'est réglé : on roule en dedans. Et que les sprinteurs, sur les Champs-Élysées, s'en donnent à cœur-joie. Il y aura, sur les Champs, quelques tentatives d'échappées : toutes échoueront. C'est toujours pareil : des gars sortent, le peloton les garde en ligne de mire puis, le moment venu, les équipes des sprinteurs mettent en route, et c'est fini. Sortir est impossible, mais impossible n'est pas breton : le Blaireau sort ! Il sort après avoir négocié le dernier virage en troisième position. Il sort, met la gomme : le trou est fait. Et ce trou, les sprinteurs flandriens, les gicleurs impénitents ne parviennent à le combler.

125. Contre-la-montre de Saint-Priest :
1 Bernard Hinault, les 48 km en 1 h 04'29"
2 Gerrie Knetemann à 9"
3 Pascal Poisson à 19"

126. Cité par Henri Quiquéré, in *Bernard Hinault, un champion, op. cit.*

Jacques Anquetil avait dit Tu feras un truc à Martigues, tu en feras un second à Saint-Priest. Bernard aura entendu Et tu en feras un troisième aux Champs. C'est fait[127].

127. Tour de France 1982 :
1 Bernard Hinault
2 Joop Zoetemelk à 6'21"
3 Johan Van de Velde à 8'59"
Maillot vert : Sean Kelly
Meilleur grimpeur : Bernard Vallet
Meilleur jeune : Phil Anderson
Meilleure équipe : Coop-Mercier
Combativité : Régis Clère

22

Maintenant le Quessoy, la famille, le vent, la pavé de Paris-Roubaix qui voudrait bien être fixé sur son sort, les animaux, les nuages qui passent en laissant à la cime des arbres un peu de leur ouate.

Bernard monte dans sa caisse et file à Yffiniac saluer ses parents. Ils sont dans la cuisine. Sur la table, *Ouest-France*. Sur une chaise des magazines, Bernard en couverture. Lucie sort un à un trois petits bols du placard, les pose sur la table, sert le cidre. Il est là, leur Bernard, attablé avec eux, lui qui passe si peu de temps à la maison. Il est là, et Lucie sourit. Elle a fait une tarte. Il va bien manger un peu de tarte. Il dit oui, et il se régale. Lucie, elle sourit. Il est gourmand, Bernard, oui, oui, il est gourmand, et y a toujours un voisin pour lui dire qu'on l'a vu s'arrêter devant une pâtisserie, en ressortir avec des tartelettes. Oui, et alors : la gourmandise, y'a pire comme péché, non ? C'est pas un péché mortel, la gourmandise. C'est même pas un péché véniel, je parie, juste un péché mignon. Il va en reprendre de la tarte, j'en suis sûre. Voilà, il en reprend, ça fait plaisir. Et un peu plus de cidre, voilà. Il doit pas en boire souvent du cidre pendant le Tour, le pauvre. Quel métier, mon Dieu, travailler sans arrêt et ne pas pouvoir manger comme on veut ! Quand je pense qu'il a dû taper sur la table pour que Guimard lui laisse son verre de vin. Il a raison de pas se laisser marcher sur les pieds. Je parie que son père, si on lui avait retiré la chopine sur le chantier, il aurait fait vilain. C'est un métier trop dur, il va la finir la tarte, il va pas laisser ce morceau, voilà, c'est bien...

Son père : — T'as déjà tout gagné, fiston...

Bernard : — Pas tout non...

Son père : — Enfin, t'as gagné le Tour, le Tour d'Italie, le Tour d'Espagne, la Doyenne, Paris-Roubaix, t'es champion du monde. T'as pas trente ans, et t'as tout gagné, on est fiers, tu sais.

Bernard : — Je le sais, oui, Martine me le dit souvent que vous êtes fiers de moi. Mais rien n'est terminé, ça continue.

Son père : — Et tu veux gagner quoi, maintenant : le record d'Anquetil et de Merckx, cinq Tours de France.

Bernard : — Figure-toi que Jacques m'en parle de temps en temps. Il pense que je peux faire comme lui.

Son père : — Il a raison, tu peux, c'est sûr... Et après ?

Bernard : — Après ? Eh bien après, ce sera la terre, une ferme.

Son père : — Ah ça c'est très bien, fiston. C'est très dur, mais c'est très bien. Et où, t'as une idée.

Bernard : — Oui, à Calorguen, 56 hectares.

Son père : — Tu vas avoir besoin de quelqu'un pour démarrer.

Bernard : — T'inquiète pas, René est dans le coup.

23

En France, en ce mois de janvier 1983, on n'a pas envie de rire : Louis de Funès vient de casser sa pipe.

Ça meurt pas mal chez ceux qui font la vie plus belle : Hergé, Louison Bobet, Tennessee Williams, George Balanchine, Jack Dempsey, Muddy Waters. Des artistes, des athlètes s'en vont et François Besse, ancien bras droit de Jacques Mesrine, se fait la belle pour la sixième fois.

Muet en décembre à Dakar lors des vacances de l'équipe Renault – il n'a pas adressé la parole à Guimard –, Hinault parle en janvier. Il dit : je vais disputer le Tour d'Espagne. Jean-Paul Brouchon note sur son carnet les mots que le Blaireau ajoute : « Le temps du déclin n'est pas encore arrivé. Je ne connais pas mes limites car la poussée des jeunes n'est pas encore assez forte. Seule la carte de l'équipe m'intéresse. Guimard désormais recrute, dirige, prépare mais, avec moi, il décidera des conduites à adopter pendant la course elle-même ». Avec moi, avec moi : entendez-vous, Cyrille, la parole du Blaireau, à qui personne, jamais, ne bouffera la laine sur le dos ?

En 1983, le Tour d'Espagne ne se dispute pas au mois de septembre comme c'est le cas aujourd'hui, mais au mois d'avril, lorsque nul ne se découvre d'un fil, très exactement du 19 avril au 8 mai.

100 coureurs prennent le départ de cette 38e *Vuelta*. Autour de Bernard Hinault qui vient de remporter pour

la seconde fois la Flèche Wallonne[128], les grognards – Bernard Becaas, Maurice Le Guilloux… –, et la jeune garde, Greg LeMond et Laurent Fignon, facile quand il pédale, facétieux quand il parle. Et parfois facétieux quand il roule. En 1981, durant le Tour de Corse – il est encore amateur –, il reste un long moment collé à la roue arrière de Bernard Hinault. Agacé, le Blaireau se retourne et demande au morpion blond ce qu'il fout, ses lorgnons braqués sur son boyau. Et le morpion blond de répondre : « Je n'ai jamais roulé dans la roue d'un champion du monde, je veux voir ce que ça fait[129]. »

Le Guilloux, Becaas, LeMond, Fignon, c'est du costaud tout ça, ça roule, ça grimpe, ça sait conquérir et garder le maillot.

Et en face, y'a qui ? Y'a Guiseppe Saronni, champion du monde. Mais que vient-il faire à Almussafes où se dispute le prologue : se battre pour l'emporter à Madrid ou s'entraîner en vue du *Giro* ?

Si la presse espagnole s'interroge sur les motivations de Saronni, elle n'a aucun doute sur les objectifs des champions espagnols, de l'équipe Reynolds ou de l'équipe Alfa Lum-Olmo. Il y a, au départ de ce Tour d'Espagne, quelques champions ibériques de haut vol, une poignée de Grands d'Espagne qui, répètent les commentateurs, visent tous la plus haute marche du podium. Il serait revenu le temps de Luis Ocaña et des José-Manuel Fuente. Ces champions qui songent au maillot amarillo ont pour noms Julian Gorospe, Marino

---

128. Flèche Wallonne 1983 :
1 Bernard Hinault, les 248 km en 6 h 56'
2 René Bittinger (Fra)
3 Hubert Seiz (Sui)

129. Dans ce Tour de Corse, Laurent Fignon placera une terrible attaque dans le Monte San Pietro, et l'équipe du Blaireau devra se mettre à la planche pour revenir sur le gamin. Le soir, Guimard ira frapper à la porte de la chambre de ce jeune coureur. Sa place n'est-elle pas au sein de l'équipe Renault ?

Lejarreta et Alberto Martinez. Ce sont des grimpeurs, de purs grimpeurs, c'est-à-dire des avaleurs de lacets condamnés à perdre du temps lors des contre-la-montre. Mais n'a-t-on pas vu des rois de la montagne, ayant revêtu le maillot de leader, se transformer, pour le défendre, en spécialistes des chronos ? Pour Hinault, sur cette *Vuelta*, la menace n'est pas italienne : elle est espagnole.

D'abord, cinq jours peinard pour Bernard. Le maillot amarillo est sur les épaules de son jeune équipier Dominique Gaigne[130], vainqueur du prologue à Almussafes les 6,8 km en 8'51". Puis Bernard prend le maillot au terme de l'étape Sant Quirze del Vallès-Castellar de Nuch.

Maintenant, c'est le chrono, le chrono de Sabiñanigo, de Sabiñanigo-Balneario de Panticosa, et le chrono, il ne peut être que pour le Blaireau. Tous les chronos sont pour le Blaireau, comme ils étaient jadis pour Anquetil. Y'a jamais photo pour le chrono : y'a Hinault. Donc Hinault, s'élance, appuie. Il appuie pendant 38 bornes mais, pendant 38 bornes, il sent bien qu'il n'est pas dans le coup. Il se dit J'avance pas. Il se demande Où sont mes jambes, que fout mon cœur, où est mon sang ? Oui, il est où son sang, ce sang qui sprinte dans ses veines depuis Planguenoual, ce sang breton, ce sang de marin sur le pont, ce sang de tempête et d'ouragan ? Il a dû rester au Quessoy, son sang, avec le poney Pony et le pavé de Paris-Roubaix. Et les poumons, ils ne pourraient pas prendre plus d'air, les poumons, se gonfler comme des voiles, et Bernard s'arracherait ? Non, les poumons, ils la jouent petits-bras, les poumons, ils expédient les

130. Dominique Gaigne a remporté le Tour d'Émeraude en 1981, le championnat de France des comités contre-la-montre et le Tour d'Ille-et-Vilaine en 1982. En 1983, il remportera l'étape Le Havre-Le Mans (257 km) du Tour de France et, en 1986, le Tour du Limousin.

affaires courantes, les poumons. C'est pas des poumons de guerrier qu'il a entre Sabiñanigo et Balneario de Panticosa, c'est des poumons de pantouflards, des poumons de radiologues.

Nom de Dieu de nom de Dieu, ils font quoi les cuisses et le cœur ? Bernard, l'œil noir, leur ordonne d'accélérer – à fond, à fond ! –, mais ils sont bien loin d'avoir le rendement qui est le leur dans ce type d'exercice. Faut les comprendre, les cuisses et le cœur. Ils sont sur le pont depuis Planguenoual, les cuisses et le cœur, et ils voudraient bien jeter l'ancre quelque temps, se la couler douce, le cocktail, les glaçons, la paille coudée, les palmiers. Mais ça, le Blaireau, il ne veut pas en entendre parler. Le Blaireau, ce qu'il veut, c'est tout défoncer, les massacrer tous. Martine, si on l'interrogeait, dirait : s'il ne boxe pas, il s'ennuie. Elle sait ce qu'elle dit, Martine : ce n'est pas par hasard qu'il a durant la course un rictus à la Cerdan, son julot. Si dans sa vie y'a pas le ring, ça pue la tombe. Mais aujourd'hui, entre Sabiñianigo et Balneario de Panticosa, c'est sur le ring que ça sent pas très bon. Et les chronos, la ligne franchie, sont formels : Bernard Hinault, le roi du contre-la-montre, le gars qui met la pâtée aux trotteuses depuis qu'il a revêtu son premier maillot jaune, est battu. Et pas d'une poignée de secondes. Marino Lejarreta, vainqueur de l'étape, lui met 2'13" dans la vue. Et tous les Espagnols le battent : Lejarreta donc, mais également Alberto Fernandez, Julian Gorospe, Pedro Munoz, Faustino Ruperez. Il termine à la 9e place, le Blaireau, également battu par Hennie Kuiper.

Il descend de son vélo, enfile une veste de survêt et disparaît. Une question, monsieur Hinault ? C'est pas le moment ! Une photo, monsieur Hinault ? C'est pas le moment ! C'est pas le moment de lui demander un autographe, de le plaindre, de l'interroger sur ce qui s'est passé, sur ce qu'il fera, s'il aura demain la force de répliquer, de laver l'affront. Il ne veut pas parler, le Blaireau, non parce qu'il a perdu, mais parce que, d'une façon générale, il ne veut plus parler. Il ne veut plus faire comme dans le Tour 81 où, sur les recommandations de Guimard, il acceptait toutes les sollicitations des journalistes : « Je rentrais en moyenne une heure un quart après mes camarades le soir à l'hôtel ! Faites le compte. Il y a 24 jours dans le Tour. Je dors 24 heures de moins que les autres. À raison de huit heures par nuit environ, cela fait que je perds trois nuits dans le Tour[131] ! »

Le soir, à table, le Blaireau ne parle pas. Maurice Le Guilloux demande à Laurent Fignon de parler, de répéter ce qu'il vient de lui dire en sortant de la salle de massage. Alors Fignon parle. Il dit Ces Espagnols il faut les défoncer. Il dit Ces Espagnols, ils attendent les cols. Il dit Ces Espagnols, ils faut qu'ils connaissent l'enfer avant les cols. Il dit Dans les cols après, ils n'auront plus de jus, les Espagnols. Et le Blaireau, le verbe *défoncer* ayant été prononcé, se met à sourire.

Défoncer les Espagnols et reprendre le maillot. Les Renault-Gitane secouent le peloton. Laurent Fignon se classe troisème de l'étape Panticosa-Saragosse, Hinault s'emparant de la sixième place. Ils restent devant, les Renault-Gitane, notamment lors de l'étape Saragosse-Soria qu'Hinault termine à la troisième place, Le Guilloux à la quatrième, et Lucien Didier à la sixième. Pascal Poisson remporte l'étape Leon-Valladolid, LeMond fait deux, Hinault fait cinq. Les Renault-Gitane, on ne voit qu'eux. Ils sont devant, ils sont belliqueux, les mecs du Blaireau,

131. Cité par Pascal Sergent, in *Bernard Hinault, l'Abécédaire*, Éditions Jacob-Duvernet, mai 2012.

et le Blaireau, lui, il sait où il doit frapper : à Valladolid où va se disputer un contre-la-montre de 22 km. 22 bornes pour remettre les pendules à l'heure, effacer la contre-performance de Panticosa.

Hinault s'élance. Tout de suite il est en ligne, tout de suite il est à fond et, tout de suite, il reçoit des mollards. L'Espagne aurait-elle aussi ses tifosi ? Cette question, Hinault ne se la pose pas. Il n'est pas là pour se poser des questions, le Blaireau : il est là pour gagner. Alors il gagne, battant Julian Gorospe de 10". Les autres coureurs Espagnols, eux, sont à la ramasse.

Les cuisses ont fait leur boulot de cuisses, le cœur son boulot de cœur : ils ne demandent qu'à recommencer. Ils recommencent, durant l'étape Valladolid-Salamanque, sur les pentes du col de Serranillos, à 80 bornes de l'arrivée. Laurent Fignon attaque, les Espagnols répliquent, et le Blaireau s'en va. C'est parti pour 20 bornes d'ascension à un train d'enfer, un train qui tue. Qui tue Gorospe. Dans la roue d'Hinault, il y a Marino Lejarreta. Marino, il ne songe pas à attaquer. Marino, il est content de tenir la roue du Blaireau. Il ne prend aucun relais tant il a peur de sauter à chaque lacet. Hinault monte assis, c'est les reins qui bossent. Ils ont envie de s'amuser, les reins. Les spectateurs présents dans le col de Serranillos sont-ils espagnols ? Ils ne sont pas de Valladolid, c'est sûr. Aucun en effet ne crache sur le Blaireau. Tous l'applaudissent lorsqu'il avale les échappés du jour au sommet du col, Vicente Belda, Guy Nulens, Claudio Bertolotto.

Maintenant il faut rejoindre Avila, et c'est Le Blaireau qui roule devant, relayé par personne. Personne est le plus fidèle compagnon du Blaireau. À Avila, il gagne l'étape et s'empare du maillot de leader. Que reste-t-il maintenant ? Il ne reste que l'étape Avila-Ségovie, puis l'étape Ségovie-Madrid. Les reins, ça va. Les cuisses, ça va. Les poumons, ça va. Le cuir, ça va. Y'a que le genou gauche qui va pas. La douleur est revenue. La douleur, il doit l'oublier. Il l'oublie. Jusqu'à Madrid. À Madrid, il descend de son vélo. L'objectif, c'était la *Vuelta*. L'objectif est atteint[132]. Reste cette douleur, reste le genou. Il prend un avion pour la France, et c'est en boitant qu'il franchit la porte de sa maison.

Douleur, vas-tu m'ennuyer encore longtemps ? Douleur, ne pourrais-tu aller voir ailleurs si j'y suis ? C'est pas les genoux qui manquent ! Douleur, quand cesseras-tu de me prendre la tête ? Casse-toi, Douleur !

Mais la douleur est là, se réveille dès qu'il pousse le braquet. Elle lui scie le genou durant le Grand Prix de Plumelec[133] : il abandonne au bout de quatre vingt dix bornes.

— Elle vient d'où cette douleur, docteur, elle vient d'où ?

— Un nodule, Bernard, sans doute un nodule. Derrière le genou.

— On fait quoi ?

— D'abord, on fait pas le Dauphiné. Tu peux pas rouler comme ça.

Bernard se range à l'avis du docteur Mégret. Pas de Dauphiné Libéré : Ok ! Mais on dit quoi ? À la presse, on lui dit quoi ? Guimard, il est où, Guimard ! Il est en

---

132. Tour d'Espagne 1983 :
1 Bernard Hinault en 94 h 28'26"
2 Marino Lejarreta à 1'12"
3 Alberto Fernandez à 3'58"
4 Alvaro Pino à 5'09"
5 Hennie Kuiper à 10'26"
6 Eduardo Chozas à 11'11"
7 Laurent Fignon à 11'27"
8 Pedro Munoz à 12'25"
9 Vicente Belda à 13'08"
10 Faustino Ruperez à 13'08"

133. Victoire de Laurent Fignon.

Colombie, avec des coureurs. Guimard, quand il est pas au téléphone, il est en Colombie... Bon, on dit quoi ? On dit le moins de choses possible. On dit que tu souffres du genou et que, dans ces conditions, tu ne participes pas au critérium du Dauphiné Libéré[134]. On dit que tu feras ta rentrée, le 8 juin, au Tour du Luxembourg.

Le Prologue du Tour du Luxembourg se déroule à Luxembourg. Long de 2,3 km il est remporté par Adrie Van der Poel. Hinault, lui, souffre. Durant la première étape Luxembourg-Dippach, la douleur s'acharnant sur sa chair, il desserre la courroie de ses cale-pieds et rentre à Quessoy[135].

Douleur, vas-tu m'ennuyer encore longtemps ? Douleur, ne pourrais-tu aller voir ailleurs si j'y suis ? C'est pas les genoux qui manquent ! Douleur, quand cesseras-tu de me prendre la tête ? Casse-toi, douleur !

— Elle ne va pas se casser comme ça, Bernard, tu le sais bien.

— Je m'en doute... Et on fait quoi ?

— On fait quoi ? Écoute, Bernard, ce qu'on va faire, en fait, c'est que tu ne vas pas faire le Tour... Tu ne peux pas. S'il était à ta place, Merckx ne le ferait pas. À ta place, Anquetil ne le ferait pas non plus.

Il a les mots qu'il faut, Mégret. Le Blaireau, c'est pas qu'un genou, c'est d'abord un champion. Un champion qui a gagné quatre Tours de France et qui veut en remporter cinq. Comme Anquetil. Comme Merckx.

— Le cinquième Tour, tu le gagneras, Bernard puisque

---

134. Critérium du Dauphine Libéré 1983 :
1 Greg LeMond
2 Robert Millar
3 Robert Alban

135. Tour du Luxembourg 1983 :
1 Lucien Didier
2 Charly Mottet
3 Kim Andersen

tu veux le gagner. Simplement, ce sera pas cet été. C'est reporté, juste reporté.

C'est reporté, et c'est Laurent Fignon qui remporte le Tour 1983. Avec l'équipe Renault. Avec les équipiers de Bernard. Et ce fut un beau Tour, un Fignon époustouflant. Et le premier à dire à Laurent Tu as été époustouflant, c'est le Blaireau. À l'arrivée. À Paris. Au Pub Renault, sur les Champs-Élysées. Il le félicite pour sa montée de l'Alpe-d'Huez : le maillot, il l'a pris là où il fallait le prendre, en contrôlant les grimpeurs, notamment Pedro Delgado. Il le félicite pour l'étape de Morzine : il a été attaqué dans le Glandon, dans les Aravis par de sacrés costauds comme Peter Winnen et Angel Arroyo, il ne s'est pas affolé, et sauve le maillot dans la Colombière. Il le félicite pour le contre-la-montre de Morzine-Avoriaz : il manquait de jus, il a perdu du temps sur Delgado, sur Winnen, mais il a su limiter la casse. Il le félicite, sa victoire lui fait plaisir[136].

Bernard qui a repris le vélo fait son *come back* au Critérium de Callac, dans les Côtes d'Armor. C'est un des plus fameux critérium d'après Tour, une épreuve née en 1949. Mallejac, Bobet, Poulidor, Pingeon, Ocaña, Merckx, Zoetemelk, Moser l'ont remporté. Hinault aussi, et à plusieurs reprises : 1977, 1978, 1979, 1982. Callac, c'est chez lui, Callac, ça lui sied. N'est-on pas, à Callac, chez les paysans rebelles ? Callac n'a-t-elle pas participé, en 1675, à la révolte des bonnets rouges, la révolte des Torreben ? Torreben, c'est du breton, et ça

---

136. Tour de France 1983 :
1 Laurent Fignon, les 3 860 km en 107 h 31'58"
2 Angel Arroyo, à 4'4"
3 Peter Winnen, à 4'9"
Meilleur grimpeur : Lucien Van Impe
Maillot vert : Sean Kelly
Meilleur jeune : Laurent Fignon

se traduit ainsi : « Casse-lui la tête ! ». Un cri de guerre qui pourrait être celui du Blaireau. Mais à Callac Bernard Hinault ne casse la tête de personne : la douleur au genou l'oblige à abandonner au neuvième tour[137].

Douleur, vas-tu m'ennuyer encore longtemps ? Douleur, ne pourrais-tu aller voir ailleurs si j'y suis ? C'est pas les genoux qui manquent ! Douleur, quand cesseras-tu de me prendre la tête ? Casse-toi, douleur !

— Elle ne va pas se casser comme ça, Bernard, tu le sais bien.

— Je m'en doute... Et on fait quoi ?

— Des rayons ! Cinq séances. Cinq séances, c'est le maximum. Tu les fais, et on voit.

Il les fait, et on ne voit rien. Les échographies ne révèlent rien. Le docteur Mégret réfléchit.

— On fait quoi ?

— Je pense qu'il faut opérer, mais j'aimerais avoir un second avis. Tu vas aller à Paris voir le professeur Letournel. C'est lui qui a opéré Didier Pironi[138]. On verra ce qu'il dit.

Hinault se rend à Paris. Le professeur Letournel, l'examine. Il est d'accord avec Mégret : il faut opérer.

Mégret et Letournel étant du même avis, Bernard Hinault se fait opérer. À Lannion. À la clinique Sainte-Thérèse. Par le docteur Le Foll. Le mardi 3 août. À 10 h. Sous anesthésie générale.

La chambre est blanche. Et vide. Près de la fenêtre, sur l'unique chaise, le pavé de Paris-Roubaix. Il veille sur le Blaireau. L'opération s'est bien déroulée. Il s'agissait de

---

137. Critérium de Callac 1983 : victoire de Gilbert Duclos-Lassalle.

138. Né le 26 mars 1952 à Villecresnes - Val-de-Marne, champion automobile, Didier Pironi remporte les 24 Heures du Mans avec Jean-Pierre Jaussaud en 1978, le Grand Prix de Zolder (F1) sur Ligier en 1980, le Grand Prix de Saint-Marin (F1) en 1981 sur Ferrari, et trouve la mort dans une course offshore de bateaux à moteur, à Poole, au Royaume-Uni, le 23 août 1987.

retirer la gaine du tendon qui avait explosé : « On vous a peigné le tendon, monsieur Hinault, on vous en a fait un tout neuf ! »

Le Blaireau est invité à se lever. Oui, oui, tout de suite, vous devez marcher tout de suite, monsieur Hinault. Si vous ne marchez pas, les tissus se collent et l'articulation s'ankylose. L'infirmière aide le Blaireau à se lever. Il grimace. De douleur. Ce n'est pas le genou qui le fait souffrir mais le drain. Saloperie de drain. L'infirmière dit On l'enlève demain. Le mercredi 4 août, le drain est enlevé, et le Blaireau peut de nouveau tendre la jambe. Le jeudi 5 août, le Blaireau, il est chez lui, à Quessoy, avec Martine, Mickaël, Alexandre, Pony, et le pavé de Paris-Roubaix. Et le docteur Le Foll est catégorique : Dans huit jours vous remontez sur votre vélo.

Le Blaireau remonte sur son vélo. Il roule, accompagné par Michaël, mais le môme, c'est lui. Il a en effet l'impression de faire du vélo pour la première fois. On vient juste de lui retirer les stabilisateurs. Pendant quelques mètres il est un môme.

Le lendemain, il remonte sur son vélo : il est un cadet, le Hinault d'avant Planguenoal, d'avant les longues distances, d'avant les énormes braquets. Oui, il roule sur les routes et les chemins comme avant sa première course, quand il avait douze ans, treize ans. Il fait des sorties de 20 bornes, de trente bornes, de cinquante bornes. Il reprend tout à zéro. Le cinquième Tour, il le prépare en faisant le tour de Quessoy. Et puis les équipiers sont arrivés, Le Guilloux, toute la bande. Et des bornes ont été bouffées, chaque jour de septembre, chaque jour d'octobre. Le cinquième Tour, il le prépare en roulant tous les jours.

Ce genou maintenant, il faut le tester. Le Blaireau choisit pour son retour un cyclo-cross, un truc qui secoue la viande et les poumons. Test réussi : le genou fait son boulot de genou.

Ce genou maintenant, il faut le solliciter davantage. Le Blaireau décide de disputer trois cyclo-cross consécutifs : le 9, le 10 et le 11 novembre. Trois jours durant, couenne, viande et genoux sont mis à rude épreuve. Tout tient, tout baigne, tout répond : le Blaireau est rassuré. Il va enfin pouvoir de nouveau faire le métier.

Le genou c'est réglé : reste Guimard. Et Guimard, ça ne peut plus durer. Une saison sans se parler, et le risque, réel, d'en venir aux mains. Le problème, c'est l'autoritarisme de Guimard, autoritarisme dont le Blaireau n'est pas, au sein de l'équipe, le seul à se plaindre. Ceux qui osent parler – les anciens – en ont ras le dossard et par-dessus la casquette d'être traités comme des gamins, de se sentir rabaissés par un directeur sportif que l'on surnomme Napoléon. Ce qui fait sourire et, en même temps, exaspère Le Guilloux. Napoléon gagnait des batailles et des guerres. Et celui qui, dans le peloton, des classiques ardennaises au Tour de Lombardie en passant par le Tour de France et le *Giro*, gagne des batailles et des guerres, c'est Bernard. Y'a pas photo : le Blaireau, c'est lui Napoléon[139] !

Bernard, au Quessoy, discute avec Martine :

— Que penses-tu faire ?

— Changer d'équipe, y'a que ça : changer d'équipe.

— Tu as des propositions.

— Oui, oui, y'a la société Merlin, les Espagnols de Kelme, ou les Italiens de Malvor. Mais y'a un problème...

— Et c'est quoi le problème, le salaire ?

139. Invité d'honneur, en 2011, à la Martinique, lors d'une cyclo-sportive organisée par la Fédération française de cyclisme, Cyrille Guimard est présenté comme « le plus prestigieux des directeurs sportifs, vainqueur de 8 Tours de France ». Il s'agit des Tours de France remportés par Lucien Van Impe (1), Bernard Hinault (5) et Laurent Fignon (2).

— Non, le problème c'est qu'ils me prennent seul et m'intégreraient dans une équipe déjà existante. Or moi ce que je veux, c'est arriver avec mes équipiers.

— Il te faut alors monter ta propre équipe.

— Exactement… Mais d'abord, il me faut aller voir Renault. Je suis sous contrat avec eux pour encore deux ans.

— Tu vas leur dire quoi ?

— Je vais leur dire : c'est Cyrille ou c'est moi !

Il est à Paris, dans les bureaux de la Régie.

Le Blaireau : — Voilà. Avec Guimard, c'est devenu invivable. Vous devez le savoir, je suppose. Vous n'êtes jamais venu me voir sur les courses, mais vous devez être au courant.

La Régie : — Nous le sommes.

Le Blaireau : — Puisque vous le savez, puisque vous savez que ça peut pas durer, je vous demande de choisir : où c'est Guimard, ou c'est moi.

La Régie : — C'est Guimard.

Le Blaireau : — Je vous remercie.

Ils ont choisi : Bernard est libre. Cette liberté le remplit de joie : il va pouvoir mener sa barque comme il l'entend. En même temps, il a les crocs, le Blaireau. En le libérant si facilement du contrat qui le liait à elle, la Régie lui signifie qu'à ses yeux il n'est plus qu'un champion à la retraite, un champion qui a son palmarès derrière lui. Il est, à ses yeux, le passé. L'avenir, pour la Régie, c'est Guimard et Fignon. L'avenir, pour la Régie, c'est Guimard et LeMond.

Bernard, au Quessoy, discute avec Martine :

— T'es libre, c'est le plus important… Et ton équipe, tu la montes avec qui ?

— Je la monte, j'ai toujours pensé que je la monterais, et j'étais prêt à payer les gars moi-même, s'il le fallait.

Les gars comme Le Guilloux et Vigneron, entre Guimard et un salaire assuré, et moi, ils m'ont choisi, moi. Moi et mon genou opéré, moi et mon projet. Et le projet, il va aboutir, tu entends, il est en train d'aboutir.

— T'as trouvé un partenaire ?

— J'ai reçu un coup de fil de Jean de Gribaldy. Il sait que je cherche un sponsor : il sait que j'ai besoin d'un sponsor, il me suggère d'aller voir Bernard Tapie.

— Il s'intéresse au vélo, Tapie ?

— Il s'intéresse à tout, Tapie. Et puis, il est déjà un peu dans le vélo. C'est lui, avec La Vie claire[140], qui s'occupe de l'alimentation de l'équipe de Jean de Gribaldy[141].

Dans le bureau de Tapie, il y a, d'un côté Tapie et, de l'autre, Bernard Hinault. Dans le bureau de Bernard Tapie, il y a d'un côté La Mâchoire et, de l'autre, Le Palmarès.

La Mâchoire : — Je t'écoute.

---

140. La Vie Claire c'est, au départ, un homme. Un soldat de 14, Henri-Charles Geffroy. Gazé dans les tranchées comme tant d'autres « Poilus ». C'est à un régime végétarien qu'il doit de ne pas avoir succombé aux séquelles du gaz moutarde. En 1946, il crée la revue *La Vie claire* dans laquelle il loue les mérites d'une alimentation saine. Puis il fonde une coopérative afin de fournir aux nombreux lecteurs de sa revue des « aliments sains » En 1951, il crée la société « L'aliment sain », puis en 1965, la Société française de l'alimentation saine, un groupement de magasins franchisés, baptisés « Maisons de la Vie claire ». Bernard Tapie rachète l'entreprise en 1980.

141. Né le 18 juillet 1922 à Besançon, et mort à Voray-sur-L'Ognon, le 2 janvier 1987, surnommé « Le Vicomte », Jean de Gribaldy a été coureur au sein des équipes Peugeot, Mervil, et Terrot. Il a remporté une étape dans le Critérium du Ballon d'Alsace en 1946, et le Tour du Doubs en 1946. Directeur sportif de l'équipe Frimatic-De Gribaldy dès 1968, il deviendra une figure importante du Tour de France. On lui doit la découverte de coureurs de grand talent, comme Joaquim Agostinho et Sean Kelly. Raymond Poulidor : « J'ai un souvenir très précis de « Monsieur Jean de Gribaldy », c'est ainsi que je l'ai toujours appelé, moi qui l'ai connu dès 1960, alors que je débutais ma carrière professionnelle. Nous évoquons souvent entre amis ses méthodes à l'ancienne, souvent moquées, mais qui fonctionnaient, et son aptitude de dénicheur de talents. Je pense à Sean Kelly en particulier, qui ne l'a pratiquement jamais quitté, à Joaquim Agostinho aussi. Il avait un flaire hors du commun, et ne restait jamais bien longtemps sans sponsor. Il avait ses entrées dans les boîtes où se croisait le Tout Paris, et c'est bien souvent là qu'il réussissait à convaincre un sponsor de se lancer dans l'aventure ; Il faisait beaucoup avec des budgets serrés, et il disait souvent qu'il était inutile d'avoir autant de monde autour des coureurs, autant de véhicules... Quand je vois l'armada que draine aujourd'hui derrière elle une équipe cycliste, je suis bien souvent sceptique sur l'utilité de tout ça... Là aussi, il avait raison. » (source : internet).

Le Palmarès : — Je voudrais monter mon équipe.

La Mâchoire : — Ça m'intéresse.

Le Palmarès : — Mais, je ne te garantis pas des résultats tout de suite.

La Mâchoire : — T'en fais pas ! Ce qui m'intéresse, c'est ton savoir-faire.

Le Palmarès : — Mon savoir-faire, c'est le Tour de France, et je te redis, j'aurais besoin d'un peu de temps sans doute.

La Mâchoire : — Je parle de ton savoir-faire dans le domaine mécanique… J'ai racheté Look. Look, c'est le ski, les fixations très exactement. Et l'on bosse à une fixation pour le vélo, une nouvelle pédale : la pédale automatique. Et ils ont besoin de ton expérience pour mettre au point cette nouvelle pédale qui va rendre caducs les cale-pieds, les courroies. Le projet avance, et s'ils peuvent bosser avec toi ça pourra aboutir, et aboutir très vite, tu comprends.

Le Palmarès : — Je suis d'accord. Et pour l'équipe ?

La Mâchoire : — Pour l'équipe, je t'écoute.

Le Palmarès : — Pour l'équipe, je veux la monter moi-même, choisir les équipiers, l'encadrement, le directeur sportif.

La Mâchoire : — Pas de problème, je te fais confiance. Tu vois qui comme directeur sportif ?

Le Palmarès : — Paul Köchli[142]. C'est un Suisse qui a des idées. Il a été formé à l'École fédérale des sports et de gymnastique, à Macolin, où il anime d'ailleurs un séminaire de techniciens du sport. Guimard s'inspire en partie de son enseignement. Avec Guimard, j'avais l'élève. Avec Köchli, on aura le maître.

---

142. Champion de Suisse amateur en 1966, Paul Köchli participa au Tour de France en 1968 au sein de l'équipe « Suisse », aux côtés de Johnny Schleck, père d'Andy et de Frank Schleck. Il mit fin à sa carrière de coureur professionnel en 1970.

La Mâchoire : — Ça, ça me plaît. OK pour Köchli. Je m'occupe du maillot, tu t'occupes du reste.

Le Palmarès : — OK ! Mais pour le maillot, je voudrais pas un placard publicitaire.

La Mâchoire : — T'inquiète pas, le maillot de La Vie claire, sera un beau maillot. Je vais faire bosser les mecs de la société Mic-Mac, et le maillot, on va en parler.

Le Palmarès : — C'est parfait.

La Mâchoire : — Et je viendrais te voir sur le Tour.

Le Palmarès : — Je te le redis, je ne te garantis pas des résultats tout de suite.

La Mâchoire : — Non mais je viendrai voir l'équipe pour le plaisir, c'est tout.

La première chose que Bernard dira à Martine, c'est ça : Tapie, il va venir nous voir courir. Personne de la Régie Renault n'est jamais venu le voir, ni sur le Tour de France, ni sur le Tour d'Espagne, ni sur le Tour d'Italie, sur aucune classique. Renault ne parlait pas avec le Blaireau. Renault ne parlait qu'avec Guimard[143]. Renault, c'est terminé. Guimard c'est terminé. Maintenant tout est clair : c'est La Vie Claire.

Et clair le ciel au-dessus de la Rance. La Rance qui prend sa source dans les monts du Méné, et se jette dans la Manche entre Dinard et Saint-Malo. La Rance, c'est désormais la rivière du Blaireau, la rivière de Calorguen,

---

143. « Tout s'est définitivement brisé avec Cyrille pendant le voyage de fin d'année, en 1983. Ça avait été huit jours de guerre, une guerre de clans : d'un côté les jeunes avec Cyrille, de l'autre les vieux avec moi. Tous les ans, à la période des fêtes, la Régie organisait un voyage en récompense des résultats de l'année. Récemment, d'autres coureurs l'ont quitté ; je les avais prévenus il y a quatre ans : « Vous verrez, aujourd'hui vous le défendez, mais ça ne durera pas longtemps... » En 82, 83, ils étaient tous avec lui. Quand je suis parti, je voulais en prendre avec moi. Ils avaient des revendications, ils n'étaient pas contents : ils voyaient bien comment les choses se passaient. Ils avaient un contrat d'un an et je leur avais dit qu'ils pouvaient venir dans mon équipe. Je les aurais pris, il y avait des bons et je les connaissais bien. À l'occasion de ce voyage, ils devaient tout déballer, tout ce qu'ils avaient sur le cœur. Ils étaient remontés contre lui. En réalité, il n'y a pas eu d'explications entre eux. » Bernard Hinault, in *Le peloton des souvenirs*, Éditions Robert Laffont, 1988.

commune de 168 âmes et de 360 haches[144], où il vient d'acheter une ferme de 56 hectares.

La Rance : « Les deux mille quatre cent soixante-trois rivières qui, du toit armoricain, ruissellent vers la mer, reflètent, toutes, toute la Bretagne, et il n'est que d'en choisir une pour relier les perles éparses. Fontaines, elles deviennent ruisseaux, torrents, canaux, étangs, fleuves, fjords enfin, achèvent sous les avatars de l'eau, en quelques lieues de cours. Elles reflètent à leur source des chaumières de tourbe et de mufles somnolents de vaches abreuvées ; à leur entrée en mer, des casinos et des visages précieux de baigneuses éblouies... La Rance est une des plus chargées d'images et de contrastes, et, « chemin qui chemine », elle descend les granits et les siècles, offrant quatre-vingts kilomètres de reflets à tous les traits de la beauté bretonne ».[145]

À Calorguen, à la croisée des chemins goudronnés, étroits, bordés d'arbres, de haies, on peut lire, sur chaque panneau indicateur, deux, trois, parfois quatre noms : La Noë, Bussu, La Vieille Noë, La Roussais, La Ville amice, La Huballerie, la Longue raie, La Bihangnais, La Bourgouillais, La Ferronnais, Les Vignettes, L'Etoublette, Lanjuinais, Le Plessix, La Boissière. Hinault, c'est Lanjuinais, une ferme de 56 hectares donc, une demeure de granit à laquelle on accède par une allée bordée de chênes, longue de 650 mètres. 56 hectares de prés, d'arbres, de silence et de vent. Et de couleur. Car le granit, ici, change de teinte : granit bleu, granit gris, granit jaune de Languedia, rose de Perros-Guirec.

Il a acheté Lanjuinais avec Martine, et son cousin René Hinault, créant un Groupement Foncier agricole.

---

144. 360 haches datant de l'âge de bronze ont été découvertes à Calorguen en 1863.

145. Roger Vercel, « Rivière bretonne, miroir de beauté », *Les Cahiers de l'Iroise* N°2, 1954.

René, la terre, il connaît. Titulaire d'un BTS Production animale, il travaille à la chambre d'agriculture. Môme, Bernard l'accompagnait dans les fermes, dormait chez lui, rue de l'Abbé-Garnier. De la terre, il en avait toujours sous les yeux, l'herbe, les bois, les haies, les bêtes. Ce qu'il veut, Bernard, à Lanjuinais, c'est des vaches laitières. Il faudra donc acheter des génisses, construire un bâtiment pour loger 60 vaches laitières. Pour l'instant, c'est René qui s'occupe de Lanjuinais. René et Martine. Lui, il roule.

24

Pendant que les éleveurs bretons, mécontents de la chute du prix du porc, mettent à sac la sous-préfecture de Brest le 20 janvier 1984, Bernard Hinault enfile son nouveau maillot. Tapie a tenu parole : c'est un beau maillot. Au début ils avaient songé à un maillot tout noir, comme celui des *All-blacks*, les rugbymen de Nouvelle-Zélande. Mais le Blaireau ayant fait remarquer qu'avec un maillot de cette couleur, ils allaient tous cuire sous le soleil du Tour[146], l'agence Mic-Mac lorgna, non plus du côté du « pays du long nuage blanc », mais du côté d'un maître de la peinture contemporaine, Piet Mondrian, pionnier de l'art abstrait. Ils dessinèrent le maillot, à partir de la toile « Composition » dont Yves Saint-Laurent s'était inspiré en 1965 pour créer une de ses robes.

C'est avec ce maillot remarquable – des rectangles jaunes, rouges, blancs, gris et noirs – que Bernard Hinault, le 7 mars, prend le départ de Paris-Nice où l'attendent la presse, les caméras, les micros, et un peloton comprenant notamment Sean Kelly, vainqueur des deux précédentes éditions de la Course au soleil. Sont au départ également Stephen Roche, Michel Laurent, Éric Caritoux[147] et le grimpeur Robert Millar.

La presse voudrait bien recueillir les impressions du

146. Dans les années 30, l'équipe nationale de Belgique portait un maillot noir avec deux bandes jaunes et rouges. Braddley Wiggins porte le maillot noir de l'équipe Sky et le troque pour le maillot jaune en 2012.

147. Éric Caritoux remporte cette année-là Le Tour d'Espagne.

Blaireau, mais le Blaireau ne parle guère. L'équipe La Vie claire, si elle a un directeur sportif, a aussi un manager, Philippe Crépel, et c'est à lui désormais que les journalistes doivent s'adresser pour obtenir un entretien avec le Blaireau. Le Blaireau, lui, il est entièrement concentré sur la course. Une course qu'il n'a toujours pas à son palmarès. Il s'est classé second, en 1978, derrière Gerrie Knetemann. Mais le mois de mars n'est jamais le mois du Blaireau. En mars, le Blaireau, n'a guère les crocs.

Cette année est une année particulière : il dispute Paris-Nice pour savoir s'il pourra durant le Tour de France compter sur sa viande, s'il pourra retrouver sa place en tête de peloton, et accomplir de nouveaux exploits.

Disputé à Issy-les-Moulineaux, long de 4,9 km, le prologue le rassure : il se classe 4e, à 7" à peine du vainqueur et spécialiste de ce type d'effort, le Hollandais Bert Oosterbosch, terminant devant Gerrie Kneteman, Stephen Roche, et Kim Andersen. Ça semble aller du côté des guiboles et, dans sa tête, comme sur le maillot, y a de la couleur.

Mais sa bande est-elle balèze ? Le contre-la-montre par équipes de Moulins – 34 km –, suscite le doute. La Vie Claire concède 1'43 à la Panasonic d'Oosterbosch. Panasonic, c'est Raleigh, et les mecs de chez Raleigh ont toujours été dans les chronos les rois de la piste. Mais La Vie Claire est également battue par les Peugeot, les Safir, les Skil, les Euro-Décor, les gus de La Redoute, ou les coursiers de la Splendor.

Ses équipiers, Hinault les rassurent et, à table, devant Bernard Tapie venu prendre des nouvelles de l'équipe, il lâche : « Vous en faites pas, je vais faire le ménage dans le Ventoux. »

Le Ventoux, le voici, calcaire chicot, plus haut sommet du Vaucluse, culminant à 1911 mètres, escaladé le 26 avril 1336 par le poète Pétrarque. Côté climat, le Ventoux, c'est le bordel. C'est du tempéré, du montagnard, du continental, tantôt le frigo, tantôt la canicule. Une montagne pas comme les autres avait dit Géminiani à Ferdi Kubler afin de calmer ses envies d'attaque. Et Ferdi Kubler lui avait répondu : « Mais Ferdi n'est pas un coureur comme les autres ». Et Ferdi d'attaquer. Et Ferdi de choir de son vélo. Et Ferdi, la pompe à la main et la bave aux lèvres de maudire ce col, de répéter : « Ferdi, il devient fou, Ferdi, il est fou[148]. » Surnommé le Géant de Provence, ou encore le Mont Chauve, le Ventoux n'est pas une montagne comme les autres.

Bernard Hinault non plus, n'est pas un champion comme les autres : il est le Blaireau. Et le Blaireau, dans la montée du Ventoux, il se met devant et envoie les socquettes. Je vais les éparpiller, leur perforer la couenne, je vais les zigouiller. Il appuie comme un forcené, et si la quasi-totalité du peloton se gare, ceux qui, au classement général, occupent les premières places et peuvent, pour certains d'entre eux, prétendre à la victoire finale à Nice, s'accrochent à sa roue. Sean Kelly est là. Stephen Roche est là. Robert Millar est là. Éric Caritoux est là. Jean-Claude Bagot est là. Hinault ne les regarde pas. Vous prenez ma roue, preuve que je vous fais peur, les mecs, preuve que vous avez toujours peur du Blaireau. Je ne vais pas me contenter de vous faire peur : je vais vous faire mal, je vais vous tabasser, je vous désosse. Et le Blaireau d'appuyer encore plus fort. D'accélérer la cadence sur la route sans fin. Mais, dans ce maudit Ventoux, les sangsues s'accrochent. Personne ne lâche, personne n'est distancé, nul ne se gare. Et Kelly qui n'est pas un grimpeur mais qui connaît Paris-Nice comme

---

148. Ferdi Kubler remporte le Tour de France en 1950.

sa poche, conserve son guidon près du sien. Il accélère encore, le Blaireau, mais rien ne se passe, hormis à quatre bornes du sommet, l'attaque de Robert Millar. Hinault est incapable de repondre, et c'est Caritoux qui, sortant du groupe Hinault, va chercher l'Écossais, et remporter l'étape[149].

Le Blaireau, le soir, à table, il fait la moue. Il est fâché, le Blaireau. Fâché contre lui-même. Kelly qui a souffert dans sa roue, il aurait dû le faire sauter. Roche aussi. Il s'en veut, mais Tapie est là. Et Tapie dit ce qu'il faut dire :

— Bernard, tu vas te pourrir la vie, et nous pourrir la nôtre, parce que t'a pas fait sauter Kelly. T'as jamais fait sauter personne au mois de mars. On est en mars, et t'as pas roulé depuis le Tour d'Espagne. T'as pas roulé depuis le Tour d'Espagne, et t'es devant, tu fais la course... Moi, je ne suis pas venu te voir gagner aujourd'hui : je suis venu vous voir pédaler. Les victoires, on en a parlé, Bernard, au moment du contrat. Tu m'as dit que t'étais pas sûr de revenir au top, et je t'ai dit que je signais quand même. Qu'est-ce qu'on s'en fout de Kelly, Bernard ! C'est lui qui va gagner Paris-Nice ? Très bien, Paris-Nice, c'est toujours Kelly, tant mieux pour Kelly. Moi je suis content, tu comprends, content. T'es là, l'équipe est là : sois content toi aussi !

Les mots de La Mâchoire font du bien au Palmarès. Elle a raison, La Mâchoire. Elle a raison ! Y'a quelques mois, j'étais opéré, certains se demandaient si le show

---

149. Étape Orange-Mont-Ventoux :
1 Éric Caritoux
2 Robert Millar à 21"
3 Raimund Dietzen à 41"
4 Sean Kelly
5 Jean-Claude Bagot
6 Stephen Roche
7 Ralf Hofeditz
8 Bernard Hinault à 51"

n'était pas terminé, et je viens d'accélérer dans le Ventoux. S'il y avait eu un second Ventoux, tous sautaient, c'est sûr. Je suis le Blaireau, bordel, je suis le Blaireau !

Et le Blaireau, on le retouve, Blaireau à donf, Blaireau à mort, lors de l'étape Miramas-La Seyne-sur-Mer. Le maillot de leader est sur les épaules de Robert Millar. Six hommes se sont échappés depuis le 60ᵉ kilomètre, d'une étape qui en compte 175 : Kim Andersen, Frédéric Vichot, Christian Levavasseur, Dominique Gardes, Sean Yates, Henk Lubberding. La descente du col de l'Espigoulier effectuée, le Blaireau décide de rouler sur les échappés. Il reçoit tout de suite l'aide de Sean Kelly et d'André Chappuis. Et c'est un groupe de 14 coureurs qui roule et revient sur les échappés. Un absent : Robert Millar. Ça chauffe pour son maillot. Son directeur sportif, Roland Berland, ordonne aussitôt à ses deux équipiers, Sean Yates et Dominique Garde, lesquels roulent au sein du groupe de tête, de se laisser décrocher, d'attendre Millar et de l'aider à revenir sur les échappés. Le manège n'échappe pas au Blaireau qui, tout à droite, se met à rouler comme un dingue. Millar, il va se retouver dans les choux. Quant à Kelly, il reste un col, le col de l'Ange, et dans le col de l'Ange je fais tout sauter. Kelly, il est chez lui à Paris-Nice sauf quand je suis là. Je suis le Blaireau, matez les griffes, gaffe aux crocs !

Le Blaireau, il est en train de se dire Je vais leur mater le cuir, je vais leur arracher la tripe, le foie et le compteur à gaz, lorsque, tout à coup, une banderole se déroule et se tend au-dessus de la route, juste devant son pif. Ce sont des ouvriers des chantiers navals de La Ciotat qui manifestent. Afin de faire connaître leurs revendications et entendre leur colère, ils ont décidé de bloquer la course. Le Blaireau doit s'arrêter. Le Blaireau ne l'entend pas de cette oreille : personne ne lui a jamais donné d'ordre. Il tente de forcer le passage. Très vite, il se retouve entouré par les grévistes. Qui le jettent au sol. Il se relève. Devant lui, y a un gréviste, juste devant lui. Il est à la bonne place. Le Blaireau arme son bras, et sa droite, le mec la reçoit pleine face. Le geste est parfait comme le *high kick* de Cantona le 25 janvier 1995 à la face du hooligan de Crystal Palace qui avait insulté sa mère. Comme le coup de boule de Zidane, le 9 juillet 2006 dans le buffet de Marco Materazzi qui avait insulté sa soeur. Ô droite merveilleuse, pétant le nez, cassant les dents ! Ô énergie retrouvée du Blaireau !

On stoppe les coureurs, on neutralise la course. Puis on donne le feu vert aux coureurs qui étaient dans l'échappée. Puis, au bout de 53" on laisse repartir le peloton. Qui ne reviendra pas sur l'échappée. La victoire de l'étape sera pour Eddy Plankaert, et le maillot de leader pour Kelly. Le Blaireau, lui, il a une côte légèrement fracturée. Maudits grévistes ! Du chômage, y'en a chez eux, OK, mais y'en a chez nous, aussi. Le vélo, c'est notre métier, notre gagne-pain : qu'on nous laisse bosser !

Le Blaireau, on le retrouve devant dans les étapes suivantes. Il se classe second à Mandelieu, juste derrière Stephen Roche. Il se classe 4e de la montée du col d'Èze effectuée contre-la-montre ; Il est battu par Kelly, qui réalise le meilleur temps, par Stephen Roche et Éric Caritoux. Mais les écarts sont minuscules. À peine plus de deux secondes le séparent du vainqueur. Vainqueur au sommet du col d'Èze, Sean Kelly remporte son 3e Paris-Nice[150]. Hinault se classe troisième, derrière Stephen Roche.

Est-il satisfait, le Blaireau, de son retour dans le

---

150. Sean Kelly remporte Paris-Nice à 6 reprises, de 1982 à 1987.

peloton ? Oui et non. Oui, car durant le Tour d'Armor[151], remporté par Pascal Campion, il mène le bal. Non, dans la mesure où dans le Critérium international disputé à Antibes, il ne peut s'opposer à la suprématie de Sean Kelly. Le coureur irlandais remporte les trois étapes que compte l'épreuve. À aucun moment, lors de la dernière étape disputée contre-la-montre, Bernard Hinault ne parvient à faire jeu égal avec l'Irlandais. Le contre-la-montre, qui est sa chasse gardée, c'est pas encore ça. Il ne lui reste plus qu'à rejoindre Quessoy, à renoncer au Tour des Flandres et à Paris-Roubaix, et à prendre le départ de Liège-Bastogne-Liège.

La Doyenne, il l'a remportée à deux reprises, mais cette année y'a Kelly. Et Kelly, il a la troisième jambe. À aucun moment, le Blaireau n'est dans le coup. Retour à Quessoy.

Le Blaireau est inquiet. Paul Köchli dont les doigts courent sur le clavier de son ordinateur ne l'est pas. Le retour en forme du Blaireau est attendu pour mai.Pour les Quatre Jours de Dunkerque. La forme, ça se juge, dans le cas du Blaireau, non sur une course d'un jour, mais sur une course à étapes. C'est ce qu'il dit, Köchli. C'est ce qu'il lit sur l'écran de son ordinateur.

Le Blaireau déboule à Dunkerque, entouré de ses équipiers de La Vie claire : Dominique Arnaud, Bruno Cornillet, Jean-Pierre Guernion, Philippe Leleu, Maurice Le Guilloux, Jean-François Rault, Fabien De Vooght.

Le prologue, c'est 7 km contre-la-montre. Sean Yates se montre le plus rapide, mais le Blaireau, troisième derrière Éric Vanderaerden, ne perd que 4''. La première

151. Créée en 1976 par le VC Côte de Granit, et réservé jusqu'en 1978 aux amateurs, le Tour d'Armor se déroule sur 3 jours avec un prologue. Bernard Hinault l'a remporté en 1982.

étape, Dunkerque-Dunkerque (207,1 km) est remportée par Éric Vanderaerden qui revêt le maillot rose de leader. Le soir, à table, Hinault parle à sa bande :

— Vanderaerden, c'est la Panasonic, les Raleigh, peut-être l'équipe la plus forte. Eh bien, l'équipe la plus forte, on la secoue demain, y'a des pavés.

C'est les pavés, c'est Vanderaerden protégé par ses équipiers, et c'est Hinault qui attaque, une fois, deux fois, qui attaque sans arrêt. Dans une portion extrêmement étroite de la route pavée, Éric Vanderaerden crève. Au lieu de changer de vélo et de perdre ainsi le moins de temps possible, il décide d'emprunter la roue d'un de ses équipiers, le Belge Guy Nulens. Nulens s'arrête, desserre sa roue pendant que son leader desserre la sienne. Le Blaireau n'attend pas que l'opération soit terminée. Il remet la gomme, sort du boyau, poursuit son effort et file vers l'arrivée, à Denain, en compagnie notamment d'Eddy Planckaert et de Jean-Luc Vandenbroucke. Si Eddy Planckaert l'emporte au sprint, Bernard Hinault, deuxième de l'étape avec 1'12" d'avance sur Vanderaerden, s'empare du maillot. Et ce maillot, il va le garder à Saint-Quentin, à Armentières, dans l'étape du mont Cassel. Ce maillot reste sur ses épaules jusqu'à l'arrivée finale à Dunkerque[152]. Cette victoire, Paul Köchli savait qu'elle aurait lieu. Son ordi le savait aussi.

La presse veut parler à Hinault. Philippe Crépel, manager de La Vie claire, organise la rencontre. Hinault, ce qu'il dit, c'est qu'il est touché. Touché par les applaudissements. Par sa popularité. Il revient après avoir été

152. Quatre jours de Dunkerque 1984 :
1 Bernard Hinault
2 Jean-Luc Vandenbroucke, à 13"
3 Bruno Cornillet, à 23"
Bruno Cornillet termine premier au classement du meilleur jeune devant Éric Vanderaerden.

opéré, après un an passé loin du peloton, et le public est là, plus chaleureux encore que lorsqu'il raflait toutes les victoires. À Dunkerque, dans ce Nord qui aime tant le vélo, il a le cœur plein de joie, le Blaireau.

De Dunkerque retour au Quessoy et, du Quessoy, direction Villeurbanne où, le 28 mai, se dispute le prologue du critérium du Dauphiné Libéré. Le Blaireau, le Dauphiné, il connaît. Il l'a remporté en 1977 en battant Bernard Thévenet, en 1979 devant Henk Lubberding, et en 1981 en résistant au très résistant Joaquim Agostinho. Il sent que la forme est revenue mais il ne sait pas s'il retrouvera, dans cette succession de cols, la pédalée qui lui permettait d'éparpiller ses plus dangereux rivaux et de contrôler les grimpeurs les plus explosifs dans les pentes les plus sévères.

L'équipe qui l'entoure a été modifiée. Paul Köchli a recruté le grand espoir suisse Nikki Ruttiman, ainsi que Mike Guttmann, suisse lui aussi. Christian Jourdan et Bernard Vallet, meilleur grimpeur du Tour 82[153], sont eux aussi à Villeurbanne. Et toujours Le Guilloux, et toujours Vigneron, et toujours Dominique Arnaud prêts à se mettre à la planche, à bouffer du ruban, à protéger le Blaireau, à lui préparer le terrain.

À Villeurbanne, il y a Hinault et sa bande, Greg LeMond et la sienne, La Panasonic de Phil Anderson et de Steven Rooks, l'équipe La Redoute de Robert Alban,

---

153. Bernard Vallet : « C'est lors du Mondial de Goodwood en 1982, quand avec Hinault nous faisions chambre commune, qu'il m'a expliqué son projet d'équipe. Il voulait dissocier le rôle de directeur sportif, du manager et de l'entraîneur. Le divorce avec Guimard a précipité les choses. Hinault m'a contacté durant l'été 83 et j'ai signé avec lui pour un an. Hinault a bâti son équipe pour la gagne. Si nous remplissons tout le contrat, cela fera du bruit. Je suis aussi heureux de travailler pour un grand leader, ce que je n'avais jamais fait. Avec l'expérience que j'ai, je peux être un bon capitaine de route. » Pascal Sergent, *Hinault, l'Abécédaire*, Éditions Jacob-Duvernet, 2012.
Bernard Vallet a remporté le Tour du Limousin en 1979, le Grand Prix de Rennes en 1980, l'étape Montpellier-Martigues du Tour de France 1980, le Tour d'Armor en 1981, le Tour de l'Aude en 1982, et Bordeaux-Paris en 1987.

de Stephen Roche et des frères Simon, Jérôme et Régis. Il y a aussi l'équipe Peugeot de Bernard Bourreau et d'un troisième Simon, Pascal. Il y a la Skil de Jean-Claude Bagot et de René Bittinger. Et il y a les Colombiens. Il y a deux Colombiens dans l'équipe Teka, Edgar Corredor et Patrocinio Jiminez. Il y a surtout une équipe 100% colombienne, composée de coureurs amateurs, Francisco Rodriguez, Pablo Wilches, Reynel Montoya, Armando Aristazabal, et Martin-Alfonso Ramirez. On ne sait rien d'eux, hormis qu'ils seraient redoutables en montagne, comme cet Alfonso Flores qui, en 1980, a remporté le Tour de l'Avenir[154].

La presse, à Villeurbanne regarde deux maillots : le « Mondrian » de Bernard Hinault, et celui de champion du monde de Greg LeMond. Le jeune américain a gagné son titre en Suisse, le 4 septembre 1983, à Alterheim, en battant Adrie Van der Poel et Stephen Roche.

Bernard Hinault est-il là pour remporter le Dauphiné Libéré ? Il est là pour voir s'il a retrouvé toutes ses capacités en montagne. La montagne, c'est le cœur du Dauphiné Libéré, du sévère de chez sévère[155].

La montagne, c'est d'abord le col de Salève, escaladé durant l'étape Mâcon-Saint-Julien-en-Génevois, longue de 216 km. Et qui voit-on, devant, dans les lacets ? Les Colombiens. Qui s'en donnent à cœur-joie. Ils sont quatre : Francisco Rodriguez, Pedro Wilches, Martin-Alfonso Ramirez, Reynel Montoya. Quatre amateurs

---

154. Course à étapes créée en 1961 et réservée aux coureurs de moins de 23 ans, le Tour de l'Avenir compte parmi ses vainqueurs Felice Gimondi (1964), Joop Zoetemelk (1969), Régis Ovion (1971), Pascal Simon (1981), Greg LeMond (1982), Charly Mottet (1984), Miguel Indurain (1986), Denis Menchov (2001)...

155. Laurent Fignon : « Pour espérer jouer les premiers rôles dans une course aussi exigeante, il faut d'abord avoir la santé. Le Dauphiné est vraiment l'épreuve que j'aurais aimé remporter ; malheureusement, chaque fois que je l'ai disputée, je n'ai jamais été à mon meilleur niveau parce que perturbé par des petits ennuis de santé ». *Cinquante ans de critérium du Dauphiné Libéré*, revue Alpes Loisirs, Hors série N°1, juin 1997.

qui se relaient à mort. Aussitôt Stephen Roche et Robert Millar accélèrent, soucieux de contrôler l'écart. Le Blaireau n'est pas dans le coup. À aucun moment dans ce col dur, il ne réussit à trouver le bon tempo et, quand Pascal Simon l'attaque, il est dans l'incapacité de répondre. Il franchit le sommet avec trois minutes de retard sur les ouistitis colombiens. Dans la portion finale de l'étape, il roule à bloc pour refaire une partie de son retard. Mais les horloges sont cruelles : au terme de cette première étape de haute montagne, il perd 1'36 sur Francisco Rodriguez, vainqueur de l'étape, et une minute sur le trio Pascal Simon, Stephen Roche, Robert Millar.

Qu'a-t-il ressenti durant cette étape, le Blaireau ? De la douleur. Il avait mal partout. Les bras, les jambes, la caisse, la nuque, il n'était qu'un sac de douleur. De la douleur, et pas de jus, pas de gaz. Ce qu'il en pense ? Rien, il n'en pense rien, il verra demain. Sans doute était-ce le fameux jour sans que tout coureur peut rencontrer dans sa carrière, l'Homme au marteau qui vous prend pour cible et vous met un grand coup de massue sur la tête. Pascal Simon, qui en 1982 se classait troisième du Dauphiné remporté cette année-là par Michel Laurent, a un avis. Oui, il a un avis Pascal, et se précipite sur les micros pour le rendre public : « La roue tourne, le grand Hinault c'est terminé, c'est ce que montre cette étape dans laquelle je me suis bien comporté... »

Le soir à la table de La Vie claire, l'on commente les propos de Simon. Il a dit quoi, interroge Hinault ? Il a dit que t'étais plus Hinault, répond l'un des équipiers. Ce que je suis, on le verra demain, rajoute le Blaireau en se servant un grand verre d'eau minérale.

Demain c'est aujourd'hui, et c'est le Mont Revard[156],

156. Durant le Tour de France, le Mont Revard a été escaladé deux fois contre-la-

lequel servit de décor, en 1951, à *L'Auberge rouge*, le film de Claude Autant-Lara, avec, dans le rôle d'un moine, Fernandel. Sur les pentes du Mont Revard, y'a pas Autant-Lara, y'a pas de moine, y'a pas Fernandel, y'a juste le Blaireau qui impose un train d'enfer. Dans sa roue, ça ne rigole pas. Dans sa roue, ça ne disserte pas sur sa carrière qui serait finie, sur la reconversion à laquelle il devrait songer. Non, dans sa roue, ça serre les dents, ça souffre. Les Colombiens trouvent à qui parler, Millar et Roche ont mal aux jambes, et Pascal Simon ferme la boucle. L'étape est remportée, à Chambéry, par Michel Laurent, Bernard Hinault se classant troisième. Le maillot de leader qui était sur les épaules de Guy Gallopin, de l'équipe Skil, se retrouve désormais sur celles du Colombien Francisco Rodriguez. Et l'info fait un malheur à Bogota.

Maintenant, c'est l'étape Chambéry-Fontanil, autrement dit la Chartreuse. Dressons l'inventaire des cols : col du Granier, col du Cucheron, col du Coq, col de Porte, col de la Charmette. Que vous aimiez la montagne ou que vous ne l'aimiez pas, préparez-vous à souffrir car le Blaireau va faire le show. Répondant à un démarrage de Pascal Simon dans le col du Granier, il s'en va comme un prince, royal au bar : 158 km de raid. Qui m'aime me suive ! Ils doivent tous le haïr, car dans sa roue, que ce soit dans le col du Cucheron, dans le col du Coq, ou le col de Porte, il n'y a personne, *nobody*, hormis le très menu et très noir de poil Francisco Rodriguez, le Colombien porteur du maillot jaune. Où es-tu Simon, toi qui jugeais le Blaireau bon pour la retraite ? T'as pas les jambes et, tout à coup, tes poumons sont étroits, ta caisse raplapla !

montre. En 1965 : victoire de Felice Gimondi. En 1972 : victoire de Cyrille Guimard. Le Mont Revard a été également escaladé par les coureurs de la Grande Boucle lors d'une étape classique, et c'est Pascal Richard qui a franchi le sommet en tête.

Ce qu'il envoie, le Blaireau, nom de Dieu, ce qu'il envoie ! Voici le col de la Charmette, voici le Blaireau toujours à bloc, rictus à la Cerdan, l'œil fixant le lacet supérieur. Il ne quitte des yeux la route que pour, de temps en temps, regarder le leader Colombien, qui ne prend aucun relais. Comprend-il le français, Francisco ? Imparfaitement sans doute. Afin que Francisco enrichisse son vocabulaire, le Blaireau lui dit qu'il est un bel enfoiré, un beau salaud, une adorable charogne, car ça fait un paquet de bornes qu'il lui suce la roue, qu'il ne prend aucun relais, ce qui ne l'empêchera pas sans doute de le sauter dans un final. T'es un beau salaud, mon ami. Et ce qui devait arriver, arriva : le Francisco attaque dans les derniers mètres du col de la Charmette, plonge dans la descente et remporte l'étape à Fontanil. Nouvelle secousse à Bogota. Le Blaireau passe à son tour la ligne et fait les comptes. Il a fait du beau boulot, mettant :

- 2'35" dans la vue à LeMond.
- 4'57" à Pascal Simon qui le croyait foutu.
- 5'30" à Stephen Roche.

Le soir à l'hôtel, à table, y'a d'la joie, bonjour, bonjour les hirondelles, y'a d'la joie chez les gars de la Vie Claire. On a retrouvé le Blaireau.

— Je les ai tous calmés, résume Hinault. Tous sauf ce Francisco Rodriguez qui m'a sucé dans tous les cols. Demain, je m'occupe de son cas. Je m'en occupe personnellement. Demain, je le coupe en deux, le Rodriguez.

Au départ de l'étape Fontanil-Col du Rousset, c'est une pluie violente et froide qui attend les coureurs. Pas d'imperméable pour le Blaireau qui attaque tout de suite. Ont sauté dans sa roue, Régis Clère, de l'équipe Coop-Hoonved-Rossin, Éric Dall'armelina, de l'équipe Skil, Daniel Rossel, de la Tönissteiner-Lotto, Christian Corre, de la Renault. Dans sa roue également, son équipier Philippe Leleu, un Breton de Lamballe, qui, en 1983, remportait l'étape Morzine-Dijon. Il courait, cette année-là au sein de l'équipe Wolber, comme Dominique Arnaud.

Il fait froid, et Hinault qui appuie comme un dingue. Il fait froid, et Hinault qui demande les relais. Il fait froid, la pluie redouble de violence, et l'on est si loin de l'arrivée. Dans quelle aventure s'est-on lancé ? Hinault, lui, il sait ce qu'il fait. Aujourd'hui, c'est jour de massacre. Aujourd'hui, toutes les têtes vont tomber, et d'abord celle de ce Rodriguez suceur de roue. Trente bornes durant, Hinault roule à bloc.

Trente bornes durant, en tête du peloton, entouré de ses équipiers, Francisco Rodriguez essaie de sauver son maillot, mais ses genoux deviennent de plus en plus douloureux. Quelques kilomètres encore et la douleur de plus en plus insupportable le contraint à l'abandon. Et le Blaireau, deuxième au général, devient leader virtuel du Critérium du Dauphine Libéré, avec une avance confortable sur les Simon et autres LeMond. Il pourrait, à cet instant, lever le pied, laisser le peloton revenir et, bien calé dans la roue de ses rivaux, attendre que ces derniers attaquent, si tant est qu'après la rouste de la veille et sous la pluie qui leur mitraille le dos, ils aient envie de le faire. Ce serait logique, une stratégie cohérente. Oui mais cette logique-là, n'est pas celle du Blaireau. Ce n'est pas avec cette logique-là que l'on gagne Liège-Bastogne-Liège sous la neige ou qu'on se casse dans le Stelvio, loin de l'arrivée. Hinault, à cet instant, comme toujours n'écoute que sa viande, son souffle, son cœur, sa tête. Et tous lui disent : boxe, boxe, boxe. Alors il boxe, alors il se met en danseuse pour relancer, alors il appuie comme un dingue, avalant seul les cols qui se succèdent. Paul Köchli se porte à sa hauteur, lui demande s'il est là pour gagner. Le Blaireau lui dit qu'il est là pour se tester. Et Paul Köchli dit OK. C'est du Blaireau de chez Blaireau !

Derrière, on a semble-t-il renoncé à la chasse. Et c'est Dominique Arnaud qui sort du peloton, flanqué de Dominique Garde, de l'équipe Peugeot. Il aura bien besoin d'aide le Blaireau dans la dernière montée, dans ce col du Rousset au-dessus duquel la pluie déjà se transforme en neige. Oui, il aura besoin d'un coup de main, et je serai là, se répète Arnaud en faisant valser les socquettes.

Quand Dominique Arnaud rejoint le Blaireau, dans les premiers lacets du col du Rousset, le Blaireau n'avance plus : plus de jus, plus de son, plus d'image, plus rien. Arnaud lui dit de se caler dans sa roue : il va le hisser jusqu'au sommet. D'un geste de la main, le Blaireau lui signifie que ce n'est pas la peine. Qu'il poursuive son effort, qu'il file vers l'arrivée. Lui, il est cuit, personne ne peut rien pour lui.

Il est à la ramasse, le Blaireau, les rôtules en os de mort, dans le col du Rousset mitraillé par la neige. Les conditions athmosphériques sont apocalyptiques, un truc genre *Giro* 56, quand Charly Gaul gravissait sous la neige les rampes du Monte Bondone. Les coureurs abandonnaient les uns après les autres, trouvaient refuge dans des voitures ou chez l'habitant. À l'arrivée, deux carabiniers avaient aidé Charly Gaul à descendre de son vélo auquel le froid semblait l'avoir vissé, et l'on avait découpé à l'aide d'une paire de ciseaux son maillot gelé sur sa peau.

Dans cette étape Le Fontanil-Col du Rousset, une vingtaine de coureurs abandonnent. Le Blaireau, lui, il continue. À deux à l'heure, mais il continue. Il est très vite rejoint et doublé par Phil Anderson qui remporte l'étape. Doublé également par Jean-Claude Bagot, par Pascal Simon, par Steven Rooks. Et par le Colombien

Ramirez qui s'empare du maillot de leader. Et c'est avec 6,5" de retard sur le vainqueur de l'étape que le Blaireau franchit la ligne.

Philippe Crepel l'aide à descendre de son vélo, l'enveloppe dans une couverture, et lui trouve une place à l'intérieur du camion qui sert de podium. Dehors la couche de neige atteint 10 centimètres. Deux doigts du Blaireau sont gelés.

Il reste encore deux demi-étapes : Saint-Paul-Trois Châteaux-Privas (104 km), et Privas-Vals-les-Bains, un contre-la-montre de 32 km. Mais le Blaireau, il n'a plus de force. Mais le Blaireau, il a tout laissé entre Fontanil et le col du Rousset. Le Blaireau, il est HS. Le Blaireau perd le critérium du Dauphiné Libéré. Pour 27 secondes[157]. Le maillot jaune est pour le Colombien Martin Ramirez. On l'entoure, on le félicite, on colle à son oreille un combiné téléphonique. Au bout du fil, Belisario Betancur Cuartas, le président de la République de Colombie.

---

157. Critérium du Dauphiné Libéré 1984 :
1 Martin Ramirez
2 Bernard Hinault, à 27"
3 Greg LeMond, à 5'07"
4 Pascal Simon, à 6'33"
5 Niki Ruttimann, à 10'41"
6 Stephen Roche, à 11'59"
7 Phil Anderson, à 13'49"
8 Michel Laurent, à 16'36"
9 Gilles Mas, à 16'59"
10 Dominique Garde, à 18'19"

25

Le Tour de France 84 s'élance de Montreuil, le prologue est long de 5,4 km et Joop Zoetemelk toujours là. Maillot de l'équipe Kwantum Hallen-Decosol sur les épaules, le « Hollandais de France », vainqueur du Tour 80 et âgé de 38 ans, ne se plaît que sur le vélo. Ce qu'il aime dans la vie, Joop, c'est pédaler et, à 38 balais, il dispose de copieuses réserves de jus. Des mecs pleins de jus, il y en a d'autres dans l'équipe Kwantum, comme Hennie Kuiper, Adri Van der Poel, Ludo Peeters, ou Jan Raas. Il roulera trois semaines durant, Joop, et si l'opportunité de gagner une étape ou de décrocher un maillot, se présente, il ne la râtera pas.

Il manque quelqu'un dans le peloton : Joaquim Agostinho. Le 10 mai, alors qu'il dispute le Tour de l'Algarve, à Quarteira, à 100 mètres de la ligne d'arrivée, un chien traverse la route et provoque sa chute. Comme à son habitude Joaquim Agostinho se relève et termine l'étape. Une ambulance le conduit à Faro pour des examens, puis dans un hôpital de Lisbonne où il sombre dans le coma. Et il s'éteint. Il avait 42 ans, Joaquim, et il se préparait à disputer son quatorzième Tour de France.

Les commentateurs, les analyseurs, les suiveurs, les éditorialistes, les billetistes sont formels : le plus beau des maillots, le T shirt jaune et sacré, il devrait atterrir sur les épaules de Laurent Fignon, vainqueur du Tour 83. Il est le favori de ce 71ᵉ Tour, et Bernard Hinault le challenger. Un favori qui a la rage. Ne vient-il pas de se faire voler le Tour d'Italie ? Il pétrolait, Laurent, sur ce *Giro*. Moser portait le maillot rose de leader, et Laurent avait prévu de le lui ravir dans l'ascension du terrible Stelvio. Dans le Stelvio, il aurait attaqué, se serait envolé, et Moser aurait sauté. Mais Moser devait gagner le Tour d'Italie. Tel était le désir des tifosi. Aussi Vincenzo Torriani, patron du *Giro*, avait-il tout simplement gommé le Stelvio du parcours au motif que l'Agence nationale des routes avait annoncé un risque de neige. Et Moser avait remporté le *Giro*, et Fignon essuyé les crachats des tifosi et des jets de vinaigre au visage[158].

Donc Fignon, il a la rage et, sur le dos, le maillot tricolore de Champion de France, remporté le 24 juin, à Plouay. Comme Bernard Hinault à Sarrebourg en 1978, il a fait à Plouay la course parfaite. Du jus, de la classe, de la jeunesse.

Tout ça, le Blaireau le sait. Il sait que Fignon a des jambes de feu et dispose d'une équipe solide[159]. Mais il est le Blaireau, c'est-à-dire un mec qui cogne et ne s'avoue jamais vaincu. Donc, ça va flinguer.

C'est parti, c'est le prologue, et c'est le Blaireau qui s'empare du maillot, battant Laurent Fignon de

---

158. Tour d'Italie 1984 :
1 Francesco Moser
2 Laurent Fignon
3 Moreno Argentin
Cyrille Guimard, directeur sportif de Laurent Fignon : « Si le parcours avait été respecté, Moser n'aurait jamais gagné le Giro. Mais les étapes étaient remodelées au jour le jour. À partir de là, toutes les données étaient faussées. Nous avons protesté mais en vain. Que pouvions-nous faire quand on se heurte à une telle inertie ? À la limite, j'aurais pu décider de quitter la course mais nous avions porté le Maillot rose, nous avions le Maillot blanc du meilleur jeune avec Charly Mottet, celui du meilleur grimpeur avec Laurent Fignon, nous étions en tête du classement par équipes, c'est-à-dire que nous trustions tous les maillots. », cité par Jean-Paul Ollivier, in *Laurent Fignon*, Éditions Glénat, 2001.

159. Laurent Fignon a pour équipiers, au sein de la formation Renault-Gitane dirigée par Cyrille Guimard, Vincent Barteau, Lucien Didier, Dominique Gaigne, Pascal Jules, Marc et Yvon Madiot, Pierre-Henri Mentheour, Pascal Poisson et Greg LeMond.

3 secondes. L'écart – minuscule ! – est sans importance. Une seule chose compte pour Hinault : il retrouve, le 1er jour du Tour 84, le maillot qu'il portait sur les Champs-Élysées, le dernier jour du Tour 82. Et si le reste n'était qu'une parenthèse ? C'est ce dont le Blaireau essaie de se persuader.

Les commentateurs, les analyseurs, les suiveurs, les éditorialistes, les billetistes pensent que l'on devrait en savoir un peu plus à Louvroil, commune du Nord dont les armes se blasonnent ainsi : *D'azur à l'aigle à deux têtes d'or.*

L'or, l'azur, l'aigle, c'est qui ? Quelle formation va remporter le contre-la-montre par équipes Louvroil-Valenciennes (51 km) On attend les Néerlandais, les Kwantum de Walter Godefroot, les Panasonic de Peter Post, ces bouffeurs de chronos qu'aucun vent de face, aucune pluie glaciale ne font faiblir. Donc, on se dit les Néerlandais vont faire un malheur, et l'on regardera l'écart entre l'équipe de Fignon et celle du Blaireau. L'équipe du Blaireau est composée de Dominique Arnaud, Charly Bérard, Christian Jourdan, Maurice Le Guilloux, Philippe Leleu, Jean-François Rault, Niki Ruttimann, Bernard Vallet, Alain Vigneron. Des costauds, mais le contre-la-montre par équipes est un excercice particulier, excercice durant lequel, dans la premiere partie de saison, La Vie claire n'a guère brillé.

C'est parti, ça envoie les socquettes, et le suspense est total : après 15 kilomètres de course, huit formations font jeu égal au kilomètre 30, elles sont encore 7 à n'être séparées que de quelques secondes. Ça roule, ça envoie les socquettes et, à 13 kilomètres de Valenciennes, l'équipe de Fignon qui accuse un retard de 7 secondes sur les formations néerlandaises met le turbo. Les relais passent, courts. La bande à Fignon se fait péter les varices. La bande au Blaireau souffre dans la roue du Blaireau. Et l'équipe Renault-Elf l'emporte, battant les deux formations néerlandaises, et reléguant le Blaireau et les siens à 55".[160]

Les commentateurs, les analyseurs, les suiveurs, les éditorialistes, les billetistes se posent tous la même question : Bernard Hinault n'a-t-il pas perdu trop de temps ? Cette question, ils ne vont pas la poser au Blaireau. Mieux vaut, les jours de défaites, s'éloigner des abords de son terrier.

Le Tour n'est pas fini, loin de là, mais quatre jours après le chrono par équipes, Laurent Fignon, coiffé d'un casque profilé, frappe un grand coup lors du contre-la-montre individuel, disputé entre Alençon et Le Mans – 57 km –, reléguant Bernard Hinault à 49". Battu, le Blaireau, battus également Sean Kelly et Stéphen Roche lequel, à 13 km de l'arrivée était crédité du meilleur temps. Il dit quoi, Fignon, à l'arrivée ? Il dit Je croyais perdre une à deux minutes sur Bernard, et c'est moi qui suis devant. Il dit quoi, Bernard à l'arrivée ? Il dit Mon époque touche à sa fin, c'est à Fignon de jouer. Puis, se resaisissant, il explique que ce chrono n'est qu'une péripétie, une péripétie comme le chrono du Tour d'Espagne qui s'était mal passé, et qu'il reste, comme au Tour d'Espagne, la montagne. Il dit Rien n'est fait, rien n'est joué, la course continue. Et Tapie, il en pense quoi, Tapie ? Il constate que le Blaireau ne se balade plus comme il se baladait dans les Tours précédents, il doit

160. Contre-la-montre par équipes Louvroil-Valenciennes :
1 Renault-Elf
2 Panasonic, à 4"
3 Kwantum, m.t.
4 Peugeot, à 32"
5 Carrea, m.t.
6 Europ-Decor, à 40"
7 La Vie claire, à 55"

composer avec des jeunes pleins de classe et d'envie. C'est bon pour la course, conclut-il.

La course, elle, mène les coureurs vers les Pyrénées, des Pyrénées sans Aubisque ni Tourmalet, mais avec un nouveau sommet, Guzet-Neige, station de sports d'hiver ariégeoise. Dans cette étape, Pau-Guzet-Neige, les coureurs escaladent le col du Portet-d'Aspet, le col de Core, et celui de Latrape. Le maillot jaune est sur le dos de Vincent Barteau, équipier de Laurent Fignon.

Les Pyrénées, Robert Millar, l'équipier écossais de Pascal Simon au sein de la formation Peugeot, il connaît. En 1983, n'avait-il pas fait un festival entre Pau et Bagnères-de-Luchon ? Il s'en va donc, Robert Millar, flanqué de Jean-René Bernaudeau, de l'équipe Système U, de Théo De Rooy et Gérard Veldscholten, de la Panasonic. Au sommet du Portet-d'Aspet, c'est De Rooy. Au sommet du col de Core et du col de Latrape, c'est Bernaudeau, assuré de revêtir le maillot du meilleur grimpeur. Mais dans la montée vers Guzet-Neige, Robert Millar s'en va seul, avec son maillot blanc à damiers et son dossard 68. C'est du grimpeur de chez grimpeur, Millar, comme le Colombien Lucho Herrera qui participe à son premier Tour et qui, pour l'instant, roule au sein du groupe maillot jaune, en compagnie de Bernard Hinault et de Laurent Fignon. Quand ce groupe parvient au pied de Guzet-Neige, Lucho Herrera place un terrible démarrage, un de ces démarrages que produisait avant lui Charly Gaul, et qui sera, quelques années plus tard, l'apanage de Marco Pantani. Il s'en va, Herrera, personne ne tente de le suivre et, lacet après lacet, il reprend un à un les échappés. Seul Robert Millar résistera à son retour.

Et Fignon, et Hinault ? Ils sont ensemble dans la montée finale, Fignon flanqué de Vincent Barteau que personne n'attendait à cet endroit, Hinault flanqué de Nikki Ruttimann. Ruttimann a été recruté par Köchli pour donner un coup de main au Blaireau en montagne, et son boulot, dans la montée de Guzet-Neige, il le fait sans rechigner. Fignon, lui, observe le coup de pédale de Bernard Hinault : pas du grand Blaireau, estime-t-il. Il voudrait attaquer. Attaquer maintenant. Guimard lui conseille d'attendre : à 5 bornes du sommet, il pourra partir. C'est à trois bornes du sommet que Fignon se détache. Hinault ne cherche pas à le suivre : il n'a pas d'essence, pas question de piocher aujourd'hui dans les réserves, le Tour n'est pas fini. Au sommet de Guzet-Neige où Millar vient de s'imposer[161], le Blaireau accuse une minute de retard sur Laurent Fignon. Au classement général, son retard sur son ancien équipier dépasse les deux minutes.

À Rodez, les Pyrénées franchies, Hinault, allongé sur son pieu, à l'hôtel, fait un premier bilan :

- Contre-la-montre par équipes : les Renault-Elf
- Contre-la-montre individuel : Fignon
- Maillot jaune : Barteau, équipier de Fignon
- Victoires d'étapes : 6 victoires pour les Renault-Elf.

Et nous on fait quoi, et moi je fais quoi, il reste quoi ? L'Ardèche et les Alpes.

En Ardèche, ça secoue un peu du côté du Domaine du Rouret, ça secoue beaucoup, les deux rivaux accélerant l'un après l'autre, se livrant un beau duel, sous les yeux émerveillés d'un public enthousiaste. Mais Fignon est toujours aussi à l'aise, et le maillot jaune toujours sur les épaules de son équipier Vincent Barteau.

---

161. Les vainqueurs au sommet de Guzet-Neige :
1984, Pau-Guzet-Neige : Robert Millar
1988, Blagnac-Guzet-Neige : Massimo Ghirotto
1995, Saint-Orens-Guzet-Neige : Marco Pantani

Maintenant les Alpes. Ou ça passe ou ça casse ! Ça ne passera pas. Comment ça ne passera pas ? Je vais le faire sauter, moi, le Blondinet. Il va finir en morceaux, le gamin de Paris ! Il va l'avoir mauvaise, le Guimard, au fond de sa Renault ! Je vais l'éparpiller, moi, cette bande de puceaux. Allons, soyez raisonnable, monsieur Hinault ! Raisonnable, raisonnable, mais vous dites quoi, là ? D'abord quand on est raisonnable, on ne devient pas champion cycliste : on joue au golf ou au badminton. La raison, c'est pour les trouillards. Nous, on est des fous, des fous furieux. Je suis un fou furieux. Je vais attaquer, attaquer, car je ne sais faire que ça, et plus j'aurai mal, plus la forme aura des chances de revenir. Et quand la forme sera revenue, je les finirai un par un. Moi, je vais vider les Alpes de tout ce qui roule ! Raisonnable, raisonnable : je ne serai jamais raisonnable. Quand on est raisonnable, on va à Roland-Garros. Parce qu'à Roland-Garros, quand on a mal aux jambes, on s'assied sur la chaise. Moi, quand j'ai trop mal aux jambes, j'attaque !

Les Alpes, c'est d'abord le contre-la-montre individuel Les Échelles-La Ruchère. 22 bornes. Un contre-la-montre en montagne, l'arrivée se jugeant au sommet de La Ruchère, ascension classée hors catégorie. Un truc pour costaud. Un truc pour Lucho Herrera ou pour l'Espagnol Pedro Delgado, par exemple. Mais c'est Fignon qui l'emporte, battant Lucho Herrera, Pedro Delgado et Bernard Hinault, respectivement relégué à 25', 32", 33". Le Blaireau a roulé à bloc, faisant jeu égal avec Fignon jusqu'à deux bornes du sommet.

Maintenant, c'est l'étape de l'Alpe-d'Huez, Grenoble-L'Alpe-d'Huez, 151 bornes, avec la montée de Saint-Pierre-de-Chevreuse, du col du Coq, de la côte de Laffrey, et les 21 virages de l'Alpe. Le Blaireau place une premiere attaque dans le col du Coq. Dans le col du Coq,

Hinault n'en fait qu'à sa crête. Il les secoue, les bastonne, leur retend le cuir, leur assèche le gésier. Mais au terme de la longue descente, le groupe de chasse revient sur lui.

Repris, que fait le Blaireau ? Il remet ça. Dans la côte de Laffrey. Ils ne sont qu'une poignée à pouvoir supporter un tempo pareil. Il y a Herrera qui pédale dans l'huile. Il y a Beat Breu et Peter Winnen qui s'accrochent, Robert Millar, le héros des Pyrénées, et Angel Arroyo, l'excellent Espagnol de l'équipe Reynolds qui, en 1983, s'était classé second du Tour de France derrière Laurent Fignon[162]. Fignon, lui, dans ce groupe qui monte à bloc, fume la pipe.

Désireux de montrer au Blaireau qu'il est le seul maître à bord, Laurent Fignon attaque à son tour, flanqué de Lucho Herrera. Hinault ne répond pas, et le duo parvient au sommet de Laffrey qu'Herrera franchit en première position.

Ces attaques à répétition font du bruit sur la route du Tour et à Bogota. Il est onze heures dans la capitale colombienne, et chacun a l'oreille collée au transistor, à commencer par le président de la République, Belisario Betancur Cuartas. L'Alpe-d'Huez, c'est la plus belle étape, la plus belle montée, de la plus belle course du monde, et Lucho, c'est sûr, il va attaquer. Il va attaquer Lucho, pour ses parents, pour son village, pour ses amis, pour Bogota, pour toute la Colombie.

À cet instant, ce dont il a besoin, le Blaireau, c'est de relais, de mecs qui acceptent de mener la chasse avec lui. Trois mecs l'épaulent dans la vallée : Beat Breu, Robert Millar et Angel Arroyo. Ça roule, ça appuie, ça revient :

162. Angel Arroyo, natif d'El Barraco avait remporté en 1983 l'étape Clermont-Ferrand-Puy-de-Dôme, disputée contre-la-montre.

un peu avant Bourg-d'Oisans, quasiment au pied de l'Alpe, ils sont avec Fignon.

Donc là-bas, c'est l'Alpe-d'Huez, la pente, la foule, la route matraquée par le soleil. Que devrait faire Hinault ? Récupérer un peu dans la roue de Fignon, attendre, se refaire la cerise. Mais il est le Blaireau. Et le Blaireau n'a qu'une patrie : l'assaut. Alors, il se dresse sur ses pédales et il envoie le steak.

Le Blaireau part, le Blaireau est parti, il est seul maintenant dans le premier virage de l'Alpe, avec la pente, la route, le soleil, les parasols, les chapeaux de fortune, les camping-cars, le bruit de la foule, la rumeur ample, sourde, lourde qui s'entend jusqu'à Bogota. Go, le Blaireau, go ! Son avance est de 30" sur Fignon.

Mais Fignon a la troisième jambe. Quelques virages avalés, il revient sur Hinault, en compagnie de Lucho Herrera. Et la roue de Fignon, et la roue d'Herrera, Hinault ne peut les prendre. Il est seul maintenant sur la route interminable, cette route qu'il connaît comme sa poche, route sur laquelle il a si souvent dicté sa loi aux grimpeurs. Fignon appuie pour distancer définitivement son principal rival, et pour aller chercher en haut de l'Alpe-d'Huez le maillot jaune qui aura passé 12 jours sur les épaules de son équipier Vincent Barteau. Il monte vite, Fignon, mais Lucho Herrera, aussi fin qu'un lézard, monte bien plus vite que lui[163]. Le maillot jaune est pour Fignon, et la victoire d'étape, la plus belle étape de la plus belle course du Monde est pour Lucho

163. Raymond Poulidor : « Je peux vous assurer que dans les virages de l'Alpe-d'Huez, Herrera freinait. Oui, il freinait, comme Vietto l'affirmait, alors que l'on croyait à une galéjade, lorsqu'il montait le col de Braus au-dessus de Nice. Mais il était obligé, sinon ses pédales touchaient le bitume. Herrera montait si vite qu'il fallait que, dans les virages, il ralentisse légèrement, c'était incroyable à voir. », *in Mes cinquante Tours de France*, Éditions Jacob-Duvernet, 2012.

Herrera, Luis Alberto Herrera, « El Jardinerito de Fusagasugá », roi de France et de Bogota[164].

Bernard Hinault essuie son visage avec la serviette que lui tend son mécano. Il s'est battu toute la journée, a tout tenté, mais il a perdu. Un micro se colle sous son menton :

— Vous saviez que Fignon vous était supérieur ?

— Le seul truc que je sais, le seul truc que je veux, c'est retrouver mon meilleur niveau, et je le retrouverai.

Tous les micros, tous les stylos, tous les blocs-notes, toutes les caméras entourent Laurent Fignon, les cheveux jaunes comme le maillot :

— Hinault vous a attaqué aujourd'hui encore... Il a tout fait pour s'emparer de ce maillot qui est maintenant sur vos épaules...

— Il m'a attaqué n'importe comment. Je me suis marré, il m'a fait rigoler.

Tes paroles, pour une fois, ne sont pas aussi belles que tes exploits, Laurent. Je sais, je sais, tu en as un peu marre qu'on te parle d'Hinault, des attaques d'Hinault, du panache d'Hinault. Tu préférerais que l'on t'interroge sur ta course à toi, sur ce maillot que tu as pris là où il fallait le prendre. Mais ta victoire n'est-elle pas d'autant plus belle que Bernard s'est battu comme il l'a fait ? Bernard a une place dans nos cœurs depuis longtemps.

---

164. Étape Grenoble-L'Alpe-d'Huez 1984 :
1 Lucho Herrera
2 Laurent Fignon, à 49"
3 Angel Arroyo, à2'27"
4 Robert Millar, à 3'05"
5 Rafael Acevedo, à 3'09
6 Greg LeMond, à 3'30"
7 Bernard Hinault, à 3'44"
8 Pascal Simon, à 3'58"
9 Pablo Wilches, à 4'10"
10 Pedro Munoz, à 4'12"
Soit trois Colombiens dans les 10 premiers : Herrera, Acevedo, Wilches.

Ça faisait un paquet d'années qu'on attendait un mec de cette trempe, tu comprends, un mec qui gagne en se sortant les tripes, en se dépouillant sous la pluie, la neige, ou un soleil de plomb. Hinault a une place particulière dans nos cœurs, nous nous préparions à t'en faire une, et tu te moques de lui. La place dans nos cœurs, Laurent, tu l'auras. Mais il te faudra attendre encore un peu, garnement[165] !

Son meilleur niveau, Hinault va tenter de le retouvrer du côté de La Plagne, de Morzine, ou de Crans-Montana[166]. En vain. Fignon pétrole, Fignon est au-dessus, s'imposant à La Plagne, puis à Crans-Montana. . Quant à Morzine, c'est Arroyo qui fit son show[167].

Maintenant, le dernier contre-la-montre individuel : Villié-Morgon-Villefranche-en-Beaujolais, 51 km. Allez, tout à droite, à fond dans les vignes. La crème des chronos est sur le grand braquet : Kelly, Hinault, LeMond, Fignon. Longtemps on croit à la victoire de Sean Kelly, Fignon franchissant la flamme rouge du dernier kilomètre, avec deux secondes de retard. Mais les deux derniers kilomètres, Fignon les dévore. Il remporte l'étape, battant Sean Kelly pour 48 millièmes de secondes. Hinault se classe troisième à 36" du maillot jaune, et Greg LeMond quatrième à 41".

Au sortir des vignes, avant de remonter sur Paris, le classement général est établi : Fignon est maillot jaune, et

165. « Il m'a fait rigoler » Était-ce pour lui faire payer son insolence que les Français parlaient à Laurent plus souvent du Tour qu'il a perdu (1989) que de ceux qu'il a gagnés (1983, 1984) ?

166. Bourg d'Oisans-La Plagne : victoire de Laurent Fignon, Francisco Rodriguez passant en tête au sommet du col du Galibier, et Pedro Delgado en tête au sommet de la Madeleine.
Étape Morzine-Crans-Montana : victoire de Fignon, Patrocinio Jimenez passant en tête au sommet du col du Corbier.

167. Étape La Plagne-Morzine : victoire d'Angel Arroyo, Francis Castaing passant en tête au sommet du Cormet de Roselend, Robert Millar passant en tête au sommet des Aravis, et Jérôme Simon en tête au sommet du col de la Colombière.

Bernard Hinault second[168]. Il avait quitté le Tour sur une victoire en 82. Opéré du genou en 83, il le retrouve en 84 et termine à la deuxième place : comment ne pas applaudir ! On applaudit. Chaleureusement. On scande son nom. Il est ému. Au micro qui se tend la réponse est la même :

– Le seul truc que je sais, le seul truc que je veux, c'est retrouver mon meilleur niveau, et je le retrouverai.

Et il le retrouve son meilleur niveau, à Cannes, lors du Grand Prix des Nations. Il roule à 44,193 km/h de moyenne. Il bat de 3'6" le record de l'épreuve, datant de 1979. Question pour un champion : qui détenait depuis 1979 le record du Grand Prix des Nations ? Réponse : Bernard Hinault. Et les rivaux, où sont-ils ? À Cannes. Sean Kelly, second, concède 1'34", et Fignon, troisième, 2'04. *The Blaireau is back.*

De Cannes, il file en Italie, à Trente, pour disputer le trophée Barrachi, contre-la-montre qui se court par équipes de deux. Le Blaireau est associé à Francesco Moser. Et le Blaireau, il fait valser les socquettes ! Et le Moser, il a la patate. Et les deux coureurs se relaient à fond les ballons. C'est tantôt Hinault qui dans la roue de Moser doit serrer les dents pour ne pas être décroché, tantôt Moser qui dans celle du Blaireau est sur le point de sauter. Les chronos, les horloges, les pendules n'en croient pas leurs aiguilles : les deux lascars ont roulé à 50 km/h de moyenne. Du jamais vu, un nouveau record. *The Blaireau is back.*

168. Tour de France 1984 :
1 Laurent Fignon
2 Bernard Hinault, à 10'32"
3 Robert Millar, à 14'42"
Maillot vert : Frank Hoste
Meilleur grimpeur : Robert Millar
Combativité : Bernard Hinault
Meilleur jeune : Greg LeMond
Meilleure équipe : Renault-Elf.

De Trente, il file à Milan disputer le Tour de Lombardie. Le temps est variable, et le vent nerveux. Le Blaireau pédale dans l'huile. La puissance, il sait qu'elle est sous son capot. Aussi, quand Charly Mottet sort, quand Stephen Roche, sort, il laisse faire. C'est sur les bords du lac de Côme qu'il se met à la planche, provoquant un regroupement à 15 km de l'arrivée. Le Suédois Tommy Prim tente une sortie, prend cent mètres, mais le Blaireau, dans la côte de San-Fermo-della-Battaglia, réplique, revient, le bouffe, s'en va. Personne ne le reverra. Il remporte Le Tour de Lombardie pour la deuxième fois[169]. *The Blaireau is back.*

Back on bike et *back in Breizh.* À lui le vent couchant les herbes, les nuages sprintant dans le ciel. À lui la jacasserie des mouettes, la baie, les ardoises du toit de sa maisson de Quessoy, les chemins capricieux, les chênes immobiles et mystérieux de la ferme à Calorguen.

Le vent, ici, il le déguste. Sur le vélo, c'est pas pareil : tantôt le vent est un ami, tantôt un ennemi. En Bretagne, le vent est la parole, tantôt chuchotée, tantôt hurlée du pays lui-même. Et cette parole, quand il se balade, le long des haies, les mains enfoncées dans les poches de son futal, Bernard l'écoute en regardant les feuilles qui se tournent dans tous les sens comme les mains d'une marionnette, en mâchouillant un brin d'herbe. Et cette parole raconte des histoires d'oiseaux, d'ondées, de mats de bateaux et de socs de charrue et, ce faisant, se loge dans son cœur. Bientôt, il jouira de la parole du vent, de sa présence. Pour l'instant, il faut reconquérir le maillot jaune. Et moucher Guimard.

---

169. Tour de Lombardie 1984 :
1 Bernard Hinault
2 Ludo Peeters
3 Teun Van Vliet

Il y a le maillot jaune, et c'est l'idée de le révêtir de nouveau qui le pousse à s'entraîner sous la pluie et le vent. Mais l'envie de moucher Guimard l'incite aussi à se faire mal. S'il s'était comporté en gentleman durant ce Tour 84, il ne serait plus dans le collimateur du Blaireau. Or durant, cette Grande boucle remportée par Fignon, il n'a eu de cesse d'humilier l'équipe d'Hinault, d'humilier Hinault. Il aura été incapable durant ce mois de juillet de louer les mérites du Blaireau, de saluer son courage, d'applaudir au retour d'un champion qui refuse d'écouter son propre corps, lequel aura profité d'une intervention chirurgicale pour l'inviter à raccrocher. Oui, durant ce Tour 84, Guimard aurait dû réagir en coureur. Mais il n'est plus, semble-t-il, le grand coureur qu'il fut. Bernard n'a désormais qu'une chose à faire : remporter le Tour[170].

170. Pendant que Bernard Hinault partait à la recherche de la forme, s'efforçait de recouvrer tous ses moyens du côté de l'Alpe-d'Huez, Bernard Tapie essayait quant à lui de recruter Laurent Fignon. Ce qui provoqua l'ire et l'ironie de Cyrille Guimard : « Monsieur Tapie qui prétend révolutionner le vélo a recours à une bien vieille méthode : le débauchage par le chéquier. » La tentative ayant échoué, Tapie propose un million de dollars à Greg LeMond pour qu'il rejoigne l'équipe La Vie Claire. Tope-là, Greg ! Et Greg de toper là. Tapie : « Avec Hinault, je ne parle jamais d'argent. Avec LeMond, je ne parle que d'argent. »

26

Il fait froid en ce début d'année 85, très froid. Les Français regardent le premier épisode de Châteauvallon avec Chantal Nobel : « *Puissance et gloire, dans l'eau trouble d'un regard, l'aventure et la passion, autour de Châteauvallon...* »

Les routes flamandes sont si verglacées que la Fédération belge de cyclisme décide d'annuler le Tour des Flandres.

Ça caille et Bernard Hinault qui n'est jamais en grande forme en début de saison, s'entraîne encore moins que d'habitude, passant plus de temps avec les siens, avec son pavé de Paris-Roubaix que la lumière d'hiver fait briller.

Ça caille, James Hadley Chase, l'auteur du fameux *Pas d'orchidées pour Miss Blandish*, s'éteint à son domicile de Corsier-sur-Vevey, en Suisse, un coup de grisou tue vingt-deux mineurs à Forbach, Marc Chagall, à Saint-Paul-de-Vence, meurt à l'âge de 97 ans.

Ça caille et, à Londres, Madame Thatcher, se frotte les mains : les mineurs reprennent le travail au terme d'une grève qui aura duré un an. La ganache a gagné.

Ça caille grave, même en Espagne, où Bernard s'est rendu pour rouler avec ses équipiers. Très vite il rentre au Quessoy soigner la crève qu'il a chopée de l'autre côté des Pyrénées.

Bon, il roule ou il roule pas, le Blaireau ? Il roule dans les Ardennes, La Flèche-Wallonne, Liège-Bastogne-Liège.

Il roule mais sans gagner[171].

Bon, il roule ou il roule pas, le Blaireau ? Il roule en Suisse, dispute le Tour de Romandie. On l'attend à Nyon pour le chrono : il se classe second, à 12" du vainqueur, Tommy Prim[172]. Pour Pierre Chany qui connaît le vélo sur le bout des doigts et le Blaireau par cœur, le chrono de Nyon est rassurant : les jambes du Blaireau tournent, le cœur envoie le steak, le Tour d'Italie sera pour lui.

Le 16 avril, à Vérone où le *Giro* prend le départ, le Blaireau explique qu'il n'y a de place sur le *Giro* ni pour Juliette, ni pour Roméo, juste pour le Blaireau. Il est venu pour remporter, avec son gang[173] équipé de pédales automatiques Look, son troisième *Giro*. Il le dit à Moser pour qu'il se calme. Il le dit aussi à Greg LeMond, son équipier, lequel, dans la presse italienne, a cru bon d'affirmer qu'il vallait mieux dans une équipe avoir deux leaders plutôt qu'un.

Qui va-t-il calmer en premier : LeMond ou Moser ?

---

171. La Flèche Wallonne 1985 :
1 Claude Criquielion
2 Moreno Argentin
3 Laurent Fignon
Liège-Bastogne-Liège 1985 :
1 Moreno Argentin
2 Claude Criquielion
3 Stephen Roche

172. Tour de Romandie 1985 :
1 Jorg Muller
2 Acacio Da Silva
3 Tommy Prim
16 Bernard Hinault à 11'55"

173. Équipe La Vie Claire :
Bernard Hinault
Dominique Arnaud
Benno Wiss
Kim Eriksen
Marc Gomez
Christian Jourdan
Greg LeMond
Éric Salomon
Bernard Vallet

Les deux. Lors de la quatrième étape, Pinzolo-Selva-di-Val-Gardena, longue de 237 km, Bernard Hinault attaque dans l'ultime ascension, la Selva-di-Val-Gardena. Sautent aussitôt dans sa roue Gianbattista Baronchelli, Roberto Visentini, Marino Lejarreta, et Hubert Seiz. Ils ne sont que quatre à suivre le Blaireau et, parmi eux, il n'y a ni Moser, ni LeMond. Le second concédera 1'20" au Blaireau, et le premier plus deux minutes. L'étape est pour Seiz, le maillot rose de leader pour Visentini, et le micro devant la bouche de Bernard Hinault : « Aujourd'hui j'ai calmé du monde, certains ne devraient plus parler jusqu'à l'arrivée à Lucca... Quant à Visentini, je sais exactement où je vais le casser en deux... Je vais le casser en deux et remporter mon troisième *Giro.* »

Le Visentini, il le casse en deux, lors de la douxième étape, Capua-Maddaloni, disputée contre-la-montre. Hinault remporte ce chrono en battant Moser, spécialiste de ce type d'épreuve, de 53", et Visentini de 1'42". Le Blaireau s'empare du maillot rose. Et ce maillot rose, il le garde jusqu'à l'arrivée à Lucca où il remporte son troisième *Giro*[174].

---

174. Tour d'Italie 1985 :
1 Bernard Hinault en 102 h 46'51"
2 Francesco Moser à 1'08"
3 Greg LeMond à 2'55"
Classement par points : Johan Van der Velde
Meilleur grimpeur : José-Luis Navarro

27

Le Tour maintenant, avec, dans la caisse Paul Köchli et, autour de lui, une équipe remodelée : Kim Andersen, Dominique Arnaud, Steeve Bauer, Marc Gomez, Christian Jourdan, Greg LeMond, Niki Ruttiman, Bernard Vallet[175], Alain Vigneron.

L'objectif c'est quoi ? Réaliser le doublé *Giro*-Tour de France et, comme Jacques Anquetil, comme Eddy Merckx, gagner un cinquième Tour de France, former avec eux le trio des cracks de chez crack. Un sacré rendez-vous. En face y'a qui ? Y'a les Renault sans Laurent Fignon qui vient d'être opéré d'une tendinite à la cheville à l'hôpital de la Pitié-Salpêtrière[176]. Y'a aussi Robert Millar, Sean Kelly, Stephen Roche, les Colombiens, les Espagnols de la Reynolds, et ce bon vieux Joop.

Le prologue de cette 72e édition du Tour se déroule à Ploumelec, c'est-à-dire, sur les terres du Blaireau, au seuil de son terrier. Les chiffres disent ce qui se passe : 6,8 km, 100 000 personnes. Elles sont là pour qui, elles

---

175. Bernard Vallet, dans son livre *La passion du métier* (Ed. Deval, 1985), à propos du Blaireau : « Nous avons fait sept Championnants du Monde ensemble. J'aime courir à ses côtés et je l'apprécie, c'est certain. Bernard est un grand leader, et je ne peux que regretter de ne pas avoir été des siens quand il a construit son palmarès. Dans cette équipe qui repart renforcée, je pense avoir un rôle à jouer. J'y suis fermement décidé, car mon souhait c'est de gagner un grand Tour dans son équipe. »

176. Les chirurgiens qui ont opéré Laurent Fignon : « Quand Bernard a été opéré, voici deux ans, il souffrait de nodules bénins derrière le genou, localisés à un ligament appelé « patte d'oie ». Le mal de Fignon est déjà plus profond ; et il est clair que Laurent a trop attendu pour se soumettre à un traitement radical, seul susceptible de le guérir ». Cité par Jean-Paul Ollivier, dans *Laurent Fignon*, Éditions Glénat, Collection « La véridique histoire », 2001.

sont là pourquoi ? Elles sont là pour voir l'enfant du pays avaler la côte de Cadoudal et s'emparer de ce qui lui revient de droit : le maillot jaune. Sur son maillot, y'a du jaune, du rouge, du blanc. Dans son œil, y'a que du noir. Le noir des orages, celui des révoltes, des jacqueries, de Cadoudal. Celui qui peut l'emporter c'est Éric Vanderaerden, vainqueur du Tour des Flandres et adepte de ces courts chronos où son explosivité terrible fait la différence. Plus explosif que lui, y'a-t-il ? Oui, le Blaireau sur ses terres, devant 100 000 personnes scandant son nom 7 bornes durant !

Casque court et blanc signé Cinelli, vélo laqué de gris, dents sorties, le Blaireau avale la côte de Cadoudal, l'asphalte et le chrono. Moyenne : 47 km/h. Éric Vanderaerden est battu de 4". Le maillot jaune est pour le Blaireau, pour la Bretagne, pour Cadoudal. Au géneral, c'est clair, y'a que La Vie Claire : LeMond est 5e, Bauer 6e, Andersen 9e. C'est un coup de tonnerre. *The Boss is back*. Et Fons de Wolf, l'espoir du cyclisme belge, vainqueur de Milan-San Remo et du Tour de Lombardie, est *out*. Victime d'un incident mécanique, contraint de changer de vélo, il s'est présenté au sommet de la côte de Cadoudal avec un retard de 6'23 sur le Blaireau. Accompagné de son directeur sportif, Luis Ocaña, il a tenté de plaider sa cause auprès des commissaires. En vain.

Le Tour vient à peine de commencer, et Greg LeMond, sait déjà que le leader, c'est Hinault. Hinault qui, en 6,8 km, lui met 21" dans la vue.

Sur les routes bretonnes, entre Vannes et Lanester, du côté de Lorient, alors qu'Éric Vanderaerden a récupéré le maillot jaune, Greg se dit même qu'il aurait dû rester dans l'équipe Renault. Fignon forfait, il serait le leader de la formation de Guimard. C'est ce qu'il se dit. Puis il n'y pense plus. Puis il pense à l'avenir, au Tour 86.

Le Tour 85, c'est Hinault, rien qu'Hinault. Qui va dicter sa loi aux endroits stratégiques. Dans les chronos. Les chronos, y'en a trois cette année. Hinault frappera trois fois et le Tour sera joué.

Première frappe : 30 juin, étape Vitré-Fougères. Le chrono par équipes, long de 73 km. Ça enroule, ça file, ça trace, ça démonte tout, les compteurs s'affolent. Un exercice de style. Comme hier la Raleigh, comme demain l'US Postal. Hinault et ses gonzes avalent les 73 bornes en 1 h 30'09", reléguant la Kwantum de Joop Zoetemelk à 1', et la Panasonic d'Anderson et De Rooy à 1'03. Au général, parmi les dix premiers, y a 8 mecs de La Vie Claire. C'est un coup de poing dans la figure. Aussi beaux que ceux que distribue le Blaireau pour se frayer un chemin dans la foule et rejoindre le podium où l'attendent ses équipiers et Daniel Mangeas, le speaker du Tour dont chaque phrase commence par Bernard et finit par Hinault.

Deuxième frappe : 6 juillet, étape Sarrebourg-Strasbourg. Le chrono individuel, long de 75 km. Tapie est venu. Il est à l'hôtel quand Bernard revient de sa sortie. Il a reconnu le parcours et lâche : ils vont tous prendre deux minutes. Sauf Roche. Lui, il va en prendre deux et demi. Tapie acquiesce : « Il aurait dû la fermer, l'Irlandais ». N'avait-il pas affirmé, du côté de Reims, que Bernard Hinault, à son avis, n'était pas au mieux de sa forme. Le Blaireau, selon lui, n'avait pas bien couru entre Roubaix et Reims. Il avait l'occasion de lâcher ses adversaires directs sur les pavés, et cette occasion, il ne l'avait pas saisie. Parfois, on parle trop.

C'est parti ! Tout de suite le Blaireau en ligne, tout de suite le Blaireau à fond. Tout de suite l'œil noir, tout de suite le rictus carnassier. Le premier tiers de la course, il l'effectue sur un vélo traditionnel, puis s'arrête et enfourche un vélo profilé. Les jambes tournent vite alors que le braquet est énorme. Énormes déjà les écarts. Au premier chronométrage intermédiaire, Greg LeMond, second, accuse déjà 1' de retard. C'est une bombe qui franchit la ligne d'arrivée et se pare de jaune. Moyenne : 47,410 km/h. Et Roche a pris sa branlée. Il se classe, certes, second, mais son retard s'élève à 2'20". Parfois, on parle trop.

Maintenant, voici la montagne, les Alpes. On attend les Colombiens, Lucho Herrera, Rafael Acevedo, et Fabio Parra, qui avait songé un temps à arrêter le vélo pour reprendre ses études. Ils sont venus, ils sont tous là. Le Jura traversé, le peloton voit les Alpes se dresser sous ses jantes : Pontarlier-Morzine-Avoriaz. Loin de l'arrivée, dans la montée du Pas-de-Mongins, ceux qui n'ont pas la socquette légère décrochent par paquet. Dans le groupe de tête, y'a Hinault. La logique, en tout cas celle des directeurs sportifs (et plus tard celle des oreillettes) voudrait que le Blaireau temporise, attende la dernière pente pour frapper un grand coup. Mais le verbe temporiser ne fait pas partie du vocabulaire blaireauesque lequel est riche de quelques vocables carabinés : attaque, secousse, branlée, bagarre, coups et blessures, gnons. À mi-col, le Blaireau attaque, se barre, et seul Herrera saute dans sa roue. Au sommet du col, l'avance des deux lascars est de une minute. Le Blaireau fait la descente à bloc, Herrera calé dans sa roue, et l'avance dépasse les deux minutes lorsque le tandem attaque les pentes du col du Corbier. Dans la montée vers Avoriaz, Herrera fait le tempo. Hinault s'accroche. Herrera pourrait partir. Il n'en fait rien, et c'est une aide précieuse que le Colombien apporte au Breton. Qui s'accroche. Qui sait que grâce à Herrera, grâce à leurs relais, les autres ne reviendront pas. Et c'est avec la souplesse, la légèreté et la puissance qui, en montagne, le caractérise, que le Colombien, à 150 mètres du sommet, fausse compagnie au Blaireau, afin d'aller chercher une nouvelle victoire d'étape sur le Tour de France. Le Blaireau se classe second et chacun consolide le maillot qu'il porte : Bernard, le jaune, et Lucho le maillot à pois. L'attente entre les deux champions aura été parfaite : au Blaireau le boulot sur le plat, au « Petit jardinier » les relais dans les cols. Qui derrière a limité la casse ? Pedro Delgado. Le leader de l'équipe Reynolds – celle d'où surgira un certain Miguel Indurain –, se classe troisième avec un retard de 1'23". Il aura effectué une excellente ascension finale. On reparlera de lui. Derrière Delgado, Fabio Parra. Les autres, à commencer par Greg LeMond sont plus loin.

Il y a encore des Alpes, il y a encore des Colombiens. Après Herrera à Avoriaz, voici Parra dans l'étape Morzine-Lans-en-Vercors. Les cols, les pentes sont nombreux : La Colombière, Leschaux, Plainpalais, le Granier, la côte de Montaud, la côte de Saint-Nizier, Lans-en-Vercors. Le long des lacets, y'a la foule et, dans la foule, le président de la République, François Mitterrand. Qui prend en photo l'échappé du jour, l'Espagnol Eduardo Chozas, de l'équipe Reynolds. Il pensait gagner, Chozas. Il méritait de gagner, Chozas, mais Fabio Parra ne l'entendait pas de cette oreille. À quatre bornes du sommet de la montée finale, le Colombien attaque, suivi d'Herrera, avale Chozas et remporte l'étape.

Troisième frappe : 11 juillet, Villard-de-Lans–Villard-de-Lans, 31,8 km contre-la-montre. Le Blaireau va tout faire sauter, dézinguer ses rivaux avant les Pyrénées. Mais le vent fait des siennes. Il souffle favorablement quand Éric Vanderaerden, spécialiste des chronos, avale le parcours. Il souffle défavorablement quand les premiers du classement général s'élancent à leur tour. Et c'est vent de face, que le Blaireau appuie sur les pédales. La victoire revient à Vanderaerden. Hinault se classe second, augmentant un peu plus son avance sur ces principaux adversaires lesquels, comme lui et contrairement à Vanderaerden, ont bouffé du vent pendant 30 bornes.

Le maillot jaune, qui peut maintenant tenter de le lui ravir ? Personne, hormis les Colombiens. Mais il faudrait que le Tour ne compte que des étapes de montagne pour qu'Herrera ou Parra s'emparent et conservent le maillot jaune. Il reste les Pyrénées mais, au sortir des Pyrénées, il faudra affronter le chronomètre autour du Lac de Vassivière.

Hinault est plus que serein lorsque, le col du Œillon franchi et les bornes avalées, il débouche à Saint-Étienne, cours Fauriel, dans la roue de Phil Anderson, au sein d'un groupe qui a laissé partir Herrera, vainqueur de l'étape. Phil Anderson tombe, entraînant dans sa chute Bernard Hinault, Steven Rooks, Bernard Vallet, Peter Winnen et Paul Haghedooren. La tête du Blaireau heurte violemment le bitume. Il se relève, s'assied près des barrières, les mains posées sur le sol ; Le sang coule abondamment du cuir chevelu, du nez. Il est groggy. On s'approche de lui. Il réclame son vélo. Il monte sur son vélo, termine les derniers hectomètres à deux à l'heure, franchit la ligne d'arrivée. Sur son visage, un masque de sang.

Et c'est le visage couvert de sang qu'il débarque à l'hôpital. Soins. Radio. On diagnostique une fracture du nez.

Le médecin : – C'est une fracture, vous devez vous arrêter, monsieur Hinault. Même un champion cycliste doit s'arrêter.

Le Blaireau : – Je ne suis pas un champion cycliste, je suis un boxeur.

Le médecin : –Un boxeur aussi s'arrête, monsieur Hinault

Le Blaireau : –Il s'arrête quand ?

Le médecin : –Il s'arrête quand il est blessé.

Le Blaireau : – Non, docteur. Un boxeur ne s'arrête que lorsqu'il est KO. Et je ne suis pas KO.

Maillot jaune, tête bleue, le Blaireau se présente au pied des Pyrénées. Toulouse-Luz-Ardiden. Au menu, le col d'Aspin, le Tourmalet et Luz-Ardiden. Luz-Ardiden, c'est du sévère et le Blaireau respire mal. Dans Aspin, rien. Dans le Tourmalet, rien, la brume, le froid, et la toux du Blaireau. À quelques kilomètres du sommet, le Blaireau demande à ses équipiers de baisser la cadence. Aussitôt Stephen Roche attaque, accompagné de Fabio Parra et de Greg LeMond. C'est Niki Ruttiman qui fait le tempo pour le Blaireau. Ce Ruttiman, il faudrait le décorer : le boulot qu'il abat ! Il faudrait décorer également, et pour les mêmes raisons, Dominique Arnaud et Alain Vigneron. Köchli s'est porté à la hauteur de LeMond :
– Greg, tu restes dans la roue de Roche, mais tu ne prends aucun relais.

Le groupe Hinault se présente au pied de Luz Ardiden avec une minute de retard sur le tandem Roche-LeMond. Hinault qui respire mal, dont le nez le fait souffrir, va-t-il tenir ? Va-t-il payer la fracture ? Obéissant à Köchli, LeMond ne prend aucun relais. Herrera reste un long moment dans le groupe Hinault, groupe duquel s'est extirpé Pedro Delgado. Quel coup de pédale, Le Perico ! On le découvre, il est terrible. Il ne tarde pas à revenir sur Roche et sur LeMond. Il se dit quoi, Greg. Il se dit qu'il vient de perdre le Tour. S'il avait pu relayer Roche, ils creusaient ensemble un gros écart, et le maillot jaune était pour lui. Delgado remporte l'étape. Sur ses talons, Herrera qui accomplit une ascension extraordinaire. Pourquoi n'est-il pas parti plus tôt Lucho ?

Hinault a sauvé son maillot. Au prix d'une souffrance qu'il est le seul à pouvoir supporter. Avec l'aide de LeMond qui s'est sacrifié dans la montée finale. À la télévision américaine CBS, Greg LeMond laisse éclater sa colère : « Köchli m'a dit de ne pas rouler, de ne pas relayer Roche. Je perds le Tour aujourd'hui à cause de lui... »

Le soir, à l'hôtel, y'a Tapie. Il dit à Greg que le leader, c'est Bernard. Il ajoute qu'en 1986, le leader ce sera LeMond. Oui, le leader, ce sera lui.

Et c'est lors du chrono du Lac de Vassivière, le 20 juillet, que Greg LeMond confirme, à la pédale, que le leader, en 1986, ce sera lui. Il remporte en effet le chrono long de 47,5 km en battant Bernard Hinault de 5".

C'est Paris maintenant, les Champs, le triomphe : Hinault premier, LeMond second. Mission accomplie pour la Vie Claire. Avec, en sus, l'écrasement de la bande à Guimard : pas une étape, rien. Ils l'avaient bien cherché. En 1984, les Renault avaient cadenassé la course, n'accordant au Blaireau aucun bon de sortie. Ce qu'ils voulaient, en 84, c'est le Blaireau au tapis. Au tapis tout le temps. En 1985, le Blaireau leur aura rendu la monnaie de leur pièce. Ils sont loin derrière, et lui devant[177].

Les maillots remis, la cérémonie officielle terminée, les interviews accordées, Bernard Hinault s'approche de

177. Tour de France 1985 :
1 Bernard Hinault en 113 h 24'23"
2 Greg LeMond à 1'42"
3 Stephen Roche à 4'29"
Maillot vert : Sean Kelly
Maillot à pois du meilleur grimpeur : Luis Herrera

Greg LeMond : « Merci Greg, merci ! L'année prochaine, durant le Tour, c'est moi qui roule pour toi. Tu as ma parole ! »

C'est la fin de saison, c'est l'hiver, la Bretagne est belle. Bernard est chez lui, à Quessoy. Il regarde la pluie tomber, en faisant rouler entre ses doigts le pavé de Paris-Roubaix. Il pense à Calorguen, à la ferme, aux bêtes. Il sait exactement à quel moment il raccrochera : en novembre 1986. Raccrocher, oui, c'est cela. Il y aura un clou, planté dans un arbre, une poutre, un mur. Et à ce clou, il accrochera son vélo, comme d'autres y accrocheraient leurs gants de boxe. Ce sera terminé, il n'y aura plus de round, juste de la joie.

Celui qui vient de raccrocher, c'est Maurice Le Guilloux. Mais Momo ne quitte pas le monde du vélo : il devient l'adjoint de Paul Köchli. Il va donc « diriger » celui qu'il a vu gagner ses premières courses à la barbe des pros. Il faut construire maintenant une équipe solide pour épauler Greg. Köchli a recruté le jeune Français Jean-François Bernard, et un jeune compatriote de Greg LeMond, Andrew Hampsten que Bernard apprécie beaucoup. Il a beaucoup de talent, Hampsten, surtout en montagne. N'a-t-il pas dominé les Colombiens, chez eux, sur des pentes qui leur sont familières ? Une sacrée performance. Oui, Hampsten, c'est un bon. Et de la montagne, il y en aura beaucoup dans le prochain Tour.

La pluie continue de tomber à Quessoy, à fouetter les vitres de la maison. Quant au vent, il surfe comme un fou sur des ardoises qu'il a renoncé à soulever. Il a un sacré toit sur la tête, le Blaireau.

28

Le Blaireau, les Champs, il connaît. L'Élysée, pas du tout. Il découvre les lieux le 21 janvier 1986, lorsque François Mitterrand lui remet la Légion d'honneur. Et le président de louer son courage, sa persévérance. Et de citer Henri Desgrange, l'expression « la tête et les jambes » qui, indique le président de la République, semble avoir été écrite pour lui.

De retour à Quessoy, le Blaireau va-t-il s'entraîner sans rechigner ou, au contraire, comme à son habitude, va-t-il se trouver de bonnes raisons pour raccourcir ou espacer les sorties ? Maurice Le Guilloux, qui a raccroché mais souhaite rouler en sa compagnie, débarque régulièrement à Quessoy, l'invite à le suivre. Il n'obtient généralement pour toute réponse qu'une moue désapprobatrice.

Et puis, tout à coup, en mai, à son retour de Colombie où, reçu en star, il a été escalader les interminables cols colombiens, tenter en vain de suivre la bande à Herrera lors de la Clásico RCN[178], il se met à bouffer des bornes derrière la mobylette de Joël Marteil, son masseur. Et il en bouffe, et il en bouffle, et il est époustouflant, et

178. Créée en 1961, disputée par étapes, La Clásico RCN est, avec le Tour de Colombie, la course cycliste la plus célèbre de Colombie. Elle doit son nom à Radio Cadena National qui sponsorise l'événement. Les plus grands coureurs colombiens ont remporté la Clásico RCN, notamment Luis Herrera et Fabio Parra, et surtout Rafael Antonio Niño qui s'est imposé à cinq reprises. En 1986, Bernard Hinault s'adjuge la 7e étape de la Clásico RCN. L'Espagnol Oscar Sevilla sera le premier coureur européen à remporter, en 2008, la Clásico RCN.

jamais fatigué, et tout le temps prêt à remettre la gomme. Quel appétit ! Et c'est ce champion plein d'appétit et de jus qui va mettre fin à sa carrière ? Quand il a annoncé son intention de raccrocher, il n'a pas fait attention à ce qu'il disait, le Blaireau. Les mots qui sortaient de sa bouche n'étaient pas les siens. Il avait le cafard, le blues du Blaireau, un mal qui sévit parfois dans les terriers. Il a la fraîcheur d'un cadet, la santé d'un cap-hornier : il ne va pas arrêter ! Guimard, l'a reconnu durant le Tour 85 : « Il peut durer très longtemps, car ses réserves physiques sont incroyables... Il est de nouveau très bon, supérieur à ses adversaires quand il est en forme, égal à eux quand il est moins bien. Il jouit d'une grande marge de sécurité et c'est pour cela qu'il peut, s'il le veut, durer très longtemps. »

Durer, c'est ça, durer, durer, comme une pile Wonder. Hinault, c'est un blaireau qui a avalé une pile Wonder. Et Wonder, c'est marqué sur le maillot La vie claire.

Non, non, il va continuer, et ce Tour il va le gagner, ils seront tous dans la pampa, se dit Joël Marteil en vissant la poignée de sa mobylette.

Y'a qui au depart de ce Tour 86 ? Y'a du monde venu d'ailleurs. Greg LeMond et Andrew Hampsten ne sont pas les seuls Américains. Une équipe venue du Nouveau monde, l'équipe 7-Eleven de Jim Ochowitz se prépare à découvrir la plus belle course du monde. Dans ses rangs Chris Carmichael, Éric Heiden, le Canadien Alex Sieda, et venu du Mexique, un coureur pas plus lourd qu'un moineau qui mange pas et aussi brun qu'une olive, Raul Alcala. Dans les cols, ce qu'il fait, dit-on, c'est dingue.

Les cols, la montagne, parlons-en ! Ils se disputent la part du lion. Ce Tour a été dessiné pour les grimpeurs. C'est exactement ce que se dit Bernard Hinault. Un Tour pour les grimpeurs, et les grimpeurs sont venus en force. Il n'y a pas en effet une mais deux équipes colombiennes dans le peloton. Il y a la fameuse équipe Café de Colombia, avec Lucho Herrera, Fabio Parra, Rafael Acevedo *and Co*, mais également, dirigée par le très rusé Géminiani, l'équipe Postobon, avec Reynel Montoya et Omar Fernandez. Sans oublier leurs quatre compatriotes courant sous d'autres maillots : Martin Ramirez[179] et Argemiro Bohorquez chez Fagor, Manuel Cardenas chez Teka, Samuel Cabrera chez Reynolds. Ce qui fait 24 Colombiens. 24 Colombiens dans les Pyrénées, 24 Colombiens dans les Alpes. Ils seront intenables, incontrôlables. Sauf si on les secoue avant. Sauf si on leur essore la couenne, leur assèche le gésier avant que n'arrivent les premiers lacets. C'est ce qu'il se dit le Blaireau. À la la première occasion, il les assomera ! Et la voiture balai ramassera des morceaux de Colombiens...

Ce Tour 86, c'est le retour de Laurent Fignon et moult lascars en embuscade : Urs Zimmermann, Claude Criquielion, Stephen Roche, Johan Van der Velde, Ludo Peeters... Fignon est, en 86, dans la situation du Blaireau en 85 : il vient d'être opéré, il retrouve la compétition, il s'interroge sur sa forme.

Sur ce Tour 86, c'est le Blaireau qui, cinq Tours gagnés, compte bien s'amuser...

Le Tour s'élance de Boulogne-Billancourt, un prologue de 4,6 km. 201 coureurs au départ. Le plus rapide, Thierry Marie, de l'équipe Systeme U de Cyrille Guimard, spécialiste de ce type d'effort[180], athlète punchy, fusée de muscles. Moyenne : 51,570 km/h. Vanderbroucke, Vanderaerden, Hinault, Fignon et LeMond sont battus. Il revêt son premier maillot jaune.

179. Vainqueur du critérium du Dauphiné Libéré en 1984.

180. Il a remporté le prologue de la *Vuelta*.

Quelle équipe est en forme, quelle équipe ne l'est pas ? Qui a la socquette légère, qui ne l'a pas ? On le saura à Saint-Quentin-en-Yvelines, au terme d'un contre-la-montre par équipes, long de 56 km.

À quoi assiste-t-on ? À la débandade colombienne. Cet exercice, certes, ne leur convient pas. On pensait qu'ils limiteraient la casse. Les Postobon de Reynel Montoya perdent 7'. L'équipe Café de Lucho Herrera perd 8' et quatre coureurs – Acevedo, Lopez, Rondon, Soler –, arrivent hors-délais.

À quoi assiste-t-on ? À une contre-performance de la bande à Hinault. Sur le papier, ils étaient les plus forts, l'équipe disposant, dans cet exercice, non pas d'une mais de deux locomotives : Hinault et LeMond. À plusieurs reprises, quand ça roulait à bloc, Hinault a demandé de ralentir. Personne n'a ralenti chez les Systeme U qui remportent l'étape[181] et placent 7 coureurs dans les dix premiers. Nulle ombre au tableau guimardien. Pour l'instant.

Voici Lievin, voici Évreux, voici Cherbourg et Saint-Hilaire-du-Harcouët, et voici Nantes. C'est important Nantes. Car le Blaireau, il a dit Je les attends à Nantes. Nantes, c'est le premier chrono individuel de cette 73e édition de La Grande boucle. 61,5 km. Il y aura des écarts. Le Blaireau, il a dit Je les attends à Nantes, je les attends tous, y compris Greg qui répète un peu trop que je n'étais pas dans le coup lors du chrono par équipes.

Casque blanc, cadre plongeant blanc, socquettes blanches, roues lenticulaires couleur de nuit, le Blaireau

---

181. Contre-la-montre par équipes Meudon-Saint-Quentin-en-Yvelines :
1 Système U en 1 h 10'27"
2 Carrera Jeans à 38"
3 Panasonic à 1'02
4 Kas à 1'42
5 La Vie Claire à 1'55"

est parti. Le Blaireau est à fond. Le Blaireau appuie. Les horloges s'affolent. Les spectateurs s'enrhument. Le tempo est d'enfer. La chaîne chante. Le Blaireau gagne. Retardé par une crevaison, LeMond se classe second à 44'. Les suivants, comme Stephen Roche, troisième, sont relégués à plus d'une minute. Fignon n'est pas dans le coup. Son retard sur Bernard est de 3'42". La forme n'est pas là. Un micro s'approche du Blaireau : « Il a sans doute connu une défaillance. Mais ne dites pas que c'est moi qui ai creusé une différence, c'est lui qui n'est pas bien, c'est tout. De toute manière on ne se remet pas d'une opération d'une telle importance du jour au lendemain. Il lui faudra attendre un an comme tout le monde[182]. »

On roule vers Poitiers, vers Bordeaux, vers Bayonne, vers les Pyrénées : le maillot jaune est sur les épaules de Jorgen Pedersen, depuis l'arrivée à Saint-Hilaire-du-Harcouët. Les Pyrénées, c'est deux étapes, Bayonne-Pau et, le lendemain, Pau-Superbagnères. Si les coureurs se demandent à quoi ressemble ce col du Burdincurutcheta[183] qu'il faudra escalader lors de la première étape, c'est surtout la seconde qu'ils redoutent, car, le Tourmalet, l'Aspin et le Peyresourde franchis, elle se termine par une arrivée au sommet de Superbagnères, montée classée hors catégorie. La bagarre aura lieu là, c'est sûr.

---

182. Chrono de Nantes :
1 Bernard Hinault en 1 h 18'46"
2 LeMond à 44"
3 Roche à 1'01"
4 Gorospe à 1'24"
5 Zimmermann à 1'42"

183. Le col de Burdincurutcheta a été choisi par Jean Bobet, le frère de Louison Bobet. Jacques Goddet lui avait téléphoné à propos de l'itinéraire. Il recherchait un col nerveux, sévère, histoire de rompre avec dix jours de plat. Et Jean Bobet lui avait répondu : « Pour ça, y'a le col du Burdincurutcheta. « Burdin », en basque, signifie fer, et « kurutxeta » , croix : col de la Croix de fer. De ce col, on rejoint Larrau en traversant la forêt d'Irati, et la Soule en franchissant le col d'Organbidexka, le « chemin des charrettes ».

L'étape de Pau, sans être une formalité, ne devrait pas bouleverser grand-chose : les cols sont loin de l'arrivée, il y aura des regroupements, et c'est au sprint que l'arrivée se jugera. C'est ce qui se dit dans le peloton, dans les voitures des directeurs sportifs, dans ces bars de Bayonne où les journalistes avalent des cafés serrés. Le Blaireau, lui, est dans un tout autre état d'esprit. Il a une envie : flinguer. Il a d'autant plus envie de flinguer qu'un « Tonton flingueur » a pris place dans la voiture de Félix Lévitan : Lino Ventura.

Dans le Col du Burdincurutcheta, les meilleurs sont devant. Les jambes du Blaireau tournent souplement. Il regarde autour de lui, qui est bien, qui ne l'est pas. Le jeune Ronan Pensec, de l'équipe Peugeot, est bien, et c'est lui qui franchit le sommet du col du Burdincurutcheta en tête.

Puis la descente, puis du plat, puis, un peu avant le col d'Ichère, à Lanne-en-Barétous, à l'endroit où doit se disputer un sprint, le Blaireau, comme piqué par une guêpe, se dresse sur les pédales, se tire, fausse compagnie à tous. Une folie ! On est en effet à 92 bornes de l'arrivée à Pau. Mais le Blaireau, c'est le Blaireau. Il fait ce qu'il veut, Köchli n'a rien à dire. Et si d'aventure il se mettait à parler, le Blaireau ne l'écouterait pas. Deux coureurs ont sauté dans sa roue : Jean-François Bernard, son équipier, et l'Espagnol Pedro Delgado qui porte, cette année-là, le maillot de l'équipe PDM.

Ensemble, ils escaladent le col d'Ichère. Perico, il se dit que le Blaireau, le sommet atteint, va lever le pied, tout le monde rentrera. Mais le Blaireau a choisi un autre scénario. La descente, on la fait à fond. Le col de Bagargui, on le fait à fond aussi. On est là pour flinguer, pour s'amuser. Qu'est-ce que je m'amuse, nom de Dieu, aujourd'hui ! Rien que d'imaginer la bobine des

Colombiens, je suis mort de rire ! Et Greg, il doit s'en poser des questions, Greg. Faut pas qu'il s'inquiéte, Greg : je lui ai donné ma parole ! Je vais rouler pour lui, c'est promis. Le maillot jaune, il est pour lui, c'est acquis. Mais le maillot jaune, il faut s'en montrer digne, nom de Dieu ! Accroche-toi, Greg ! Mais t'es où Greg ? T'es groggy, Greg ?

Delgado ne relaie guère : le Blaireau a un équipier, à eux de faire le gros du boulot. Lorsque se présente le col de Marie-Blanque, escaladé par son versant le plus dur, Jean-François Bernard n'est plus dans le coup. Maintenant pour Perico tout est clair : les relais passeront régulièrement. Perico est un excellent grimpeur. Le Blaireau le sait. Il lui dit : « Écoute, je monte à mon rythme, on se relaiera après ». Le Blaireau monte Marie-Blanque à son rythme, c'est-à-dire à fond. Il y a dans ce col des passages avec des pourcentages très élevés. Des pourcentages – 14% par exemple ! – que l'on ne trouve pas dans le Tourmalet. Ces passages raides à mort, le Blaireau les avale. Il est là pour flinguer, tout faire sauter. Pour s'amuser.

C'est la descente de Marie-Blanque, le plateau du Benou maintenant. Maintenant c'est Bilhères. Et maintenant, c'est 30 bornes pour rejoindre Pau. 30 bornes qui en principe sont fatales à des échappés qui voient toujours revenir sur eux le groupe maillot jaune au sein duquel pédalent des costauds qui visent le sprint. A priori, c'est perdu. Sauf quand les échappés se nomment Hinault et Delgado. Hinault qui a gagné 5 Tours, Delgado qui gagnera le Tour en 88.

Et ça relaie, et ça appuie, et ça secoue. Et personne ne rentre. Y'a qu'eux sur la route sèche qui mène à Pau. Ils font tout sauter sous les yeux écarquillés de Lino Ventura.

Voici Pau. Ils sont deux, ils s'entendent : le maillot jaune étant pour le Blaireau, l'étape est pour Perico. Voilà, c'est fait.

Les chronos sont interrogés, les écarts sont communiqués : Greg LeMond et Lucho Herrera sont rejetés à 4'37". Millar, Hampsten, Zimmermann *and Co* sont à plus de cinq minutes. C'est un casse, le casse du siècle, juste pour s'amuser.[184]

Que je me suis bien amusé, s'exclame intérieurement le Blaireau, au départ de l'étape Pau-Superbagnères ! Et si je m'amusais encore aujourd'hui ! Il est parti, Lino Ventura ? Dommage pour lui, car le show n'est pas terminé, foi de Blaireau !

Il fait beau, il y aura le Tourmalet, l'Aspin, Peyresourde, Superbagnères, et Dominique Arnaud est parti. Lui aussi aime s'amuser. Et gagner. Il est parti sous le soleil, il creuse l'écart. Il va obliger les prétendants à la victoire à chasser, et quand les poursuivants seront parvenus à sa hauteur, qui sait si le Blaireau ne sortira pas ?

Dominique Arnaud, il aime bien sortir du peloton, rouler seul avec l'espoir d'aller au bout. Et si la chasse mettait du temps à s'organiser ! Et si les mecs avaient envie de rouler en dedans ? Et si tout le monde attendait la montée ultime pour défourrailler ! Autant de questions qui incitent Dominique à poursuivre son effort. Les Pyrénées, il les connaît, Arnaud, aussi bien le

---

184. Étape Bayonne-Pau Tour 1986 :
1 Pedro Delgado
2 Bernard Hinault
3 Greg LeMond à 4'37"
4 Lucho Herrera à 4'38"
5 Steve Bauer à 5'10"
6 Claude Criquielion à 5'31"
7 Stephen Rooks mt
8 Andrew Hampsten met
9 Peter Winnen à 5'32"
10 Urs Zimmermann mt

versant français que le versant espagnol. Et son maillot Reynolds est bleu comme le ciel pyrénéen.

Arnaud, on le voit dans le Tourmalet.

Arnaud, on le voit à Sainte-Marie de Campan.

Et les leaders, on les voit où ? Dans le Tourmalet. Ils sont venus, ils sont tous là, car ça va secouer encore une fois. Y'a Greg, y'a Perico, y'a Lucho Herrera, y'a Peter Winnen. Tout le gratin est là, dans la roue du Blaireau qui dicte le tempo.

Et le Blaireau, le sommet du Tourmalet franchi, s'en va seul, se jetant à corps perdu dans la descente. Le bidon, il le portera à ses lèvres plus tard, dans la vallée, juste avant d'attaquer Aspin. Il pourrait prendre le temps de récupérer, un peu, nom de Dieu. Il préfère récupérer en poursuivant son effort. C'est sa façon à lui de récupérer, un truc propre au Blaireau. Faire confiance aux cuisses, au souffle, au moteur qui ronronne au fond de la viande. Le vélo, c'est ça : de la joie que l'on fabrique avec de la douleur.

Le vent glisse sur son maillot. Il aimerait bien savoir, le vent, pourquoi le Blaireau poursuit son effort solitaire si loin de l'arrivée. C'est bizarre, c'est étrange. Il en a vu passer des costauds, le vent, des supercostauds comme le Blaireau. Ces derniers, généralement, attendent le dernier sommet pour gicler et s'emparer du maillot, ou le conserver. Et leurs fans, auxquels il n'a jamais été nécessaire d'expliquer la course, s'agglutinent toujours dans la dernière montée avec les pancartes, les banderoles, les pare-soleil, les chapeaux de fortune, les tambours, les aérosols, les bonbonnes, les cris. Désirant savoir ce qui se passe dans la tête du Blaireau, le vent s'approche de lui, l'interroge :

—Dis-donc, Bernard, pourquoi pars-tu de si loin ?

—Parce que c'est mon dernier Tour !

—Mais tu risques de le perdre en tentant un coup pareil ?

—C'est pas la victoire qui m'intéresse...

—C'est nouveau, ça, dis-donc...

—C'est pas nouveau : j'ai promis à Greg de l'aider à gagner le Tour. C'est le Tour de Greg.

—Et tu crois que tu l'aides, Greg, en courant ainsi ?

—J'ai pas dit que j'allais lui offrir le Tour sur un plateau, qu'il n'aurait qu'à fumer la pipe pendant trois semaines. Non, non, le Tour, il faut s'en montrer digne... Le maillot jaune, c'est pas n'importe quel maillot, bordel ! Il faut aller le chercher, le maillot.

—Et toi, alors ?

— Quoi, moi ?

—Tu es là pourquoi, toi ?

—Moi, je m'amuse. Je me suis amusé comme un fou hier, et je m'amuse comme un fou aujourd'hui. Et j'entends m'amuser comme un fou jusqu'à Paris. Je n'ai jamais été aussi joyeux qu'aujourd'hui.

Et le vent reprend de l'altitude. Et le vent de chanter. Et le vent, grisé, ne sait plus dans quel sens il doit souffler.

Vent contraire, vent favorable, le Blaireau, il s'en fout, il s'enfuit.

C'est Aspin, c'est Dominique Arnaud, son ancien équipier, que le Blaireau rejoint, et c'est le Blaireau qui s'en va seul dans Peyresourde, avant-dernière ascension. Il faudra, Peyresourde avalé, allait chercher les 10 bornes de Superbagnères.

Le groupe des poursuivants ne chôme pas. Rien que des bons : Herrera, Hampsten, Zimmermann, Millar, Claveyrolat. Et bien sûr Greg LeMond. Superbagnères, c'est du sévère, un truc que Bernard Hinault a escaladé contre-la-montre, comme jadis Bahamontès[185]. Mais le Blaireau tout à coup, manque de jus. Et c'est au moment où ses socquettes commencent à peser que le groupe LeMond revient sur lui. Dans ce groupe, il n' y a pas Fignon. Fignon n'est pas dans la course : il est resté à son hôtel à Pau, sur le conseil de ses médecins. Plus rien dans les cannes, Fignon, et beaucoup de fièvre.

Le tempo qu'imposent LeMond et Hampsten, Bernard Hinault ne peut le suivre. Il est donc contraint de laisser filer Greg LeMond. Hampsten aussi. Thierry Claveyrolat aussi. Les minutes gagnées entre Bayonne et Pau, il va les perdre une par une. Greg LeMond remporte l'étape, mais pas encore le maillot. Le maillot il reste sur les épaules du Blaireau pour 40". Les caméras, les micros s'approchent de LeMond : « Je veux d'abord féliciter Bernard Hinault. Ce qu'il a fait hier, ce qu'il a fait aujourd'hui, c'est extaordinaire. Il a tout fait sauter, et moi je n'avais plus qu'à surveiller les grimpeurs, les Colombiens en particuler. Ce que j'ai fait... La Vie claire est devant. »

La Vie claire est devant, oui. On ne voit qu'elle. Niki Ruttimann s'impose à Blagnac, Jean-François Bernard triomphe à Gap, et le maillot jaune est toujours sur les épaules de Bernard Hinault lorsque le peloton, le 20 juillet, s'élance de Gap pour rejoindre l'arrivée jugée au sommet du Granon. Le Granon, mais d'abord le col de Vars et celui de l'Izoard.

Pas d'Alpes sans Espagnol, surtout quand le soleil cogne comme un dingue. Ce dernier désireux de donner « la même couleur aux gens » comme le dit la chanson,

---

185. Victoires au sommet de Superbagnères :
1961 : Imerio Massignan
1962 : Federico Bahamontès (contre-la-montre)
1971 : José Manuel Fuente
1979 : Bernard Hinault (contre-la-montre)

envoie du feu. Et dans le feu, Chozas, prénom, Eduardo. Ce qu'il désire Chozas, c'est faire un truc d'Espagnol, c'est-à-dire de roi de la Montagne, un truc à la Vicente Trueba qui fut le premier à remporter le classement de la montagne, un truc à la Bahamontès qui aurait été un aigle sur le Tour, un truc à la Luis Ocaña qui distança Merckx dans les Alpes du côté d'Orcières-Merlette. Une de ces chevauchées dans lesquelles Jean Robic se lançait quand il était de mauvaise humeur.

Eduardo Chozas est un fabuleux grimpeur, et son équipe, Téka, est essentiellement composée de mecs que les pentes réjouissent, Espagnols ou Colombiens, Enrique Aja, Manuel Cardenas, Federico Echave. Eduardo avale Vars puis attaque l'Izoard, avec des mollets plein de jus. C'est un bel exploit qu'il accomplit. Mais un exploit qui semble ne pas retenir l'attention des journalistes. Les reporters en effet n'ont d'yeux que pour ce qui se passe quelques lacets plus bas. Il se passe quoi sous le soleil copieux des Alpes ? Il se passe que Greg LeMond est sorti. Le visage du Tour est en train de changer du côté de l'Izoard. Qui est dans la roue de LeMond ? Hinault ? Non, c'est Urs Zimmermann. Hinault est un peu plus loin. La douleur au genou s'est réveillée. Très vite elle devient insupportable. Il décide de la supporter, de continuer, de se battre. Dans la roue du Hinault, ça grimace, ça geint, ça se tord, ça écarte les coudes, ça cherche de l'air et ça saute. Car, malgré son genou douloureux, Hinault les essore tous, les hache menu. Aujourd'hui, c'est la journée de Greg. Greg qui met les watts. Greg qui fait bosser ses reins. Le Blaireau l'a dit : c'est aux reins de Greg de bosser, maintenant, à eux et à eux seuls. La victoire, la menace colombienne ayant été neutralisée, c'est à lui d'aller la chercher. Qu'il se démerde sans moi aujourd'hui ! J'ai tout fait sauter dans les Pyrénées, à lui de finir le boulot dans les Alpes. Le boulot, il le fait, et si Hinault ne peut le suivre, il est loin d'être en déroute. La déroute, c'est pour les autres. Car, si au terme d'une étape remportée par Eduardo Chozas[186], Hinault, le genou douloureux[187], perd un peu plus de 9 minutes, Lucho Herrera est relégué à plus de 16 minutes. Claveyrolat, qui s'était montré à son avantage dans les Pyrénées, franchit la ligne d'arrivée avec plus de 12 minutes de retard. Tous les grimpeurs sont HS. C'est dans la montée du Glandon, relayé par Urs Zimmermann, que Greg LeMond s'empare du maillot jaune.

Que dit le classement général ? Il dit qu'Urs Zimmermann est second à 2'24" de l'Américain, et Bernard Hinault, troisième à 2'47". Le trio se tient, les autres sont loin. Millar pointe à 6'19", Delgado à 8', Herrera à 19'... Plizz, monsieur Propre, Ajax triple action, Vigor-y-a-pas-plus-fort : le ménage est fait, tout le peloton est rinçé.

Maintenant, c'est l'Alpe-d'Huez. Soleil partout, parfaite enclume. On part de Briançon, on monte le Galibier, la Croix de Fer, on descend, on bouffe du vent, et l'on rassemble ses dernières forces pour se hisser au sommet de l'Alpe. L'étape est courte : 160 bornes. Ça va flinguer dès le départ. Ce sera pour beaucoup de coureurs une sale journée, des dossards seront sans doute retirés...

Dans le Galibier, Herrera qui ne menace plus personne, se souvient qu'il est le plus grand escaladeur du monde. Il se détache, avec une facilité incroyable, dans les lacets de ce col mythique, classé hors-catégorie.

---

186. Eduardo Chozas a remporté quatre étapes du Tour de France : Saint-Étienne-Aurillac (1985), Gap-Le Granon (1986), La Plagne-Morzine (1987), Villard-de-Lans-Saint-Étienne (1990). Ce grimpeur, adepte des longs raids en montagne, aura franchi détaché bien des sommets du Tour : le Pas de Peyrol, Vars, Izoard, Le Glandon, les Aravis, la Colombière, Joux-Plane, les Rousses...

187. Le soir, à son hôtel, il suivra une séance de mésothérapie.

Premier au sommet, il empoche la prime Henri-Desgrange. C'est à ce moment que le Blaireau entre en action. Il se jette dans la descente du Galibier et, bientôt, ceux qui montaient avec lui ne le voient plus. Qu'est-ce que c'est ? Qu'est-ce qu'il a ? Il y a que le Blaireau a de nouveau envie de s'amuser, de tout faire sauter, de faire honneur aux Alpes, au Tour, à ce Galibier présent sous les roues des Géants de la route depuis 1911. Je me tire, je me casse, qui m'aime ou me hait me suive. Ceux qui peuvent bien sûr, ceux qui, en descente, n'ont pas peur de rouler à bloc, de frôler tantôt le rocher, tantôt le précipice. C'est ma dernière descente du Galibier, on va s'en souvenir ! Ils ne sont que trois à rejoindre le Blaireau : Greg LeMond, maillot jaune, leur équipier Steve Bauer, et l'Espagnol Pello Ruiz-Cabestany, de l'équipe Seat-Orbea.

Ce qu'il veut Hinault, c'est cogner, cogner, dans la joie et la douleur. Aussi attaque-t-il la Croix de fer comme si l'arrivée se jugeait au sommet, c'est-à-dire à fond les ballons. Du grand Bernard, Cerdan sur le ring, Tyson esquivant d'une rotation du buste avant d'envoyer son crochet. Les dégâts sont immédiats : il est seul dans la montée de la Croix de fer avec Greg LeMond. Descente de la Croix de fer à tombeau ouvert, comme il sied quand on souhaite s'amuser sur le Tour. Pas sûr que LeMond, contraint de prendre tous les risques, soit d'accord. Mais il n'a pas d'autre choix, LeMond, que de s'accrocher à la roue folle du Blaireau fou.

Le duo americano-breton se présente à Bourg d'Oisans, au pied de l'Alpe, avec 3' d'avance sur Urs Zimmermann, et 4' d'avance sur un petit groupe composé de Cabrera, d'Andrew Hampsten, de Pascal Simon et d'Yvon Madiot.

L'avance de deux lascars va-t-elle diminuer de virage

en virage, sur ces pentes terribles ? Elle augmente. Ils se relaient, s'encouragent. À toi la douleur, à moi la douleur ! À toi le feu au cœur, à moi le feu au cœur ! Tes poumons bossent comme ceux d'Hercule, mes poumons bossent comme ceux d'Hercule ! Tes cuisses sont des pistons, mes cuisses sont des pistons ! T'es une sacrée machine, je suis une sacrée machine, nous sommes une seule et même machine.

Et c'est guidon contre guidon, épaule contre épaule, la main de l'un serrant la main de l'autre que Greg et Bernard, le même sourire aux lèvres, franchissent la ligne d'arrivée[188].

Le Galibier, la Croix de Fer, L'Alpe-d'Huez : 160 bornes à 32, 172 de moyenne. Et les grimpeurs, où sont-ils ? Dans la Pampa ! Robert Millar est à plus de 20 minutes. Lucho Herrera franchit la ligne d'arrivée avec un retard de 26'54". Les grimpeurs, ce sont Bernard et Greg. Qu'on se le dise !

Le col de l'Œillon ayant été franchi, lors de l'étape Villard-de-Lans-Saint-Étienne, remportée par Julian Gorospe, il ne reste plus qu'un seul rendez-vous important avant l'arrivée aux Champs-Élysées : le contre-la-montre individuel de Saint-Étienne. 58 km. Que dit le classement général, la veille du chrono ? Il dit que Greg LeMond est premier avec une avance de 2'45" sur Bernard Hinault, second. Il dit que Bernard Hinault a

188. Briançon-L'Alpe-d'Huez :
1 Bernard Hinault
2 Greg LeMond
3 Urs Zimmermann, à 5'15"
4 Reynel Montoya, à 6'6"
5 Yvon Madiot, à 6'21"
6 Andrew Hampsten à 6'22"
7 Ronan Pensec, à 6'26"
8 Samuel Cabrera, à 6'34"
9 Pascal Simon, à 6'45"
10 Alvaro Pino, à 6'48"

7'41" d'avance sur Urs Zimmermann, troisième. Andrew Hampsten est quatrième avec un retard de 16'46".

Le Tour est chez lui à Saint-Étienne. À Saint-Étienne on voit gagner Ferdi Kübler, Stan Ockers, Louison Bobet, Roger Walkowiak, Jean Forestier, Ferdinand Bracke, Walter Godefroot, Joaquim Agostinho, Marcus Burghardt... À Saint-Étienne, les amoureux de la petite reine se régalent souvent d'un contre-la-montre[189].

Maillot jaune, Greg LeMond est le dernier à s'élancer. Au bout de 24 km de course, il possède 11' d'avance sur Bernard Hinault. LeMond roule plein pot, enroulant un braquet énorme mais le Blaireau au fil des kilomètres refait son retard. Il possède une légère avance sur le maillot jaune lorsque ce dernier est victime d'une chute. Il se relève aussitôt, enfourche un vélo de rechange. Et repart. Et s'arrête : le frein de la machine qu'il vient d'enfourcher est défectueux. Nouveau vélo, nouveau départ, Greg LeMond de nouveau à fond[190].

Hinault, qui porte le maillot à pois du meilleur grimpeur, fixe la route devant lui, le goudron rêche stéphanois. À l'arrière une roue lenticulaire noire sur laquelle on peut lire, dans un rectangle blanc : Alsthom. Alsthom qui, en 1932, construisit pour la Compagnie générale transatlantique les moteurs du Normandie, fabrique des

---

189. 1950 : Saint-Étienne-Lyon (98 km) : Ferdi Kübler
1953 : Lyon-Saint-Étienne (70 km) : Louison Bobet
1956 : Saint-Étienne-Lyon (73 km) : Miguel Bover
1980 : Saint-Étienne-Saint-Étienne (34, 45 km) : Joop Zoetemelk
1997 : Saint-Étienne-Saint-Étienne (55,5 km) : Jan Ullrich
2005 : Saint-Étienne-Saint-Étienne (55,5 km) : Lance Armstrong

190. Greg LeMond, faisant siens les propos de sa femme et de sa mère présentes sur le Tour, accusera le mécano de lui avoir fourni un « mauvais » vélo. Bernard Hinault : « Sa mère et sa femme, elles n'arrêtent pas de faire des commentaires. Je n'aime pas ça ; il est incapable de se défendre seul. Je lui ai dit tout ce que j'avais sur le cœur depuis pas mal de temps. Après sa chute à Saint-Étienne, c'est sa mère qui lui a mis dans la tête que le mécano lui avait donné un mauvais vélo de rechange ; que nous, les Français, on ne voulait pas qu'il gagne. Du roman-photo. Voilà toute la confiance qu'il nous témoignait. Ensuite, tout s'est calmé. », *in Le peloton des souvenirs*, Éditions Robert Laffont, 1988.

locomotives. Et c'est une locomotive, une motrice bourrée de sang et de muscles, maculée de sueur, qui avale les derniers kilomètres du chrono stéphanois, dévore l'asphalte et les rails. Le Blaireau qui, en 1985, roulait sur le cours Fauriel, le visage couvert de sang, le nez fracturé, franchit en vainqueur la ligne d'arrivée. Son avance sur Greg LeMond est de 26". Il aura remporté les deux chronos individuels de ce Tour 86[191].

Maintenant on remonte sur Paris. Maintenant on laisse s'amuser Guido Bontempi, déjà vainqueur à Cherbourg et à Nevers. Les Champs-Élysées, les pavés, ça tourne, y a des échappées qui ne vont pas au bout, et y a le sprint final, et c'est Guido Bontempi qui gicle et gagne battant Jozef Lieckens et Éric Vanderaerden.

Maintenant, c'est le podium. La plus haute marche – c'était prévu, c'était promis, parole de Blaireau ! – est pour Greg. La deuxième – et c'est l'ovation ! – est pour Bernard. Urs Zimmermann monte sur la troisième[192].

---

191. Le chrono de Saint-Étienne (58 km)
1 Bernard Hinault, en 1h 15' 36"
2 Greg LeMond, à 25"
3 Julian Gorospe, à 2'01"
4 Jean-François Bernard, à 2'05"
5 Marino Lejarreta, à 2'31"
6 Jean-Luc Vandenbroucke, à 2'35"
7 Peter Stevenhaagen, à 2'56"
8 Urs Zimmermann, à 2'56"
9 Claude Criquielion, à 3'03"
10 Andrew Hampsten, à 3'12"

192. Podium du Tour de France 1986 :
1 Greg LeMond, en 110 h 35'19"
2 Bernard Hinault, à 3'10"
3 Urs Zimmermann, à 10'54"
4 Andrew Hampsten, à 18' 44"
5 Claude Criquielion, à 24' 36"
6 Ronan Pensec, à 25' 59"
7 Niki Rutimann, à 30' 52"
8 Alvaro Pino, à 33'
9 Steven Rooks, à 33' 22"
10 Yvon Madiot, à 33'27"
Maillot vert : 1 Éric Vanderaerden, 2 Josef Lieckens, 3 Bernard Hinault.
Meilleur grimpeur : 1 Bernard Hinault, 2 Lucho Herrera, 3 Greg LeMond.

Les mains ayant été serrées et les hymnes entendus, les photos ayant été prises et les interviews accordées, Bernard Hinault se retire, quitte le Tour de France et le vélo par la grande porte, le portail d'or, le vaste et jaune portique réservé à ceux qui ont remporté au moins à cinq reprises la Grande boucle. Comme les doigts de la main, ils ne sont que cinq : Jacques Anquetil, Eddy Merckx, Bernard Hinault, Miguel Indurain, Lance Armstrong.

Meilleur jeune : Andrew Hampsten.
Meilleure équipe : La Vie Claire.

29

Calorguen, la ferme, les arbres, le long chemin bordé de chênes et de peupliers menant à la demeure, à son toit, à ses antiques murs, à leurs pierres semblables aux pavés de Paris-Roubaix.

Bernard a raccroché. Comme un boxeur. Plus de ring, plus de Tourmalet. Les adieux se sont déroulés dans la joie, sous le soleil de novembre, à Quessoy. Vingt mille personnes s'étaient rassemblées pour assister aux derniers coups de pédale du Blaireau. Vingt mille personnes plus les amis et les coéquipiers.

Partout la joie, partout des stands, valsez saucisses, crêpes, merguez, chocards, pétards, guirlandes, orchestre, fanfare, majorettes, flonflons. Sous un chapiteau, les trophées du Blaireau : coupes, maillots, cadeaux, objets d'art, photos, vélos, mots.

Les mots en ont gros sur la patate. On ne fera plus appel à eux pour parler du Blaireau. Jean-Marie Leblanc écrit sur son carnet pendant que les invités dansent : « Nous, on réalise qu'on boucle là notre dernier « papier » sur ce diable d'homme. D'un certain point de vue, ça soulage, mais ça nous fait tout de même un peu froid du côté du cœur, que voulez-vous[193]. »

Maintenant, la Bretagne. Toute la Bretagne. Maintenant le vent. Tous les vents, avec leurs beaux noms bretons.

---

193. *L'Équipe*, 10 novembre 1986.

Le vent : avel.
Le vent du nord : avel sterenn.
Le vent du nord-ouest : avel walarn.
Le vent d'est : avel viz.
Le vent du sud : avel su.
Le vent de sud ouest : avel vervent.
Le grand vent : avelaj.
Le vent mélodieux : stivell.

Alan Stivell. Les chênes, les châtaigniers, les peupliers de Lanjuinais, la ferme du Blaireau à Calorguen, sont des harpes, pareilles à celle dont joue Alan Stivell aux quatre coins du monde. Écoutez les doigts de tous les vents pinçant comme des cordes toutes les branches de tous les arbres de Lanjuinais, et c'est, tantôt *Lusk*, tantôt *Marionig*, tantôt *Tamm Ha Tamm*. Et c'est tour à tour *Pop Plinn*, *La suite sudarmoricaine*, *La suite irlandaise*. Et c'est toutes les notes, toutes les mélodies, la voix d'Alan Stivell, et celles de toutes les pierres, de toutes les bruyères.

Le Blaireau de nouveau dans son terrier, au cœur du costaud, du solide, du vent, de l'émouvant.

Les vaches de Lanjuinais broutent, ruminent, regardent le Blaireau venir vers elles avec son bleu de paysan, son bleu de travail pareil à celui qu'enfilait son père avant d'aller poser des traverses et des rails du côté d'Yffiniac. Les vaches le regardent. Si elles pouvaient sourire, elles lui souriraient. Car les vaches le reconnaissent. Elles l'on vu passer tant de fois le long des prairies des communes de France, sur son vélo. Car les vaches, qui toute l'année regardent passer les trains, regardent en juillet passer le peloton. En 1947, dans la canicule du Tourmalet, elles regardaient passer Jean Robic. Elles sont comme nous, les vaches : l'été, elles regardent passer les coureurs et, l'hiver, dans l'étable, tandis que les paysans défont à l'aide d'une fourche les bottes de foin qu'elles vont engloutir, elles se souviennent du passage des Géants de la route sur les départementales qu'elles ont ornées de bouses.

Le Blaireau connaît les gestes. Il sait caresser l'encolure des vaches. Il sait, la nuit, les aider à mettre bas dans l'étable.

Le jour vient de se lever, somptueux. Le soleil, à grands coups de rabot, de taloche sur les pierres jaunes des murs. Le Blaireau est monté au grenier, son pavé de Paris-Roubaix entre les mains. À l'endroit où l'une des poutres rejoint le mur, un trou dans lequel le soleil s'engouffre, il loge son poing. Ce poing, le Blaireau le fixe. Sur ses lèvres, le rictus de Cerdan. Des pas sur le plancher du grenier. Martine vient de le rejoindre.

— Je t'ai entendu monter... Tu fais quoi ? Mais c'est le pavé de Paris-Roubaix.

— Ouais ! Un jour Quiqueré m'a dit que les pavés de Paris-Roubaix, les pavés de l'Enfer du Nord venaient de Bretagne, de nos carrières, des carrières du Hinglé-les-Granits. Et je m'étais dit quand j'étais venu te voir à la clinique, que ce pavé, j'irais un jour avec toi l'enterrer dans une de ces carrières. Et ainsi tout serait terminé... Puis j'ai changé d'avis.

— Comment t'as changé d'avis : tu veux remonter sur ton vélo ?

— Non le vélo, c'est fini, je te rassure. Greg LeMond n'a rien dit : c'est fini ! S'il avait déclaré qu'il n'avait pas eu besoin de moi pour gagner le Tour, là oui je repartais, pour le massacrer, lui, les autres, tous. Mais il n'a rien dit, c'est bon...Non, j'ai changé d'avis à propos du pavé. *(Il lui montre le trou dans le mur, bourré de soleil)* Regarde, tu vois quoi ?

— Je vois qu'il manque une pierre.

— Exact ! Et la pierre qui fait défaut, je l'ai entre mes mains.

Le Blaireau s'approche du mur et glisse dans le trou gorgé de soleil le pavé de Paris-Roubaix.

Le soleil aussitôt le scelle.

OUVRAGES DE CHRISTIAN LABORDE DÉJÀ PARUS :

L'HOMME AUX SEMELLES DE SWING, MENTERIES BIOGRAPHIQUES, Privat, 1984, nouvelle édition Régine Deforges, 1992, nouvelle édition Fayard, 2004.
CONGO, poèmes, Éditions d'Utovie, 1987.
LES SOLEILS DE BERNARD LUBAT, Eché, 1987 ; nouvelle édition Prince Nègre, 1996.
L'OS DE DIONYSOS, roman, Eché, 1987 ; Régine Deforges, 1989 ; Le Livre de poche, 1991 ; nouvelle édition Pauvert, 1999.
LANA SONG, poème, La Barbacane, 1988.
LA VOIX ROYALE, Hidalgo, 1989 ; nouvelle édition Fayard, 2004.
AQUARIUM, Régine Deforges, 1990.
L'ARCHIPEL DE BIRD, roman, Régine Deforges, 1991.
DANSE AVEC LES OURS, Régine Deforges, 1992.
PYRÈNE ET LES VÉLOS, Les Belles Lettres, 1993.
L'ANGE QUI AIMAIT LA PLUIE, Albin Michel, 1994.
LE ROI MIGUEL, Stock, 1995.
INDIANOAK, roman, Albin Michel, 1995.
LA CORDE À LINGE, roman, Albin Michel, 1997.
DUEL SUR LE VOLCAN, Albin Michel, 1998.
FLAMMES, roman, Fayard, 1999 ; Le Livre de poche, 2003.
LE PETIT LIVRE JAUNE, Mazarine, 2000.
GARGANTAUR, roman, Fayard, 2001.
COLLECTOR, Bartillat, 2002.
SOROR, roman, Fayard, 2003.
FENÊTRE SUR TOUR, Bartillat, 2004.
MON SEUL CHANTEUR DE BLUES, La Martinière, 2005.
PERCOLENTEUR, vingt-trois textes serrés, Éditions du Panama, 2005.
CHAMPION : DÉFENSE ET ILLUSTRATION DE LANCE ARMSTRONG, Plon, 2006.
PENSION KARLIPAH, roman, Plon/jeunesse, 2007.
DICTIONNAIRE AMOUREUX DU TOUR DE FRANCE, Plon, 2007.
CHICKEN, récit, Gascogne, 2007.
RENAUD, biographie, Flammarion, 2008.
CORRIDA BASTA, pamphlet, Robert Laffont, 2009.
LE TOUR DE FRANCE DANS LES PYRÉNÉES, DE 1910 À LANCE ARMSTRONG, Le Cherche-Midi, 2010.
LE SOLEIL M'A OUBLIÉ, roman, Robert Laffont, 2010.
VÉLOCIFÉRATIONS, Livre/CD audio, Cairn, 2011.
DIANE, ET AUTRES STORIES EN SHORT, nouvelles, Robert Laffont,2012.

TOUR DE FRANCE, NOSTALGIE, Hors-collection, 2013. Prix Louis Nucéra.
CLAUDE NOUGARO, LE PARCOURS DU COEUR BATTANT, Hors-Collection, 2014.
MADAME RICHARDSON, suivi de QUAI DES BRIBES, nouvelles, Robert Laffont, 2015.

www.christianlaborde.com

Achevé d'imprimer
par Corlet Imprimeur
en mai 2015.
Dépôt légal : mai 2015.

ISBN 978-2-372-54010-0 / Imprimé en France.